Capitaine CALFFMANN(?)
DE L'ARTILLERIE TERRITORIALE
ANCIEN CAPORAL AU 4ᵉ BATAILLON DES GARDES MOBILES DE LA SEINE

LES
DÉFENSEURS DU FORT D'ISSY

ET LE

BOMBARDEMENT DE PARIS
1870-1871

AVEC 12 GRAVURES OU CROQUIS

PARIS
HENRI CHARLES-LAVAUZELLE
Éditeur militaire
10, Rue Danton, Boulevard Saint-Germain, 118

(MÊME MAISON A LIMOGES)

LES

DÉFENSEURS DU FORT D'ISSY

ET LE

BOMBARDEMENT DE PARIS

1870-1871

DROITS DE REPRODUCTION ET DE TRADUCTION RÉSERVÉS

Capitaine GAUTEREAU (Capitaine A.)

DE L'ARTILLERIE TERRITORIALE
ANCIEN CAPORAL AU 4ᵉ BATAILLON DES GARDES MOBILES DE LA SEINE

LES
DÉFENSEURS DU FORT D'ISSY

ET LE

BOMBARDEMENT DE PARIS

1870-1871

PARIS
Henri CHARLES-LAVAUZELLE
Éditeur militaire
10, Rue Danton, Boulevard Saint-Germain, 118

(MÊME MAISON A LIMOGES)

PRÉFACE

Ce livre, chers Lecteurs, est sans prétention ou plutôt il n'a qu'une prétention : mettre en scène les humbles qui ont pris part aux événements que nous racontons, mettre en scène le soldat tel que nous l'avons vu et connu, ce soldat d'un genre particulier qui fut le garde national mobile parisien.

Aussi, ce n'est pas l'histoire de la défense d'Issy que nous avons entendu écrire, mais celle de ses défenseurs.

Vous trouverez mêlées aux faits historiques les plus authentiques des anecdotes qui vous paraîtront les plus invraisemblables ; elles n'ont qu'un mérite : elles sont vraies.

L'idée directrice que nous nous sommes imposé de suivre nous a fatalement amené à diviser l'ouvrage en trois parties : tant que nous avons pu mener de front l'histoire et l'anecdote, nous l'avons fait.

Telle est la PREMIÈRE partie, qui comprend les mois de septembre, octobre, novembre et décembre 1870.

Pour le mois de janvier, nous avons dû abandonner ce système : pendant ce mois, en effet, la garnison a bien plutôt assisté, qu'elle n'a réellement pris part, aux graves événements qui se sont déroulés autour d'elle, c'est-à-dire à cette terrible lutte d'artillerie appelée le bombardement, qui a embrassé tout le sud de Paris, depuis le Point-du-Jour jusqu'à Villejuif. Mais aussi plus que tout autre, elle en a ressenti très vivement les contre-coups.

Il nous a donc fallu étendre tout d'abord, puis restreindre la scène, pour décrire en premier lieu l'ensemble des événements et ensuite revenir au fort d'Issy et à sa garnison.

La DEUXIÈME partie contient donc le récit de la lutte générale d'artillerie aussi bien que tous les incidents qui en ont été la conséquence : c'est le prologue, ou plus exactement, l'introduction qui nous a paru nécessaire pour permettre au lecteur de suivre plus facilement le développement de la TROISIÈME.

Cette TROISIÈME partie, la dernière, n'est que la reproduction à peu près textuelle de la correspondance d'un certain nombre de gardes mobiles qui, après l'avoir retirée des mains de leurs correspondants, ont bien voulu nous la confier et nous autoriser à la publier.

Pour aider à la lecture de cette correspondance, nous avons fait précéder chaque journée d'un court sommaire relatant les principaux événements intérieurs et extérieurs et les diverses intensités du bombardement.

Nous profitons de l'occasion de cette courte préface pour remercier tous ceux qui ont bien voulu nous prêter leur obligeant concours, en première ligne Mme la générale de Bovet, veuve de l'ancien colonel commandant le génie au fort d'Issy ; M. Huot, colonel en retraite, ancien commandant de l'artillerie du fort; M. le médecin en chef de la marine Dr Beaumanoir, ancien médecin-major au fort; M. Borrot, ancien commandant du 4e bataillon des mobiles de la Seine, qui ont bien voulu nous confier les minutes de précieux documents, la plupart détruits par les incendies de 1871, et nous autoriser à en déposer au ministère de la guerre les copies justifiées conformes ; ainsi que MM. Audenet, Bouissounouse, Dr Chatin, Fourment, G. Girard, Laisant, Léon, Réveilhac, tous anciens officiers de la garnison, dont les souvenirs très présents nous ont permis de préciser certains détails.

Enfin, les nombreux camarades du 4ᵉ bataillon avec lesquels nous n'avons cessé d'entretenir les relations les plus amicales et qui ont gracieusement mis à notre disposition leurs notes journalières, comme MM. Deturck, Hénon, Leidenfrost, Lepère et Veroudart, ou nous ont autorisé à publier leur correspondance, comme MM. Cottin, G. Tiphaine, Labussière, et dont le style précis, vivant et spirituel, contribuera, pour une large part (nous l'espérons, chers Lecteurs), au succès de ce petit ouvrage.

A. GAUTEREAU,
Avocat à la Cour d'appel.

Paris, 5 janvier 1901.

DOCUMENTS ET OUVRAGES CONSULTÉS

Ministère de la Guerre (Archives du). Documents relatifs à la guerre franco-allemande. — *Fort d'Issy*, don de l'auteur. — Registre petit in-folio avec atlas, plan du fort au 1/1.000ᵉ contenant : 1° un résumé historique rédigé le 12 mars 1871 par le lieutenant-colonel E. Bovet, commandant le génie du fort d'Issy ; 2° les divers ordres reçus et les rapports des capitaines du génie Dogny et Laisant ; 3° le livre-journal du génie depuis le 15 décembre 1870 jusqu'à la reddition du fort ; 4° une note-rapport sur le rôle joué par l'artillerie du fort pendant le siège de Paris, par le chef d'escadron Huot, commandant l'artillerie ; 5° le registre des blessés reçus à l'ambulance du fort d'Issy depuis le 22 septembre 1870 jusqu'au 30 janvier 1871, par le Dʳ Beaumanoir, médecin-major de la marine ; 6° le rapport adressé au colonel Rambaud, commandant le 2ᵉ régiment des mobiles de la Seine, par le commandant Borrot, du 4ᵉ bataillon, sur les marches et opérations militaires pendant le siège de Paris à partir du 17 décembre 1870 jusqu'au 28 janvier 1871 ; 7° deux copies d'autographes du général Guichard, commandant supérieur du fort.

Arsac (d'). *Mémorial du siège de Paris.* — Paris, Curot, 1881.

Blume (W.). *Opérations de l'armée allemande (1870-1871) depuis Sedan*, traduit par Costa de la Serda. — Paris, J. Dumaine, 1872.

Brigade Porion. *Précis des opérations militaires auxquelles a pris part la brigade Porion pendant le siège de Paris.* — Versailles, Bernard, 1871.

Brunon (Général). *Siège de Paris. Journal du siège du fort de Vanves avec une carte à l'appui,* par le général ex-commandant de ce fort. — Paris, Dentu et Cⁱᵒ, 1887.

Decker (Lieutenant général). *Sur le tir plongeant contre les maçonneries au siège de Strasbourg*, traduit par le capitaine Collet-Meygret, *Revue d'artillerie,* tome III.

de La Fosse. *A bâtons rompus. Tableau de Paris depuis la déclaration de guerre jusqu'à la signature de la paix,* 1870-1871. — Paris, Paul Dupont, 1871.

Dubois (*Carnet du brigadier Charles*). *Notes sur la campagne 1870-1871 ; l'artillerie mobile de la Seine.* — Paris, librairie Charles, 1898.

Ducrot. *La défense de Paris,* 1870-1871. — Paris, E. Dentu, 1877.

Duquet (Alfred). *Guerre 1870-1871. Paris : le Bombardement et Buzenval.* Paris, Eugène Fasquelle, 1898.

— *Paris : 4 septembre et Châtillon.* — Paris, Charpentier et Cⁱᵒ, 1890.

Fiaux (Louis), médecin aide-major du 5ᵉ bataillon de la garde nationale mobile. *Esquisses historiques et médicales* — Paris, Victor Rozier, 1871.

Franco-allemande, 1870-1871 (La guerre), rédigée par la section historique du grand état-major allemand. Traduit par Costa de la Serda. — Paris, J. Dumaine, 1872.

Giovanetti (Lieutenant-colonel). *Particularités relatives au service et à l'emploi des canons de l'artillerie prussienne*. Extrait d'un rapport d'un officier italien, en mission en Allemagne, adressé à son gouvernement relativement au siège 1870-1871. (*Revue d'artillerie*, tome I.)

Jouffret, capitaine d'artillerie. *L'artillerie prussienne.* (*Revue d'artillerie*, tome I.)

Heyde et Frœsse, capitaines. *Résumé des opérations de l'artillerie allemande pendant le siège de Paris 1870-1871*, d'après l'ouvrage rédigé par les officiers en exécution des ordres de l'inspection du génie et des fortifications. — Berlin, Schneider, 1875. (*Revue d'artillerie*, tome VI.)

La Roncière Le Noury (Vice-amiral). *La marine au siège de Paris*, avec atlas. — Paris, E. Plon et Cⁱᵉ, 1874.

Petit, capitaine du génie. *Des effets du tir des batteries allemandes sur les ouvrages défensifs de Paris, 1870-1871*. (*Revue d'artillerie*, tome III.)

Rathyen, premier lieutenant au régiment hessois d'artillerie n° 11. *La batterie 1 de Saint-Cloud. Episode du siège de Paris.* (*Revue d'artillerie*, tome XVII.)

Rendu (Ambroise), ancien officier de mobiles. *Souvenirs de la mobile (6ᵉ, 7ᵉ et 8ᵉ bataillons de la Seine)*. — Paris, Didier et Cⁱᵉ, 1872.

Reveilhac (Paul), ancien officier au 4ᵉ bataillon des mobiles de la Seine. *Etapes d'un mobile parisien.* — Paris, C. Marpon et E. Flammarion, 1886.

Sarrepont (major H. de). *Histoire de la défense de Paris 1870-1871.* — Paris, J. Dumaine, 1872.

— *Le bombardement de Paris par les Prussiens.* — Paris, Firmin Didot, 1872.

Travaux d'investissement *exécutés par les armées allemandes autour de Paris*, relevés par un ancien élève d'une école spéciale avec cartes d'ensemble et plans. — Paris, A. Ghio, 1873.

Vinoy (Général). *Siège de Paris. Opérations du 13ᵉ corps et de la 3ᵉ armée.* Paris, E. Plon et Cⁱᵉ, 1874 (3ᵉ édition).

LES

DÉFENSEURS DU FORT D'ISSY

ET LE

BOMBARDEMENT DE PARIS

1870-1871

PREMIÈRE PARTIE

Entrée au fort d'Issy des 4ᵉ et 5ᵉ bataillons des mobiles de la Seine.

Le 8 septembre 1870, à 6 heures du matin, les 4ᵉ, 5ᵉ et 6ᵉ bataillons qui composaient le 2ᵉ régiment des gardes mobiles de la Seine reçurent l'ordre de se tenir prêts à quitter le camp de Saint-Maur, où, depuis le 19 août, ils étaient installés : les 4ᵉ et 5ᵉ pour aller occuper le fort d'Issy, « poste d'honneur » confié à leur garde par le général Trochu, et le 6ᵉ pour aller à Montretout et commencer sa vie errante qui lui vaudra plus tard le surnom significatif « de 6ᵉ *Baladeur* ».

A 1 heure de l'après-midi, le 4ᵉ bataillon fit son entrée au fort, précédé du lieutenant-colonel Rambaud, ancien commandant retraité aux grenadiers de la garde, le « Vieux Mâle », comme l'appelaient déjà respectueusement ses mobiles, et de M. Borrot, son commandant, qui n'avait jamais servi et que l'on avait surnommé « Fume sa pipe ».

A quelque 500 mètres en arrière sur la route poudreuse, s'entraînant bruyamment au chant de la *Marseillaise*, le 5ᵉ bataillon suivait pendant que son commandant Delclos, un pétillant méridional, ancien capitaine démissionnaire, au trot de son petit bidet des Pyrénées, toujours courant le long de la colonne, l'interpellait sans cesse de son accent vigoureux.

Le commandant Delclos n'avait pas de surnom; les *Beni-Mouff-Mouff* (1), en s'efforçant de l'imiter, l'appelaient Del-le-clos-se tout simplement.

Un détachement de ligne qui occupait le poste sortit et rendit les honneurs.

Pour éviter aux Parisiens une « traversée dangereuse » on leur avait fait faire le tour de leur capitale et comme presque tous, à raison des multiples objets de fantaisie dont ils s'étaient encombrés, étaient chargés comme des portefaix, la première chose qu'ils firent en arrivant fut de se débarrasser de leurs havresacs et de les entasser dans les locaux trop étroits qui leur furent provisoirement affectés en attendant les grandes tentes qu'ils avaient laissées au camp de Saint-Maur et que le génie devait apporter et installer dans la cour du fort.

Les difficultés que devaient rencontrer les mobiles pour se loger avaient été prévues : non seulement le fort était déjà occupé par 600 hommes de ligne, 200 artilleurs et 48 sapeurs du génie installés avec une certaine « aisance des coudes », mais encore beaucoup de casemates étaient envahies par des matériaux de toute sorte apportés en hâte, des pièces de tout calibre débordant dans la cour, des projectiles, des affûts, etc.,

---

(1) Habitants de la rue Mouffetard.

etc., et il avait été décidé qu'en attendant mieux les nouveaux arrivants coucheraient moitié dans les casemates et casernes et moitié sous la tente.

Mais dans le métier militaire c'est souvent l'imprévu qui arrive : étant donné ce principe géométrique bien connu que tout diamètre est plus court que la moitié de sa circonférence, il était de toute évidence qu'en traversant Paris les tentes chargées sur des voitures arriveraient au fort bien avant les gardes mobiles à pied; ce fut cependant le contraire qui se passa : tentes et voitures n'arriveront que le lendemain! et tout naturellement, ce que l'on avait voulu éviter au départ se produisit à l'arrivée; se trouvant très mal logés, les gardes mobiles regagnèrent le centre par le plus court chemin : la ligne d'omnibus Porte de Versailles-Le Louvre.

Ces deux bataillons, on le comprend, n'avaient rien de commun avec notre vieille armée permanente; c'était en effet un corps tout nouveau que la garde nationale mobile, un corps péniblement enfanté par la loi de février 1868 et qui ne devait pas survivre à la guerre.

A peine avait-il été organisé à Paris, tout au moins pour répondre le dimanche à quinze convocations de chacune trois heures qu'on l'abandonna à la septième; quand, en juillet 1870, on commença à l'expédier au camp de Châlons, les plus expérimentés de ses soldats comptaient juste vingt et une heures d'exercice!

Au camp, ce fut donc une foule de citoyens qui arriva, dont la bonne moitié, lors du plébiscite de mai 1870, avait prouvé son hostilité à l'Empire et sur laquelle l'élément militaire représentant à peine 3 p. 100 ne pouvait exercer et n'exerça en réalité aucune influence.

Les plus indisciplinés purent impunément insulter le maréchal Canrobert et prodiguer journellement à la famille impériale les plus grossières injures, sans que la partie saine, malgré l'importante manifestation qu'elle fit au lendemain de Sarrebruck (1), ait jamais pu prendre le dessus.

Au camp de Saint-Maur, où les gardes mobiles arrivèrent le 18 août, ils apprirent le maniement d'armes et ce fut tout : leurs foyers que, suivant l'heureuse expression de Trochu, ils avaient « non seulement le droit, mais le devoir de défendre », étaient bien près de leurs tentes et, pour y courir, ils prirent surtout l'habitude de « décamper ».

Lorsque, quatre jours après la révolution, l'heure sonna pour eux d'exercer le vrai métier de soldat, c'était bien la même troupe, mais encore un peu plus vagabonde qu'à Châlons et dont chaque élément avait conservé ses instincts naturels; un progrès appréciable avait été réalisé cependant : tous ou presque tous se croyaient de taille à remplir le rôle légendaire des héros de 1792, tous croyaient que « c'était arrivé ».

De ce nombre étaient les deux bataillons qui allaient former la garnison du fort d'Issy : le 4e, avec ses calmes habitants des quartiers Saint-Méry, Saint-Gervais, Notre-Dame, et aussi ceux de l'Arsenal, un peu plus près de la Bastille; le 5e avec quelques rares étudiants du quartier de la Sorbonne et sa grande masse d'ouvriers des quartiers Saint-Victor, Jardin-des-Plantes et du Val-de-Grâce.

Le 4e bataillon, en moyenne composé d'éléments moins turbulents, se pliera aussi plus volontiers à la discipline; dès le 19 septembre, il saura en tous cas donner la mesure de ses bonnes intentions en renommant (fait assez rare parmi les bataillons de la Seine) tous ou à peu près tous ses officiers.

---

(1) A ce moment, il n'y avait au camp que les six premiers bataillons.
Voici l'ordre du jour du colonel Rambaud du 4 août 1870 :
« Le lieutenant-colonel est heureux de témoigner toute sa satisfaction aux 4e, 5e et 6e bataillons pour la manifestation toute patriotique qu'ils ont faite, hier, dans notre camp. On est fier après une longue carrière de commander à de jeunes soldats qui s'associent avec un cœur tout français au succès de nos armes. »

C'est de ce 4ᵉ bataillon que nous allons écrire plus particulièrement l'histoire ; il se composait de huit compagnies dont l'effectif, le 12 septembre, après l'arrivée au fort du contingent de la classe 1869 et de quelques volontaires de la classe 1870, ne dépassa jamais 130 hommes, ce qui portait à 1,040 hommes son effectif total. Son commandant, M. Borrot, un homme doux et aimable, n'avait à son actif, comme service militaire, que d'avoir été attaché à l'état-major de la garde nationale et d'avoir suivi nos armées d'Italie en qualité de trésorier payeur ; pour un chef de corps c'était peu.

Parmi ses huit capitaines, on comptait quatre officiers de l'armée active retraités ou sur le point de l'être : Bourguignon, Cordouan, Daleau, Henry ; un ancien sous-lieutenant aux lanciers de la garde, M. Billaudel ; un ancien capitaine d'état-major de la garde nationale, M. Audenet ; enfin, deux anciens sous-officiers, MM. D... et Moyse. Tous ces officiers avaient presque atteint ou dépassé la cinquantaine ; un seul avait à peine 30 ans, le capitaine Moyse, et cumulait les fonctions de commandant la 8ᵉ compagnie avec celle d'adjudant-major du bataillon ; intelligent, actif et israélite, très ambitieux, assez expérimenté, encore plus audacieux, ce sera, en fait, le commandant du bataillon.

Quant aux lieutenants et sous-lieutenants, c'étaient presque tous des jeunes gens bien élevés, sans aucun doute, mais qui n'en savaient guère plus que la grande majorité des hommes qu'ils avaient à commander ; quelques-uns, par de sérieuses qualités individuelles, sauront se distinguer, d'autres se montreront au-dessous de tout.

Nous avons vu que chaque compagnie se composait de 130 hommes ; pénétrons maintenant dans le détail et prenons comme type celle dans les rangs de laquelle nous avons compté depuis 1869 jusqu'à la reddition du fort, c'est-à-dire la 8ᵉ compagnie, commandée par le capitaine Moyse ; cela nous

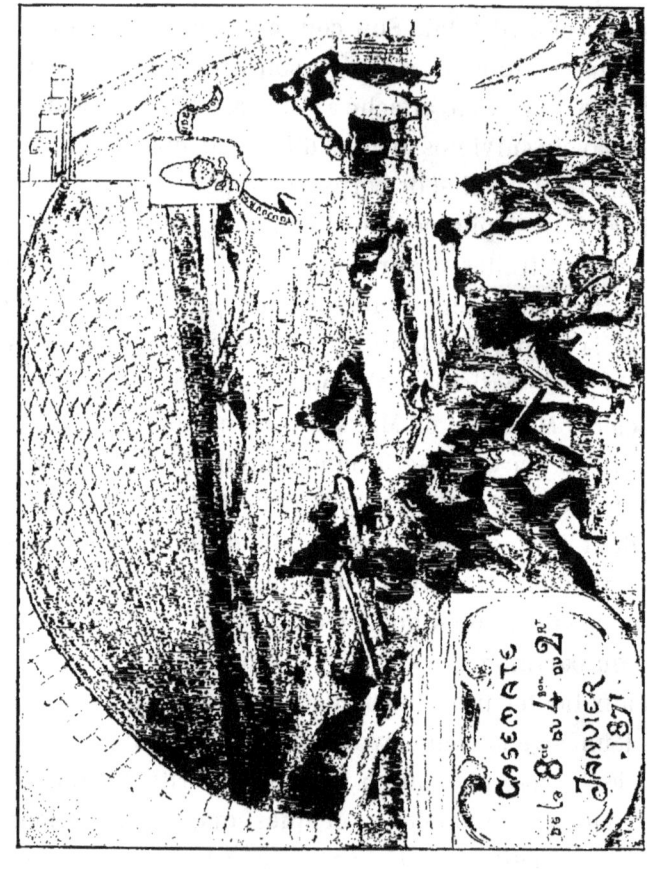

LES DÉFENSEURS DU FORT D'ISSY (1870-1871).

Intérieur de la casemate 5 du front 2-3, dite casemate des « Glands »
(D'après un croquis pris pendant le bombardement).

facilitera la tâche que nous avons entreprise, de donner, tout en poursuivant notre récit, une idée aussi exacte que possible d'une vie militaire exceptionnellement originale et dont certainement on ne retrouvera plus d'exemple.

Son effectif de 130 hommes se décomposait ainsi :

14 appartenant par leur âge à la classe 1865, ci.......	14
15 — — 1866, ci.......	15
24 dont 3 sergents et 2 caporaux à la classe 1867, ci...	24
40 appartenant à la classe 1868, ci..................	40
30 — 1869, ci.................	30
3 étaient des volontaires ayant devancé l'appel de 1870 (1), ci	3
Enfin, 4 dont 3 sergents et 1 clairon étaient d'anciens soldats, ci..	4
TOTAL.................	130

Dans cette masse de jeunes gens de 20 à 26 ans, la bourgeoisie et la classe moyenne figuraient pour deux tiers ; un bon nombre avaient reçu une solide instruction ; on y comptait, en effet, 2 ingénieurs de l'École centrale, 2 élèves de l'École des beaux-arts, 3 licenciés en droit, 2 étudiants en médecine, 3 ou 4 bacheliers, 2 préparateurs de chimie et 1 professeur.

Le dernier tiers appartenait à la classe ouvrière ; là, tous les corps d'état étaient représentés ; on y comptait : des maçons, des charpentiers, des serruriers, des plombiers-couvreurs, des paveurs qui (soit dit en passant), si on avait su les utiliser, auraient pu rendre comme auxiliaires du génie de sérieux services à l'organisation de la défense, et, aussi, des tourneurs, des bijoutiers et jusqu'à un bombeur de verre.

Cet oiseau rare, c'était le sergent-major Bouissounouse (2).

Le lieutenant de la compagnie était un gros propriétaire

---

(1) La classe 1870 ne fut appelée que par décret du 13 novembre.
(2) M. Bouissounouse, lieutenant au 4ᵉ régiment de zouaves, tué le 19 janvier à Montretout, était son cousin germain.

Défenseurs.

terrien, M. Réveilhac, très rond, très brave et très sympathique à la troupe; le sous-lieutenant, un jeune et impertinent gommeux, nommé Bontus, plus connu dans le monde des courses de cette époque déjà lointaine sous le pseudonyme alors fameux de « baron Grog ».

Quant à l'élément vraiment militaire, il était représenté, tout d'abord, par deux types, aussi opposés que possible, de notre vieille armée du second Empire, dans ce qu'elle avait eu de meilleur et dans ce qu'elle avait eu de pis : l'un, l'instructeur Bernier, ancien sergent de quatorze ans de services au 1er régiment de zouaves, médaillé de Crimée, d'Italie et du Mexique, sec, raide, correct et astiqué jusqu'aux moustaches; l'autre, un vieil ivrogne, ficelle et maraudeur, nommé Gervoise, son camarade de régiment, comme lui trois fois médaillé, mais qui, au contraire de lui, avait dû attendre la mobile pour franchir en quinze jours le grade de sergent que, pendant quatorze ans, lui avait refusé l'armée; ensuite, par un ancien soldat nommé Collard auquel on dut bientôt retirer les galons de fourrier, et, enfin, par un brave Alsacien, clairon de la compagnie, nommé Zuyterliter.

Laissons maintenant cette compagnie, nous la retrouverons l'avant-veille de la bataille de Châtillon à sa première grand'-garde, et pénétrons dans le fort.

Le fort d'Issy. — Organisation des grand'gardes. Grand'garde du 16 au 17 septembre.

Le fort d'Issy, construit en 1840, à peu près en même temps que les fortifications de Paris, n'a subi aucune modification : tel il était en 1840, tel il fut en 1870, tel il est encore aujourd'hui, à part 5 bâtiments (3 casernes et 2 poudrières) incendiés et détruits par le bombardement; il affecte, à l'extérieur, la forme d'un pentagone presque parfait de 280 mètres environ de côté dont chacun des angles regarde respectivement

Vanves, les hauteurs de Châtillon, la terrasse de Meudon, la Seine et Billancourt et enfin Paris et prend successivement en commençant par la gauche, c'est-à-dire par l'est, comme pour tous les forts du sud, le nom de bastion 1, 2, 3, 4 et 5.

Sur deux des cinq fronts que forment ses fortifications existent des casemates : dix-neuf au front 2-3, huit au front 3-4, quatre au front 4-5, c'est-à-dire aux trois fronts qui, pendant ce bombardement, furent couramment appelés front des troupes, front des officiers, front du pont-levis.

Admirablement situé à l'époque de sa construction pour surveiller jusqu'à 2 et 3 kilomètres les hauteurs boisées qui l'entourent depuis Châtillon jusqu'à Saint-Cloud, en 1870, une fois l'ennemi en possession de ces hauteurs qui le dominent de 70 à 75 mètres et à raison des progrès extraordinaires réalisés par l'artillerie, ce fort ne pouvait plus être qu'«un charmant petit nid à bombes ».

Afin d'obvier à cette situation dont les inconvénients pouvaient se faire sentir au fort de Vanves, quoique à un degré moindre, et même jusqu'au fort de Montrouge, on avait décidé de reculer la ligne de défense en construisant des redoutes à Châtillon, au Moulin-de-Pierre et à Montretout; malheureusement, comme on le sait, ces importants travaux, commencés trop tard, furent encore retardés par les pénibles événements du 4 septembre.

Le fort suivit le sort commun : lorsque, le 8 septembre, les gardes mobiles y firent leur entrée, « pour un peu ils se seraient crus en *balade* sur les *fortifs* »; soit que depuis la République les ouvriers eussent préféré le fusil à la pioche, soit, ce qui est plus probable, que l'entrepreneur fît peu crédit au nouveau gouvernement, les travaux étaient arrêtés, les chantiers déserts (1).

---

(1) Ducrot, t. I, page 100.

Ce qui est certain, et en même temps plus précis, c'est que le 19 septembre, jour de la bataille de Châtillon, ce fort était aussi peu prêt que possible à résister à une attaque de vive force : sur les divers bastions il y avait bien en effet en batterie 70 à 80 des 90 pièces qui devaient former son armement définitif, mais aucune plate-forme, aucune embrasure, aucune traverse n'était achevée ; à l'extérieur, rien absolument n'était organisé, rien n'était fait pas même la banquette pour protéger l'infanterie ; moins de quinze jours après, grâce à l'énergie déployée par de nouveaux entrepreneurs, MM. Hunebelle frères, grâce à leurs 1.200 ouvriers, à leurs 80 tombereaux employés journellement, le fort était à l'abri de toute surprise (1).

Le lendemain de leur arrivée au fort, on confia aux gardes nationaux mobiles la garde des places d'armes extérieures ; chaque compagnie dut d'abord fournir 1 sergent, 2 caporaux et 2 escouades ; on obtenait ainsi 32 escouades, c'est-à-dire l'effectif de 4 compagnies. Mais ce système, qui donnait aux sous-officiers un rôle hors de proportion avec leur expérience et qui surtout rendait excessivement pénible le rôle d'officier de ronde, fut vite abandonné. A partir du 13 septembre chaque bataillon fournit 2 compagnies avec leurs effectifs complets ; le 4e bataillon eut la garde des fronts 2-3 et 3-4, c'est-à-dire Châtillon et Meudon, le 5e celle des fronts 1-2 et 4-5, c'est-à-dire Vanves et Paris.

Au 4e bataillon, la 1re compagnie faisait le service avec la 5e, la 2e avec la 6e, la 3e avec la 7e, enfin la 4e avec la 8e.

C'est ainsi que le 16 septembre, à 11 h. 1/2, ces deux dernières compagnies prirent pour la première fois le service de grand'garde l'une au front 2-3 côté Clamart, l'autre au front 3-4 côté Meudon.

---

(1) Archives d'Issy, *Résumé historique du génie*. Voir aussi Dr Flaux, p. 29.

A peine les mobiles eurent-ils pris possession de leurs postes qu'ils conserveront pendant tout le siège, qu'ils durent tout d'abord déposer le fusil pour prendre la pelle et la pioche : il fallait en effet redresser le talus des chemins que l'on appellera « chemins couverts », mais qui à ce moment ne l'étaient guère, et creuser une rigole assez profonde destinée à recevoir les grosses poutres empointées, appelées palanques, et qu'en attendant on remplaça par quelques sacs à terre que l'on empila les uns sur les autres.

La journée passa assez vite : toutes les deux heures on alternait le travail, la faction et la flâne; les mobiles savaient que l'ennemi était signalé et pouvait arriver d'un moment à l'autre, et l'envie qu'ils avaient de mettre promptement leur front en état de défense, l'importance que prenait tout à coup le rôle de sentinelle leur fit paraître le temps court; mais que la nuit leur parut longue! Le ciel était splendide et le froid déjà pénétrant, les hommes n'avaient pas encore touché de tentes-abris et il leur fallut, pour la première fois, coucher par terre roulés dans leur couverture.

A mesure que l'heure s'avançait, les sentinelles placées sur les glacis, à 20 mètres environ devant le front de la compagnie, devenaient de plus en plus nerveuses; c'était la première faction devant l'ennemi! Un frissonnement dans le feuillage, un buisson qu'agitait le vent, c'était un Prussien qui s'avançait; leurs nombreux « Qui vive? » tenaient tous les autres en haleine sans cause sérieuse; vers les 3 heures du matin, en avant sur la droite du côté du fort, on entendit un assez grand bruit; en un instant tout le monde fut debout, l'oreille tendue, l'œil attentif, la main à la cartouchière prêt à charger..... c'était une troupe de cavalerie qui partait en reconnaissance! Elle s'éloigna bientôt, on se recoucha sur place, mais on ne put dormir; on rêvait : dans le silence de la nuit, on n'entendait que commandements lointains, bruits sinistres;

quand le soleil se leva radieux, il fut salué avec joie ; en ramenant le jour il dissipait les rêves.

Il avait été décidé, la veille, que le 4ᵉ bataillon irait à la cible et que les deux compagnies de grand'garde tireraient les premières ; les « grognards » les plus experts n'avaient guère tiré plus de cinq cartouches et il paraissait indispensable d'augmenter leur expérience.

Dès la première heure, des hommes de corvée portant des cibles avaient été envoyés à la sablière située au bas de la côte de Châtillon.

De son côté, le lieutenant Léon, de la 1ʳᵉ compagnie, armurier de son état, désigné comme officier de tir, était parti dès 7 heures du matin, la canne à la main, le cigare aux lèvres, pour aller rejoindre ses hommes et installer les cibles avec un sous-officier, lorsque, sur la place de la mairie de Clamart, il rencontra le général de Bernis et un capitaine de cuirassiers, tous deux à cheval :

— Où allez-vous donc ? demanda le général, paraissant très étonné de l'allure ultra-pacifique de l'officier.

Celui-ci exposa sa mission.

— Eh bien ! répliqua le général, allez rejoindre vos hommes et vos cibles et faites-moi rentrer *tout ça* au fort.

Puis, voyant le lieutenant rester la bouche ouverte, la main sur la couture du pantalon, il ajouta :

— Prévenez votre colonel que l'ennemi est proche et que ce n'est pas l'heure de s'essayer sur des cartons.

Le lieutenant envoya aussitôt son sous-officier au fort, et courut lui-même rejoindre au plus vite sa petite troupe qu'il s'attendait à trouver tout au moins effarée et impatiente de le voir ; quand il arriva essoufflé..... tout le monde jouait au bouchon.

Cependant, ceux, ou plus exactement (comme l'on disait dans la mobile) « les ceux » de la 4ᵉ et de la 8ᵉ étaient déjà partis portant gaiement leurs sacs et tout joyeux d'avoir à exercer leur adresse; ce fut un réel désappointement lorsque, à la suite du contre-ordre parvenu à la tête de colonne, on s'aperçut bientôt que tout semblait devoir se borner à une simple promenade militaire; à la 8e compagnie qui était en queue, personne ne comprenait.

— Elles sont loin ces cibles ? demanda Cottin, un jeune conscrit de la classe 1869 qui, sans doute encore peu entraîné, trouvait son sac un peu lourd.

— Naïve recrue! répondit Picard, un bon gros commis-voyageur de la classe 1867 qui déjà, en arrivant à Châlons, accusait pompeusement ses vingt et une heures de présence sous les drapeaux, tu ne le vois donc pas ? nous allons dans les bois de Clamart, à la chasse aux lapins!

Dès que l'on apprit la cause réelle de ce léger contre-temps, ce ne fut pas une surprise; on en prit gaiement son parti et on revint au fort tout en chantonnant « l' Père et la Mèr' Badingue, à 2 sous tout le paquet! », l'air favori, depuis quelque temps, du 4e bataillon.

Les chants des mobiles furent cependant un instant interrompus par l'apparition subite, près du Moulin-de-Pierre, de deux escadrons de cavalerie qui, revenant de reconnaissance, leur coupèrent la route; c'était un singulier mélange de dragons, de lanciers, de cuirassiers, on y comptait même des cent-gardes (1); pas un uniforme qui fût intact, presque aucune cuirasse qui ne fût bossuée par les balles!

Un brave garçon d'origine autrichienne, Leidenfrost, excellent Français, accouru de Vienne au lendemain de nos premiers désastres, ne put retenir un cri de douloureux étonnement : « C'est ça, notre cavalerie! » Mais il n'était pas

---

(1) Ces troupes de cavalerie appartenaient à la brigade du général de Bernis. Voir Duquet, 4 *septembre*, *Châtillon*, page 282.

au diapason avec ses camarades les Parisiens. Personne ne le comprit : « N'était-ce pas de vieux soldats qui défilaient ? Qu'importait l'uniforme ! Peut-être n'étaient-ils pas assez nombreux, voilà tout ! »

Malheureusement le surlendemain ils verront d'autres troupes uniformément habillées celles-là, même habillées en zouaves. Mais hélas ! ce n'était pas des zouaves ! ce n'était pas des soldats !

L'impression sera cette fois profonde : pendant quelques heures les mobiles, quoique résolus, seront même un peu pâles ; mais elle passera et elle passera vite pour ne laisser en eux qu'une foi ardente dans l'heureuse issue de la lutte, une intarissable et insouciante gaieté.

Ah! si pour faire un soldat il suffisait d'être gai quand même, s'il pouvait suffire d'être enthousiaste et même de braver la mort, quelle vaillante armée aurait formée la garde nationale mobile de la Seine !

Affaire de Châtillon. Élection des officiers (19 septembre).

L'ennemi était arrivé ; le matin dès la pointe du jour la garnison du fort put entendre une vive canonnade du côté de Châtillon et des bois de Clamart et, pour se rendre compte du résultat de la bataille, elle n'eut pas longtemps à attendre (1). Vers 7 heures du matin, les troupes de zouaves apparurent tout à coup, abandonnant précipitamment les hauteurs de Clamart et vinrent en désordre se heurter aux grand'gardes.

Pour les neuf dixièmes (2), elles se composaient d'engagés volontaires et n'avaient pour les commander que quelques

---

(1) Archives d'Issy, *Résumé historique du génie*.
(2) *Travaux d'investissement*, 4ᵉ partie, p. 80.

rares officiers et encore moins de sous-officiers : une de leurs compagnies (peut-on dire une compagnie ?) était commandée par un sergent.

Placé en arrière d'une batterie française, près de la ferme des Trivaux, atteinte par quelques obus destinés à la batterie, cette troupe (ce troupeau !) s'était enfui subitement pris de panique ; et, cependant, en avant d'eux, dans la ferme même, se trouvait le 7e bataillon des mobiles de la Seine (commandant Vernon de Bonneuil) qui pourra sans grand danger y rester jusqu'à 11 heures (1). Mais la peur raisonne-t-elle ? Beaucoup ne s'arrêteront qu'à Paris !

L'impression des mobiles (il va sans dire qu'ils ignoraient tous ces détails) fut tout d'abord une profonde inquiétude. Après cette terrible débandade d'une troupe qu'ils s'étaient habitués à considérer comme l'élite de l'armée, ils devaient s'attendre d'un moment à l'autre à supporter le choc de l'ennemi victorieux ; les places d'armes extérieures qu'ils étaient chargés de défendre étaient à peine garnies de 50 mètres de palissades (juste de quoi couvrir 100 hommes) et les mobiles de grand'-garde se trouvaient pour ainsi dire en rase campagne, sans qu'il fût possible de faire grand fond sur l'artillerie dont les plate-formes inachevées, les épaulements insuffisants, l'armement incomplet ne pouvaient inspirer aux moins clairvoyants qu'une bien faible confiance.

Ils se rassurèrent vite dès qu'ils purent se rendre compte de l'extrême jeunesse des fuyards et ne se firent pas faute de les rappeler vertement à l'ordre. La plupart ne répondaient qu'en criant à la trahison, d'autres passaient silencieux ; parmi eux, d'un air sombre, s'avançait un vieux sergent de zouaves, un vrai celui-là ! ayant la croix sur la poitrine et trois chevrons à la manche :

---

(1) A. Rendu, *Souvenirs de mobile*, p. 27.

— Comment ! s'écria un jeune pharmacien nommé Fourment, sergent-major de la 2ᵉ compagnie, vous aussi ?... un vieux briscard !

— Eh bien ! quoi ? reprit l'autre avec un geste accablé, pourquoi se faire casser la g.....? Il n'y a plus d'Empereur !

Pauvre vieux zouave, il était bien en retard sur les Parisiens. Pour lui, la patrie c'était encore l'Empereur ! Ne faut-il pas lui pardonner ? Se fait-on en vingt-quatre heures une religion nouvelle ? Bien d'autres que lui avant de songer à crier : «Vive la France ! » n'avaient-ils pas crié : « Vive la République ! » ?

Au fort on avait battu la générale, le colonel Guichard, commandant du fort, avait fait hisser sur le bastion 2 le drapeau tricolore, les artilleurs s'étaient précipitamment portés à leurs postes, toute la garnison était sortie se ranger le long de la tranchée du chemin de fer, la droite s'appuyant sur le parc d'Issy, la gauche à la gare de Clamart.

Jusque dans l'après-midi le lugubre défilé continua : aux zouaves succédèrent des soldats de ligne, puis ce fut au tour des chasseurs à pied ; on voyait au milieu du désordre quelques rares officiers faire de vains efforts pour rallier leurs hommes.

Pendant ces mortelles heures, le colonel Rambaud, monté sur son cheval gris, ne cessait de parcourir le front de ses troupes, cherchant évidemment à leur inspirer, par sa présence une confiance qu'il n'avait pas lui-même.

Vers 1 h. 1/2, un lieutenant d'infanterie, monté sur un cheval d'artilleur et paraissant commander à tout un bataillon, arriva au galop jusqu'à la tranchée du chemin de fer qui le séparait du colonel ; espérant sans doute arrêter la débandade, il lui cria :

— Mon colonel ! il faudrait faire occuper le Moulin-de-Pierre !

Mais celui-ci lui répondit avec raison que, sans ordres

écrits, il ne pouvait rien distraire de la garnison affectée à la défense du fort.

Le lieutenant se décida alors à emmener son détachement à Meudon et à aller occuper le château ; là se trouvait encore le commandant du génie Lévy, chargé depuis peu des travaux à exécuter sur les hauteurs (1).

Ces officiers ne pouvaient raisonnablement songer à conserver une situation aussi périlleuse sans en aviser la place : ils télégraphièrent pour demander des ordres à Paris, mais il leur fut impossible de se faire reconnaître : on les prit pour des Prussiens !

A 9 heures du soir, seulement, se voyant méconnus et définitivement abandonnés, ils se décidèrent à évacuer Meudon ; ils n'avaient pas vu l'ennemi !

Depuis 3 heures la redoute de Châtillon était occupée par les Bavarois et leurs éclaireurs s'étaient avancés jusque dans Clamart.

Pourquoi, ce jour-là, l'ennemi n'essaya-t-il pas d'enlever le fort de vive force ? Possesseur des hauteurs, avec son artillerie de campagne il aurait pu facilement l'accabler d'obus (2) ? Étonné de son succès, il n'osa pas ; d'ailleurs pourquoi oser ? La grande ville était captive ; l'Allemand venait de souder le dernier anneau de sa chaîne de fer.

On avait si peu compris au fort l'importance de cette journée, cependant si décisive, que ce n'est que le lendemain que le

---

(1) Archives d'Issy, *Résumé historique du génie*. V. aussi *Ducrot*, t. I, p. 30, et *Travaux d'investissement*, 4ᵉ partie.

(2) Dans son *Résumé historique*, le colonel de Bovet est très pessimiste : « L'effet moral produit sur notre garnison par la bataille de Châtillon fut très mauvais. Nous ne pouvons savoir ce qui serait arrivé si l'ennemi, profitant de la retraite de l'armée française, avait canonné vers 3 heures du soir avec ses pièces de campagne les hauteurs de Châtillon et avait engagé la lutte avec nous.

» Nous avons dit quelle était la position matérielle du fort ce jour-là ; il est probable que nous aurions eu rapidement un assez grand nombre de pièces démontées ; quelques accidents graves se seraient produits..... »

commandant de l'artillerie, M. Huot, osera tirer sur la redoute de Châtillon et encore ce ne sera pas sans quelques observations de nombre d'officiers : ils croyaient encore nos troupes à Châtillon ! Voilà comment on était renseigné dans cette forteresse qui formait le premier rempart de la capitale ! (1).

Quant à la garnison, pendant que l'ennemi sillonnait de ses patrouilles le village de Clamart, elle procédait à l'élection de ses officiers. Vraiment le moment était bien choisi !

A la première nouvelle du fatal décret que l'éloquence des « trois Jules » avait arraché à la faiblesse du général Trochu, le « Vieux Mâle » était entré en fureur :

— Si les Prussiens n'étaient pas là, je leur ficherais ma démission..... à tous ces avocats !

La critique du décret du 17 septembre n'est plus à faire : donner à une collectivité dont la première condition d'existence est la discipline, le droit d'élire ses chefs, sans même limiter son choix, est un acte de pure démence.

Que des hommes comme Jules Favre, Jules Ferry, Jules Simon, Ernest Picard, Gambetta, etc., aient eu, une fois au pouvoir, l'étonnante naïveté d'appliquer un de leurs principes les plus faux, mais des plus chers, à l'aide desquels, sous l'Empire, ils avaient combattu l'armée prétendue « prétorienne » (2), passe encore ! Mais que des généraux comme Trochu et Le Flô aient laissé passer un pareil décret, c'est impardonnable ! Quand on est président, quand on est ministre de la guerre d'un gouvernement dont la seule raison

---

(1) *Archives d'Issy*. Note sur le rôle de l'artillerie.
Voir aussi général Brunon, *Journal de Vanves*, p. 10 : 4 h. 40. Gouverneur à commandant de Vanves : « Avez-vous nouvelles du général Ducrot? »
La réponse fut qu'il était au fort.
A Montrouge, on fut mieux renseigné : à 2 h. 45, ce fort reçut une dépêche lui annonçant que Châtillon était évacué. La Roncière, p. 48.
(2) Voici comment s'exprimait Jules Simon dans la séance de la Chambre du 21 décembre 1867 :
« Il n'y pas d'armée sans esprit militaire, nous dit-on! Alors nous voulons une armée qui n'en soit pas une. »

d'être est « la défense nationale », il est des circonstances où le devoir s'impose de « se démettre plutôt que de se soumettre ».

Aussitôt avisé, le colonel Rambaud s'empressa de réunir les officiers des 4e et 5e bataillons et de leur donner des instructions sur l'attitude qu'ils avaient à tenir à l'égard de leur troupe; le lendemain, le jour même de la bataille, un officier, accompagné de quelques hommes, alla porter ses ordres au 6e bataillon, cantonné à Montretout; quand l'officier arriva, le bataillon était parti !

Au 6e bataillon, près de la moitié des officiers, le commandant de Layrolles lui-même, furent déposés.

Au 5e bataillon, il en fut de même pour 3 capitaines et 4 ou 5 lieutenants. On y assista aux plus basses intrigues : des sergents cabalant ouvertement contre leurs capitaines, des capitaines contre leurs propres officiers; on y vit un capitaine de la 4e compagnie, un ancien officier, qui n'avait d'autre tort que de s'appeler L. de Bussy, remplacé par son sergent instructeur, un vieil et incorrigible ivrogne du nom de Sébastiani. On y vit des caporaux comme A..., qui n'avaient pas même le mérite d'avoir servi, nommés lieutenants ou sous-lieutenants; un simple garde, jeune prodigue, du nom de M..., bombardé lieutenant et bientôt après capitaine; une fois lieutenant, celui-ci sut, en effet, trouver un moyen rapide d'obtenir de l'avancement : pour aider ses hommes à violer la consigne, qui interdisait de sortir du fort avant 5 heures, il les formait en rang et se mettait à leur tête!!

Quant au 4e bataillon, il se montra moins radical et surtout plus respectueux de la hiérarchie; il se borna à renouveler 1 capitaine, 1 lieutenant et 3 sous-lieutenants : le capitaine Cordouan, remplacé par son lieutenant A. Jullien; le lieutenant Abraham Simon, par le sergent instructeur Plaisance, médaillé militaire; les trois sous-lieutenants Mathieu de la Corrèze, Binot de Villiers et Caen, respectivement remplacés par

L. Fourment, G. Girard et Ciattoni, tous trois sergents-majors.

Les nouveaux promus, du reste, les quatre premiers surtout, se chargeront, par la suite, de justifier le choix de leurs électeurs.

Pour être complet, nous devons ajouter que MM. Binot de Villiers et Caen, ingénieurs civils, trouveront le moyen de prêter, jusqu'à la fin, leur concours à la défense du fort, l'un comme électricien, l'autre comme auxiliaire du génie.

Les commandants Borrot et Delclos furent respectivement renommés par leur corps d'officiers.

Quant au lieutenant-colonel Rambaud, n'ayant pu réunir tous les officiers de son régiment, il saisit avec empressement cette occasion légale qui lui était offerte pour échapper à cette humiliante formalité.

Les peureux peuvent partir ! — Première reconnaissance au Moulin-de-Pierre (22 septembre).

Il paraissait de toute évidence que le fort allait être attaqué et cela d'autant plus qu'en brusquant l'attaque l'ennemi avait plus de chance de réussir.

A l'appel de 11 h. 1/2, devant les deux bataillons réunis dans la cour et rangés en bataille, le colonel Rambaud annonça l'événement comme à peu près certain et, après avoir dit que la situation était grave, que l'heure était venue pour chacun de faire son devoir, il termina par cette grave déclaration :

Si parmi vous il s'en trouve qui ne se sentent pas le courage de défendre leur pays, hé bien ! qu'ils sortent des rangs : le général gouverneur les autorise à quitter le fort !

En adoptant ce singulier mode de sélection, le général Trochu savait sans doute à qui il s'adressait ; près d'une centaine, néanmoins, quittèrent le rang. Pauvres gens, quelle terrible peur ils devaient avoir pour oser ainsi l'avouer! On les hua et on leur arracha leurs boutons.

Les deux bataillons n'en perdirent pas moins près de 5 p. 100 de leur effectif, sans compter ceux qui, n'ayant pas osé avoir peur ce jour-là, profiteront de la porte laissée entr'ouverte pour se réfugier dans quelque tranquille bureau d'état-major ou d'intendance.

Une fois cette pénible opération terminée, chaque capitaine fit former le cercle à sa compagnie et lui expliqua en détail le système de défense du fort : « Les compagnies de grand'garde qui se trouveraient dans la nécessité de battre en retraite ne pourraient le faire en se retirant par la poterne de leur front respectif qui serait fermée tous les soirs; elles devront descendre dans les fossés, retirer les échelles mobiles donnant accès aux places d'armes extérieures, contourner les remparts, enfin ne rentrer dans le fort que par le pont-levis. »

Malgré la gravité de la situation, ce système très compliqué qui renversait les plans beaucoup plus simples que la majorité des gardes mobiles avaient pu concevoir en cas de retraite précipitée, excita plus d'une plaisanterie.

Il eut en tout cas l'avantage de leur faire bien comprendre que c'était avant tout le fort qui comptait sur eux pour le défendre, bien plus qu'ils ne devaient compter sur lui pour se mettre à l'abri.

En attendant que l'ennemi vînt l'attaquer, la garnison prit les devants : dans la redoute du Moulin-de-Pierre (L) (1), subitement abandonnée à la suite de la malheureuse bataille de Châtillon, existait un nombreux matériel d'outils de toute sorte qui pouvait être utilisés dans les travaux du fort et qu'il était inutile de laisser à l'ennemi.

---

(1) Voir la carte des environs du fort d'Issy, à la fin de la première partie.

Il fut donc décidé qu'une reconnaissance serait dirigée sur ce point et que, à raison du peu de confiance que pouvaient encore inspirer les gardes mobiles, elle serait exclusivement composée de volontaires empruntés aux deux bataillons; pour la diriger, il fallait s'assurer le concours d'un officier énergique et expérimenté.

Le colonel chargea le commandant Borrot de désigner un officier du 4e bataillon; mais celui-ci ne voulut rien faire sans l'avis de son adjudant-major : allait-on choisir le capitaine Henry, capitaine encore en activité, en même temps que le plus ancien? il était bien gros et bien sourd! Allait-on prendre le capitaine Daleau, officier retraité, mais encore très vert? Serait-il bien flatté? D'ailleurs, il remplissait les fonctions d'adjudant de place. Le capitaine Moyse coupa court à toute hésitation : il se désigna lui-même.

S'étant ainsi chargé de cette délicate mission, il s'assura aussitôt le concours de deux excellents officiers : le lieutenant Léon, de la 1re compagnie, et le sous-lieutenant Girard, récemment élu à la 7e compagnie.

Le lieutenant Léon, avec 20 hommes, prit les devants et alla par la grand'rue de Clamart (k k), occuper l'angle de la route qui se détache du village pour regagner la redoute.

De son côté, le capitaine Moyse se dirigea sur le Moulin-de-Pierre par la voie la plus directe.

Enfin, le sous-lieutenant Girard, chargé plus spécialement d'opérer le déménagement des objets encombrants, forma l'arrière-garde.

M. Léon arriva facilement à son poste, sans autre incident que la rencontre qu'il fit d'un vieux garde national bizarrement accoutré d'un ceinturon blanc de grenadier de la garde et que, de loin, il prit tout d'abord pour un Prussien. C'était un nommé Antoine Brault, ancien soldat, alors entrepreneur à Clamart, ayant perdu (il le croyait du moins) ses deux fils à la guerre; pour les venger, il s'était armé d'un chassepot et faisait le coup de feu.

Il fournit au lieutenant de précieux renseignements, lui signala notamment la présence d'Allemands à la boulangerie de la Grande-Place, et finalement s'offrit pour guider la colonne. Le lieutenant Léon le remercia et le renvoya au capitaine.

Le groupe était là depuis quelque temps, lorsqu'une bande d'une douzaine d'hommes apparut tout à coup à 3 ou 400 mètres, au coin de la rue de Sèvres (*ll*), agitant leur casquette et faisant signe d'approcher. Le sergent-major Maumejean (médaillé d'Italie) affirmait que c'était des Allemands et voulait tirer; mais ce pouvait être aussi bien des mobiles du 9e bataillon, en garnison au fort de Vanves. Pendant que le lieutenant hésitait, la bande disparut.

Tout à coup, les balles venant de tous côtés se mirent à siffler autour de la petite troupe :

— Chopine! s'écria le lieutenant, surpris et très ému, en s'adressant à son ordonnance, promettez-moi, si je suis blessé, de ne pas me laisser aux ennemis.

— Oh! ça, non, pour de sûr, reprit l'autre, un jeune hercule de foire du quartier de l'Arsenal. J' vous colle sur mon sac! Seulement, si vous êtes tué, mon lieutenant, j' m' paie vos bottes!!

Ainsi rassuré, l'officier prit aussitôt ses dispositions de défense.

Pendant ce temps, le capitaine Moyse, guidé par le garde national, était facilement arrivé au pied de la redoute; avec une agilité surprenante, le vieux Brault franchit le fossé et s'élança sur les gabions; mais à peine s'était-il dressé qu'il tomba percé d'une balle partant d'un buisson voisin. Les mobiles se vengèrent sur le buisson, entrèrent dans la redoute, qui était inoccupée, et le déménagement commença.

Déjà, avec ses hommes embarrassés de brouettes, le sous-lieutenant Girard regagnait le fort, lorsque la vivacité de la fusillade engagée du côté du village attira l'attention du capitaine : il disposa aussitôt ses hommes en tirailleurs, prit le pas gymnastique et se porta au secours de son lieutenant.

Jusque-là tout s'était bien passé; quelques ennemis, qui s'étaient fort imprudemment avancés dans la grande rue de Clamart, avaient même été abattus; seul, le malheureux Brault, mortellement blessé, semblait devoir payer de sa vie le succès de l'expédition; mais, dès qu'il arriva, le capitaine, apercevant quelques ennemis à terre, eut l'idée assez malencontreuse de vouloir s'en emparer : on prononça un mouvement en avant et la fusillade reprit avec une nouvelle énergie. Quelques ennemis tombèrent encore sous les coups de Cardon, fourrier de la 1re compagnie, mais à son tour il tomba mortellement frappé; puis, en un instant, Veron-Ducoin et Douchet furent grièvement blessés (1).

Le but poursuivi n'était pas assez important pour continuer plus longtemps une escarmouche qui, d'un moment à l'autre, pouvait devenir plus dangereuse; le capitaine Moyse donna donc l'ordre à son lieutenant de faire sonner la retraite; lui-même, avec ses quatre blessés, accompagné du Dr Fiaux et de tous ses hommes chargés de pelles et de pioches, regagna le fort.

Mais voilà le lieutenant bien embarrassé : impossible de trouver le clairon! Celui-ci, un brave Alsacien, avait disparu; enfin on le découvrit perché sur un petit toit, son instrument sur le dos et faisant le coup de feu derrière une cheminée. « Clairon! clairon! » cria-t-on. Mais il n'entendait pas : absorbé dans ses occupations, il avait complètement oublié son rôle. Là se trouvait Labussière, de la 8e compagnie, aussi friand de reconnaissances qu'amateur de la capitale; vrai type

---

(1) Archives d'Issy : registre d'ambulance.

du mobile parisien et du Parisien mobile, chauvin et blagueur; soldat sans peur.....

— Attendez, mon lieutenant! s'écria-t-il tout à coup, pour qu'il comprenne, il faut éternuer!

Et, de la façon la plus comique, il appela : Zuyterliter!!! C'était le nom du clairon; celui-ci se retourna.

On comprend si les mobiles perdirent cette occasion de rire.

Somme toute, l'opération avait été bien conduite et avait complètement réussi; les mobiles avaient eu une excellente attitude.

Le surlendemain, le général Schmitz, qui accompagnait au fort le général Le Flô, ministre de la guerre, se fit présenter les trois officiers et ne leur marchanda pas ses félicitations.

Parmi les victimes, une seule survécut à ses blessures, Douchet. Le fourrier Cardon mourut en arrivant au fort; son corps fut réclamé par sa famille. Véron-Ducoin mourut quelques jours après dans une ambulance parisienne où on l'avait fait transporter.

Quant au vieux garde national, que personne ne réclama, il fut enterré sur les glacis, à la droite de l'entrée, en présence de l'aumônier, M. l'abbé Visidari, du capitaine Moyse et de quelques mobiles. Une petite croix en bois, une modeste couronne, marquèrent seules l'endroit où allait reposer ce brave. Le cimetière des mobiles était inauguré!

Dimanche 25 septembre.

L'émotion éprouvée par la garnison pendant ces derniers jours fit instantanément place à la plus étonnante placidité; une expédition dirigée, le 24, sur le Moulin-de-Pierre, par le capitaine Baëlen, du 5e bataillon, fut comme le signal. On n'avait rencontré aucun ennemi; puisqu'il ne se montrait pas, cet ennemi, pourquoi s'inquiéter?

Le lendemain, à l'aspect du fort et de ses environs, à l'attitude calme et paisible, et presque joyeuse, de la garnison, dispersée un peu partout, nul n'aurait pu se douter que les Allemands étaient à moins de 1.500 mètres, installés dans les bois de Clamart et de Meudon.

Il faisait un temps superbe et c'était dimanche! Un grand nombre d'habitants de la capitale (1), des familles entières, munis de laissez-passer, franchirent les fortifications, envahirent les glacis du fort et débordèrent dans les grand'gardes. Le résultat fut immédiat : la garnison presque tout entière, mêlée aux parents et aux amis, alla s'attabler chez tous les cabaretiers du village d'Issy, qui, revenus de leur première panique, s'étaient empressés, et pour cause, de rouvrir boutique.

Dans l'après-midi, si l'ennemi avait voulu attaquer le fort, il n'aurait rencontré, sur les fronts Clamart-Châtillon-Meudon, gardés par le 4e bataillon, que les sentinelles et deux ou trois officiers de grand'garde ; au poste de Clamart, occupé par la ligne, quelques hommes ; sur les fronts de Vanves et Billancourt, confiés à la garde du 5e bataillon, personne! Le commandant de l'artillerie, ayant eu, ce jour-là, l'idée de rentrer au fort par la poterne de cavalerie, ne trouva même pas une sentinelle pour le saluer.

De son côté, la grande masse des « sans permis » voulut franchir les avant-postes ; de graves conflits se produisirent entre la foule et les troupes qui occupaient le village d'Issy : un capitaine d'artillerie, pour faire respecter sa consigne dut faire mine de mettre ses mitrailleuses en batterie.

Le gouverneur de Paris, justement ému, à la suite de ces incidents fit installer près de la Mairie d'Issy un poste de sergents de ville dits « gardiens de la paix », afin, disait-on, d'empêcher les Parisiens de franchir les avant-postes ; il reçut le

---

(1) Vinoy, p. 170.

jour même une destination beaucoup plus précise : admirablement situé à la jonction de trois rues menant au fort d'Issy, il eut surtout pour consigne de ne laisser passer aucun garde mobile sans qu'il fut muni d'une permission. Ce fut le premier obstacle sérieux opposé à la trop grande facilité que l'on avait jusque-là laissée à la garnison du fort d'aller à Paris.

En principe, il était bien, en effet, défendu de sortir du fort avant 5 heures; mais les mobiles, profitant, soit de la complaisance du sergent de planton ou des sentinelles, soit de l'inexpérience de leurs camarades, trouvaient plus d'un moyen de tourner la consigne : un jour, Cottin reçoit à la casemate la visite d'un officier de mobiles qui l'invite à déjeuner. Comment résister ? C'était presque un ordre ! Il boucle son ceinturon et part avec l'officier. Mais ses pourparlers avaient attiré l'attention d'une douzaine de ses camarades qui depuis quelque temps tournaient dans la cour comme des ours pris dans une basse fosse; leur résolution est vivement prise : ils s'emparent de fusils, se forment en rang, un caporal prend la tête, l'autre se place en serre-file; en suivant l'officier on emboîte le pas avec ensemble; la sentinelle du pont-levis porte l'arme, le sergent de planton salue, et vlan !! voilà les mobiles qui passent ! voilà les mobiles passés !

Pour tromper la vigilance de sentinelles aussi expérimentées que les sergents de ville, il fallait autre chose : on se servit des anciennes permissions (on avait soin de les dater avec de l'eau gommée mélangée de poudre à fusil), on en fabriqua de nouvelles avec des pièces de deux sous que l'on enduisait de bleu; un habile coup de pouce effaçait le dix centimes et laissait l'aigle intact.

Les sergents de ville s'étonnèrent bientôt du nombre vraiment extraordinaire de permissionnaires qui défilaient journellement devant eux et finirent par éventer la mèche; quelques mobiles furent conduits au secteur et sévèrement admonestés. Il fallut trouver d'autres moyens : on en cherchera et on en trouvera de tellement extravagants que les pauvres gardiens de la paix devront s'avouer vaincus. Braves gens! On vous apprendra le truc du corbillard (1)! Vous n'avez jamais arrêté de corbillard, n'est-ce pas? Justement! On se glissera sous le drap funéraire et vous laisserez passer..... jusqu'à nouvel ordre.

3 octobre. — **Expédition au Moulin-de-Pierre.** — **Récolte de pommes de terre.**

Depuis le 24 septembre, l'ennemi abandonnant complètement le Moulin-de-Pierre avait reporté ses postes de grand'gardes dans le haut du village de Clamart, près du clocher et sur la crête formée par le plateau de Châtillon; il ne réoccupera effectivement la redoute que dans le courant de janvier alors que, protégé par les batteries établies sur la colline, il pourra impunément braver l'artillerie du fort.

Jusque-là cette position, située à 1.100 mètres du fort, et dont l'occupation était aussi dangereuse pour les Allemands qu'inutile aux Français, ne sera plus qu'une sorte de terrain neutre où la garnison du fort pourra tout à son aise faire de petites promenades sans jamais rencontrer l'ennemi.

De leurs postes dominants, et notamment d'une sablière (K) située à mi-côte de Châtillon, les Bavarois voyaient tout sans être vus (2). Puisqu'ils ne voulaient pas attaquer, que leur fallait de plus?

Le 3 octobre on ignorait encore jusqu'à quel point cette

---

(1) A cette époque le nombre des cimetières de la banlieue était restreint par l'investissement. Il en résultait un grand surcroit d'inhumations dans les cimetières les plus voisins de l'enceinte.

(2) Archives d'Issy. Rapport Dogny. Voir aussi Dr Fiaux, p. 37 : « Pour exercer une surveillance plus exacte, trois sentinelles s'accolaient dos à dos. »

attitude de l'ennemi serait définitive, on résolut néanmoins de profiter de l'abandon, dûment constaté le 24, pour tenter un déménagement en règle de tous les matériaux et outils qui restaient encore dans la redoute.

Un chariot de parc fut confié à la 8ᵉ compagnie du 4ᵉ bataillon et à son capitaine M. Moyse; les têtes de colonne se déployèrent en tirailleurs et l'on enleva la position sans la moindre difficulté.

Ce facile triomphe mit tout le monde de bonne humeur : le temps était splendide, il faisait presque chaud; tout autour de la redoute du Moulin-de-Pierre ce n'était que champs de pommes de terre, vergers, vignes chargées de fruits. C'était bien tentant! Qui allait récolter tout cela? Il ne vint à l'idée de personne que le paysan oserait le faire : laisser les pelles inactives, ramener les brouettes à vide parut être le comble de la déraison.

D'une façon générale, on avait bien interdit la maraude, mais le capitaine Moyse et le sous-lieutenant Bontus, armés de lorgnettes, surveillaient l'horizon, quant au lieutenant Réveilhac, qui était dans la redoute, installé dans une brouette, il fermait les yeux; on remplit les brouettes de pommes de terre et de pommes. Quel excellent rata! Quel délicieux dessert on se promettait! On eut quelque peu de rata, une partie du dessert fondit en route, le reste s'arrêta au fourrier Collard.

Quant au raisin, il trouva immédiatement sa place : le sergent Gervoise donna des premiers l'exemple et, par sa dextérité à faire disparaître des grappes entières, s'attira même l'admiration :

— C'est bon, ça, sergent? lui demandèrent quelques mobiles en riant.

— Ah! fit le vieil ivrogne, si seulement je pouvais les mettre en bouteille!!

Sur les 4 heures, on s'ébranla pour regagner le fort; en route, on chanta (on chantait toujours en route); le père et la mère Badingue furent ce jour-là de nouveau détrônés (on se lasse des plus beaux airs) : le succès fut à « Meunier, meunier, tu es..... hé! ru! dondaine! », chanson aussi grossière que peu spirituelle, mais possédant un refrain d'une allure irrésistible.

On marcha au pas « exagéré »; les pelles, les pioches, les brouettes elles-mêmes, semant sur la route quelque peu de leur contenu, s'agitèrent en cadence.

De ses calmes rayons d'automne, le soleil couchant accompagnait la bande joyeuse; l'œil de la Sablière la guettait au passage....., mais elle ne le voyait pas; ce fut une délicieuse journée.

L'exemple donné par la 8e compagnie fut bientôt suivi par les grands chefs; le scrupule de s'approprier le bien d'autrui, scrupule exagéré dans la circonstance, une fois levé, on procéda avec méthode. Le 8 octobre suivant, deux compagnies servirent à cette opération; l'une composée d'hommes de corvée appartenant à toutes les compagnies, suivis de deux chariots de parcs, pourvus de pelles, de pioches, de sacs et de brouettes, commandés par un capitaine; l'autre, avec son effectif complet déployé en tirailleurs, couvrant la première chargée de faire la récolte et de conduire le butin au fort.

Cette fois, la distribution fut faite par les soins d'un officier et chaque compagnie eut sa part.

Cette opération, renouvelée plusieurs fois au profit des diverses unités de la garnison, eut lieu pour la dernière fois le 11 octobre, jour où l'on permit enfin aux malheureux civils de venir prendre leur part. Trois jours après les champs fertiles de Clamart, de Meudon et de Fleury n'étaient plus qu'un immense désert où les sauterelles auraient passé.

**6 octobre. — Reconnaissance matinale. Grand'garde.
Ronde-major.**

Du côté de Fleury-Meudon, on n'avait que peu de renseignements sur les positions occupées par l'ennemi : le 5 octobre au soir, quatre compagnies du 4ᵉ bataillon (1ʳᵉ, 4ᵉ, 5ᵉ, 8ᵉ) furent désignées pour opérer le lendemain avant le jour une reconnaissance sur ce point, sous le commandement de M. Borrot.

C'était pour la première fois que quatre compagnies allaient se trouver ainsi groupées pour une opération commune ; l'affaire promettait d'être grave : avant de s'endormir, chacun fourbit ses armes.

Le lendemain, 6 octobre, à 3 h. 30 du matin (de peur de donner l'éveil à l'ennemi, il n'y eut pas de sonnerie), les sergents parcoururent les tentes et les casemates et réveillèrent les hommes.

A 4 heures, les quatre compagnies étaient rangées dans la cour ; le brouillard était intense : on n'y voyait pas à dix pas ; mais d'un instant à l'autre il pouvait se dissiper..... Au signal donné par le commandant Borrot, la colonne s'ébranla, sortit du fort, le contourna lentement comme à tâtons ; le brouillard ne se dissipait pas ; pour ne pas s'égarer on dut, après avoir traversé la voie, longer la tranchée qui s'étend de la station de Clamart à la station de Meudon.

Arrivée là, en attendant que le brouillard voulut bien se dissiper, la colonne tout entière s'arrêta ; deux mortelles heures s'écoulèrent ainsi l'arme au pied, après quoi, lassé d'attendre, le commandant fit transmettre à chaque compagnie l'ordre de se déployer en tirailleurs ; la 8ᵉ compagnie, qui formait l'aile gauche, prononça aussitôt un mouvement dans les vignes qui étaient devant elles dans une direction sensiblement parallèle au Sud-Nord.

Le capitaine Moyse, qui n'avait pas de boussole, s'apercevant bientôt qu'il avait bien assez de peine à se reconnaître lui-même sans chercher à reconnaître l'ennemi, fit faire demi-tour à sa compagnie; la 8º regagna donc la tranchée du chemin de fer, dégringola le talus, remonta de l'autre côté et tout le monde s'assit le fusil entre les jambes, l'œil perdu dans le vague.

Sur les 7 heures, le brouillard commença à tomber en pluie fine : dans une subite éclaircie, des ombres apparurent de l'autre côté de la tranchée, un peu sur la droite. Mayer, un pauvre camelot, sourd pour les trois quarts, idiot pour tout le reste, pas aveugle cependant, fit le premier cette découverte :

— Ah zut alors ! s'écria-t-il bruyamment, ce sont les Prussiens !!

On entendit comme un bruit d'armes....., un nuage passa....., la vision disparut.

— Qui vive? s'écria bientôt quelqu'un de l'autre côté.

— 8º ! répondit le capitaine Moyse.

Puis reconnaissant la voix d'un camarade :

— C'est vous, Jullien ?

— Mais oui ! répondit le capitaine de la 4º compagnie, dont l'intonation trahissait le geste énergique.

— Si l'on ne se voit pas, mille tonnerres ! au moins que l'on s'entende !

Et l'émotion générale, un moment assez vive, se passa dans éclat de rire.

A l'aile droite, le capitaine Audenet, de la 1ʳᵉ compagnie, avait eu, de son côté, sa part d'émotion : vers 6 heures, à quelque cent mètres en avant de lui, dans une maison isolée du Val-Fleury, il avait entendu un singulier bruit de ferraille, d'autant plus étrange qu'il lui paraissait rythmé et comme alternatif; très intrigué, il avait fait habilement cerner la maison par ses hommes, puis il s'était précipité à la baïonnette... Oh stupeur! qu'avait-il reconnu? Six gardes de sa compagnie, qui, eux aussi, lassés d'attendre, s'étaient installés dans une forge et, saisis par le froid sans doute, s'escrimaient sur..... une pelle!

A 9 heures du matin, cette longue partie de colin-maillard était terminée. Tout le monde rentra au fort, imbibé d'humidité, transi et surtout affamé comme des dogues.

— Ça creuse, le brouillard, déclara gaiement Labussière, en essuyant consciencieusement son fusil.

— J'aime mieux un vermouth, répondit sur le même ton le gros Picard.

— J'aime mieux mon lit, ronchonna le sage Tiphaine.

Tiphaine, c'était la raison même ; soldat aussi consciencieux que comptable émérite, il avait ouvert un compte à l'expédition et dans la balance il venait de la porter au compte profits et pertes.

Après cette petite expédition ultra-matinale, la 8ᵉ compagnie prit la grand'garde à 11 h. 1/2 du matin ; on installa presque aussitôt les petites tentes et comme l'on était fatigué beaucoup s'y couchèrent. La journée se passa à arrêter les hommes en blouse qui s'aventuraient en avant du fort et à les conduire au commandant du fort qui, suivant les circonstances, les envoyait au secteur ou les relâchait tout simplement : la plupart étaient des maraudeurs de légumes.

La nuit arriva sans incident : à partir de ce moment on entendit toutes les deux heures le caporal Monnier, chargé de placer les sentinelles, interpeller quelque camarade profondément enfoui sous la tente et ne répondant pas à l'appel de son nom ; souvent, en frappant sur la toile à tout hasard, il se trompait d'adresse, c'était alors des cris, des grognements, des hurlements! Pauvre caporal de pose! bien nommé du reste! puis le silence reprenait...

A chaque grand'garde un officier par compagnie avait coutume de faire une ronde de nuit; c'était ce jour-là au sous-lieutenant Bontus. Vers minuit, le « baron Grog » s'étira, sortit de sa tente soigneusement enveloppé de sa couverture, flaira le ciel et, comme la nuit était fraîche et légèrement brumeuse, il alla donner l'ordre au sergent-major Bouissonnouse de faire la ronde à sa place : il se trouva que celui-ci, très zélé dans le service, quoique simple bombeur de verre, avait jugé convenable d'en faire une de sa propre autorité! Le sous-lieutenant, un peu vexé, n'insista pas et alla se recoucher.

Le caporal Monnier, qui ne dormait pas et s'ennuyait probablement, avait suivi avec intérêt les péripéties de ce dialogue; il eut aussitôt l'ingénieuse idée (c'était un ingénieur et de plus le plus grand monteur de bateaux de la compagnie, appelé familièrement le caporal Marteau), il eut l'idée de remplir le rôle de sous-lieutenant; puis réfléchissant qu'il était trop modeste dans son ambition, il se décida du coup à jouer le rôle de colonel : il avait de grandes bottes, il endossa une pèlerine dont il rabattit le capuchon avec soin et le voilà parti frappant en cadence sur son coupe-choux pour imiter le bruit de ferraille du sabre d'officier précédé d'un camarade portant le fallot et suivi de deux autres :

— Qui vive? cria une sentinelle prenant la position réglementaire.

— Ronde-major!

— Avance au ralliement!

— Condé, reprit le premier camarade. — Puis, s'avançant, il murmura :

— Ne blague pas, c'est le colonel!!

Monnier ainsi présenté s'avança majestueusement, puis, forçant sa voix naturellement grêle :

— C'est la 8ᵉ ici?

— Oui, mon colonel!

— Vous vous appelez?

— Cottin, mon colonel !

— Pourriez-vous me dire, mon ami, quels sont les devoirs d'une sentinelle ?

Cottin se mit immédiatement en mesure d'expliquer tout ce qu'il savait.

— Très bien ! fit Monnier, en l'interrompant. En résumé : avoir l'œil et ne pas se laisser approcher !

Et il passa dignement sans oublier de frapper sur son sabre.

On arriva à Arnoux ; cet Arnoux avait un frère, et l'avant-veille une scène de pugilat vraiment écœurante s'était produite entre les deux frères qui se disputaient les faveurs d'une fille.

— Arnoux, de la 7ᵉ escouade de la 8ᵉ, je crois, fit Monnier d'un ton sévère.

— Oui, mon colonel, répondit celui-ci, atterré de la prodigieuse mémoire du grand chef.

— Mauvais soldat ! J'ai l'œil sur vous ; tenez-vous bien ! autrement..... conseil de guerre !

Il passa.

La même scène se produisit avec des variantes que Monnier sut proportionner à l'intelligence de chacun.

La dernière sentinelle du front 3-4 était Mayer. Ce malheureux se trouvait momentanément dérangé dans la régularité de ses habitudes : il avait mangé trop de raisin vert ; comme conséquence il avait dû déposer son fusil contre une borne ; d'un côté il voyait le fort, de l'autre il..... méprisait l'ennemi.

— Le colonel !!! lui corna son camarade dans l'oreille en jouant l'effarement.

Mayer bondit, s'empara de son fusil ; d'une main il tenait son pantalon, de l'autre il s'efforçait de présenter les armes :

— Qu'est-ce qui m'a fiché une sentinelle comme ça ? s'écria Monnier, en s'avançant précipitamment. Qu'est-ce que vous avez vu devant vous ?

— Rien, mon colonel !

— Et la ronde d'officier, vous ne l'avez pas vue ?

— Non, mon colonel !

— Deux jours de salle de police à cet homme-là. — Prenez son nom, déclara-t-il en se retournant vers les deux hommes de l'escorte, — ça lui apprendra à regarder devant lui.

7 octobre. — **Affaire des sacs de farine** (1).

Après leur expédition du matin, leurs vingt-quatre heures de grand'garde, la 4ᵉ et la 8ᵉ compagnies semblaient avoir droit au repos; le repos c'était le piquet : les compagnies de piquet n'avaient d'autres obligations que de se tenir prêtes à la moindre alerte; mais, en général, il n'y avait pas d'alerte !..... Déjà, la 8ᵉ compagnie, remontant de grand'garde, avait rompu les rangs et regagnait sa casemate et ses tentes, déjà les « francs-fileurs » tiraient leurs plans pour aller pousser une pointe à Paris, lorsque le sergent-major Bouissounouse, très prévoyant, crut devoir courir après ses hommes pour les arrêter et leur annoncer officieusement qu'à midi ils partaient en reconnaissance avec la 4ᵉ compagnie.

On se prépara rapidement; la grande majorité était contente : on aimait mieux aller en reconnaissance que de rester au fort.

Le but de l'expédition était d'aller prendre à Clamart trente-six sacs de farine qui se trouvaient dans une boulangerie, rue de Trosy, n° 17, au coin de la grande place.

Ces renseignements, très précis, avaient été fournis par le vieux garde champêtre du village, Berdin, un ancien gendarme

---

(1) Archives d'Issy, rapport Borrot. Voir aussi lettre du capitaine Jullien, publiée dans le journal *Courrier de la Guerre*, numéro du 9 octobre 1870.

dont la courageuse conduite pendant la guerre lui vaudra plus tard la décoration.

On savait, d'autre part, qu'un petit poste ennemi (A) existait un peu au delà de l'église; l'avant-veille, une reconnaissance du 5e bataillon, commandée par M. Delclos, avait fait, en cet endroit, un prisonnier bavarois.

Six compagnies du 4e bataillon (la 1re et la 5e seules étaient de grand'garde) et cinq compagnies du 5e bataillon prirent part à la reconnaissance.

Le commandant Delclos, avec le 5e bataillon, alla occuper le Moulin-de-Pierre, quatre compagnies du 4e bataillon occupèrent les issues par lesquelles l'ennemi aurait pu arriver pour contrarier l'opération, enfin, les deux compagnies de piquet, c'est-à-dire la 4e et la 8e, colonel Rambaud en tête, s'avancèrent par la grande rue et s'installèrent sur la place avec deux chariots de parc.

Les obus du fort, passant en sifflant au-dessus de leurs têtes et allant éclater au haut de Clamart, rassuraient les plus timides.

— C'est tout de même chouette, disait Labussière, de pouvoir embêter le monde comme ça sans se déranger.

A ce moment, le garde champêtre débouchant de la rue de l'Église, vint annoncer au colonel que la sentinelle du petit poste venait de s'enfuir en criant et avait dû donner l'éveil.

Il n'y avait que deux partis à prendre : ou renoncer au projet, ou en assurer le succès en attaquant immédiatement le poste; après une courte hésitation, le colonel se résolut à ce dernier parti; sur son ordre, le capitaine Jullien, à la tête de la 4e, s'élança au pas gymnastique; après une assez vive fusillade pendant laquelle Voisenet fut tué, un caporal et deux hommes légèrement blessés, les Bavarois qui occupaient le poste s'enfuirent précipitamment et allèrent se réfugier dans un parc situé dans les bois et dominant le village.

LES DÉFENSEURS DU FORT D'ISSY (1870-1871).

La grande place de Clamart.
(Affaire des « sacs de farine », 7 octobre 1870).

Tranquillisé sur ce point et très satisfait du résultat, le colonel revint au galop sur la place pour rassurer la 8ᵉ compagnie qui, l'arme au pied, surveillait le déménagement des sacs.

— Vous voyez, mes enfants ! cria-t-il, une bataille ce n'est que cela !

Puis il donna l'ordre au lieutenant Réveilhac de monter au haut de la mairie surveiller les environs.

Presque aussitôt les balles drues et serrées sifflèrent de tous côtés passant au-dessus des maisons ; chacun se mit à regarder en l'air se demandant sérieusement si l'ennemi ne tirait pas sur les pierrots : le pierrot c'était le lieutenant Réveilhac qui, installé dans le campanile, figurait assez bien un oiseau en cage.

A 3 heures, l'affaire paraissait terminée : la 4ᵉ compagnie, chargée des dépouilles opimes, casques, havresacs, était venue se ranger sur la place, les 36 sacs avaient été empilés et la dernière voiture venait de partir au trot dans la direction du fort, lorsque le lieutenant Réveilhac descendit précipitamment de son observatoire annoncer que des renforts ennemis arrivaient au pas de charge : la 8ᵉ s'ébranla, prête à se déployer en tirailleurs dans la rue de l'Église ; à cet instant, sans aucun ordre, Petit s'avança témérairement au milieu de la rue. Apercevant l'ennemi, il tira ; un feu de peloton lui répondit. Petit tomba comme un bloc à la renverse. Quand on le releva il était mort. Quelques instants avant, le pauvre garçon expliquait qu'il avait une double cuirasse et se croyait invulnérable !

Après cette terrible décharge, la 8ᵉ s'attendait à voir paraître les Prussiens d'un moment à l'autre, mais ceux-ci, probablement satisfaits d'avoir repris leur première position et très inquiétés sans aucun doute par l'artillerie du fort qui se mit à tirer avec rage sur le plateau au-dessus du village, s'en tinrent là.

D'un autre côté, les voitures chargées des sacs étaient déjà loin et le colonel jugeant inutile de rester là plus longtemps, puisque le but de la reconnaissance était rempli, ordonna la retraite.

12 octobre. — Bizarre aventure d'un lieutenant des éclaireurs (1).

Depuis quelque temps, on avait organisé dans les deux bataillons de mobiles, deux petites troupes de volontaires de chacune 25 hommes, appelés éclaireurs ou francs-tireurs, respectivement commandées par le sous-lieutenant Girard pour le 4ᵉ bataillon et le sous-lieutenant de X..... pour le 5ᵉ.

Ces éclaireurs, dispensés de tout service à leurs compagnies, avaient pour mission principale, par les expéditions journalières auxquelles ils devaient se livrer, de surveiller et d'inquiéter l'ennemi.

La composition de ces petits corps, organisés un peu hâtivement, laissa dès le début beaucoup à désirer : si la grande majorité des jeunes gens qui les constituaient étaient braves et honnêtes, on y comptait aussi pas mal d'aventuriers, s'attardant un peu trop facilement dans les maisons, et opérant, au besoin, pour leur propre compte, des reconnaissances individuelles, sans se fâcher outre mesure si, par hasard, ils y rencontraient quelques maraudeurs ennemis.

Or, le 12, il arriva ce qui fatalement devait arriver un jour ou l'autre : deux de ces derniers furent enlevés par l'ennemi; dans l'après-midi, le sous-lieutenant de X....., du 5ᵉ bataillon,

---

(1) Note de l'éditeur : Les faits principaux relatés dans ce récit sont empruntés aux lieutenants G. Girard et Fourment, ainsi qu'à divers témoins oculaires.
Quant aux détails plus intimes ils sont dus à l'acteur principal lui-même.
C'est pour se réserver une plus grande liberté d'appréciation que l'auteur n'a pas nommé ce dernier.

jeune officier très brave incontestablement, mais d'un esprit quelque peu chevaleresque, sur l'ordre de son commandant Delclos, était parti dans le village de Clamart, à la tête de ses éclaireurs, pour rechercher une maison à plusieurs issues pouvant, à l'occasion, servir à organiser une embuscade.

Dans sa petite troupe s'était glissé, sans qu'il y eût pris suffisamment garde, un soldat d'allure assez louche que le sous-lieutenant Girard avait cru devoir rejeter de la sienne : c'était un nommé Régnier, de la 2e compagnie du 4e bataillon, un ancien matelot, médaillé du Mexique, devenu caporal (naturellement!) et qui plus tard, sous la Commune, devait, comme amiral, commander les fameuses canonnières « Farcy ».

A un moment, le sous-lieutenant de X... s'aperçut que deux de ses hommes manquaient ; c'était le caporal Régnier et un autre ; soupçonnant sans doute qu'ils s'étaient simplement attardés, il ne s'inquiéta pas autrement de leur absence, tout en se réservant de les admonester aussitôt qu'ils le rejoindraient.

Il rentrait donc au fort, lorsqu'il vit accourir l'un d'eux tout essoufflé :

— Mon lieutenant ! les Bavarois viennent de nous faire prisonniers le caporal Régnier et moi, et leur chef m'envoie vous dire qu'il a à vous parler et est prêt à vous rendre le caporal.

La demande et l'offre étaient également singulières ; les explications fournies par le soldat au sujet de son enlèvement avaient été nécessairement un peu confuses. Sans aucun doute le sous-lieutenant aurait dû se méfier et, avant d'agir, en aviser ses chefs ; mais il lui répugnait d'abandonner son caporal alors qu'il dépendait de lui seul qu'il fût rendu à la liberté.

Après tout, quel danger courait-il ? Qu'on lui fît une offre inacceptable ? Il refuserait ! Qu'on lui tendît un piège ? Il prendrait ses précautions. Et, son inexpérience aidant, il se décida à suivre son homme.

Il retourna donc sur ses pas et, après avoir remonté la rue de l'Église et être arrivé à hauteur du poste situé au bout d'une petite rue perpendiculaire (c'était la même (A) qui avait été enlevée, le 7 octobre, par la 4ᵉ compagnie), il déploya sa petite troupe en tirailleurs, et, après lui avoir donné l'ordre de ne pas le perdre de vue et à la moindre alerte de tirer, sans crainte même de le blesser, il tira son sabre et s'engagea dans la ruelle.

A peine la sentinelle ennemie l'eût-elle aperçu, lui et son guide qu'elle salua de l'arme et courut vers la porte; un officier allemand en sortit presque aussitôt accompagné de deux soldats; puis, apercevant le sous-lieutenant au port d'arme, il les arrêta d'un geste, mit sabre au clair et salua. Le Français répondit, puis tous d'eux s'avancèrent l'un vers l'autre.

L'Allemand prit le premier la parole, scandant ses mots et vraisemblablement les cherchant :

— Mes chefs pensent qu'il est *maladroit* de tirer sur nos sentinelles, que tout cela ne *fait pas la paix*, et me chargent de vous dire de ne plus *faire* ainsi.

Puis il tira sa carte sur laquelle était gravé son nom Wilhem Kaufmann et ajouta au crayon, capitaine de la landwehr bavaroise.

— Si vous avez des chefs, j'en ai aussi ! répondit aussitôt le lieutenant de X.....

Et, n'ayant pas de carte, il déchira une feuille de son carnet, y écrivit son nom, et la remit au Bavarois.

Les deux puissances, comme on voit, étaient dignement représentées.

A ce moment, le caporal Régnier s'avança, l'air tout penaud, fort joyeux sans doute : il avait été, ma foi, fort bien traité et avait fumé d'excellents cigares. « Voici votre caporal ! je vous le rends », conclut le Bavarois — il aurait bien fait de le garder ; — on se salua et chacun regagna ses positions.

Aussitôt arrivé au fort, le sous-lieutenant de X....., avec la plus grande franchise, fit son rapport au commandant Delclos, son chef hiérarchique, qui s'empressa de le renvoyer au colonel Guichard, commandant supérieur du fort. Celui-ci reçut fort mal la communication, et, tout en excusant chez le jeune officier sa profonde ignorance des usages de la guerre (elle n'avait de comparable, disait-il, que la naïveté de l'officier de la landwehr), lui reprocha très vertement de s'être ainsi, sans aucun mandat, mis en relation avec l'ennemi. Quant à l'étrange demande dont il se trouvait saisi, il lui donna la seule suite possible, il la transmit séance tenante au général gouverneur, en même temps que le rapport écrit de l'officier.

Par une attention délicate en la circonstance, il chargea même cet officier de porter lui-même la dépêche et de la remettre en personne au chef d'état-major général Schmitz; ce qui fut fait.

Renseigné de son côté, mais d'une façon fort imparfaite, le général en chef commandant la 3e armée, général Vinoy, crut devoir signaler au général Trochu « la grave infraction à la discipline militaire » dont s'était rendu coupable un officier du fort d'Issy et demanda une répression sévère (1).

« Mais le gouverneur préféra cette fois encore, dit le général Vinoy, user d'indulgence, et cette affaire qui, en temps de guerre, amène toujours de terribles conséquences, dut, par ses ordres, en rester là. »

Nous pensons que, pour cette fois du moins, le général Trochu eut raison.

A la suite de ces divers incidents, M. de X..... crut néanmoins devoir donner sa démission de commandant des éclai-

---

(1) Vinoy, p. 210.

reurs du 5ᵉ bataillon ; le 17 octobre, on annonça au rapport de ce bataillon qu'il était remplacé par le sous-lieutenant de Bernard, et le commandant Delclos, pour bien prouver à tous que l'honneur était sauf, s'empressa, le même jour, de remercier officiellement M. de X..... « des preuves d'intelligence et de courage qu'il n'avait cessé de donner comme commandant des éclaireurs du bataillon ».

Mais, quoique l'auteur direct de cet étrange incident appartint au 4ᵉ bataillon, le corps des éclaireurs du 5ᵉ ne put jamais se relever de ce coup : le sous-lieutenant de Bernard n'exerça en réalité aucun commandement ; à partir de ce jour il n'y eut plus réellement qu'un seul corps d'éclaireurs dans lequel les deux troupes, amoindries et surtout épurées, vinrent se fondre sous le commandement unique du capitaine Moyse, ayant sous ses ordres deux sous-lieutenants : MM. Girard et Fourment.

C'est ce corps d'éclaireurs que nous verrons par la suite mener à bonne fin des entreprises souvent audacieuses, et servir d'avant-garde dans les opérations plus importantes, malheureusement trop rares, auxquelles il sera donné à la garnison du fort de prêter son concours.

13 octobre. — Affaire de Bagneux-Châtillon ; premiers obus prussiens.

Depuis 6 heures du matin, le commandant du fort avait reçu avis qu'une forte reconnaissance offensive allait être faite contre les positions de Châtillon par une partie du 13ᵉ corps et que le fort devait appuyer le mouvement.

A 9 heures du matin, sans attendre l'heure de la soupe, les 4ᵉ et 5ᵉ bataillons, sac au dos, quittèrent le fort sous le commandement du colonel Rambaud; sur avis, on prit l'heureuse précaution de garnir le sac de biscuit.

Le fort de Vanves par deux coups de canon parut saluer cette importante sortie, c'était en fait le signal convenu pour la sortie elle-même (1), mais personne ne comprenait rien à cette expédition qui se présentait pour la première fois sous des apparences aussi solennelles.

Le 5e bataillon alla occuper Clamart, débordant de sa droite sur le Moulin-de-Pierre, le 4e s'installa de ce dernier point jusqu'au village de Fleury.

Sur la gauche au delà des hauteurs de Châtillon, du côté de Bagneux, on entendit bientôt par rafale une sérieuse fusillade, le fort de Montrouge, de Vanves et bientôt après le fort d'Issy tirèrent avec rage.

Des hauteurs de Châtillon, on entendait une assez forte canonnade. Mais qui occupait ces hauteurs, amis ou ennemis? Nul n'en savait rien. Vers 1 heure, à la 8e, on commença sérieusement à s'impatienter de cette immobilité inexplicable, puis on mourrait de faim.

Sur ces entrefaites, on vit arriver à travers champs Labussière, rouge, haletant, soufflant; il venait du val Fleury; on l'entoura; quand l'ennui est arrivé au paroxysme, tout devient événement. Il raconta son odyssée : de retour au fort, à 11 heures, à la suite d'une permission plus ou moins régulière, il avait trouvé toute la garnison envolée sac au dos; ce devait être grave! et depuis près de deux heures il cherchait sa compagnie, ayant fait pour la trouver plus de six kilomètres au pas gymnastique.

— Ça, c'est bien, conclut gravement Tiphaine; on n'attendait que toi pour marcher à l'ennemi!

A ce moment nos troupes occupaient Bagneux et l'effort

---

(1) Vinoy, p. 213.

allait se porter sur la butte de Châtillon; tout à coup deux obus de petit calibre éclatèrent à vingt-cinq pas sur la gauche de la compagnie, on fut tellement surpris que l'on n'eut pas le temps d'être effrayé; cependant, sur le conseil du vieux sergent Gervoise, un groupe se défila prudemment derrière une maison. Sur qui avait-on tiré et d'où cela? Telle était la question que chacun se posait.

Plusieurs coups se succédant rapidement en s'allongeant donnèrent la réponse; c'était sur le fort que l'on tirait et les obus hélas! venaient de Châtillon; un jeune Strasbourgeois de 19 ans, Georges Hoffmann eut la jambe emportée au bataillon 4 (ce fut au fort la première victime de l'artillerie prussienne). Aussitôt, le bastion 2, qui depuis quelque temps avait arrêté son tir, le reprit avec fureur contre la butte de Châtillon; ce jour-là le fort tira plus de 300 coups.

Pendant que se produisaient ces divers incidents, le sergent Gervoise, assis sur l'herbe, accoudé sur une borne, avec cette attitude de vieux troupier qui attend des ordres, n'avait pas cessé de grignoter du biscuit en suçant de temps en temps son bidon d'eau-de-vie; après l'avertissement qu'il avait donné, il avait tranquillement allumé sa pipe; on le contemplait en souriant, lorsque Labussière, exaspéré de ce calme et regrettant sans doute la peine qu'il s'était donnée, l'interpella vivement :

— Voyons, sergent! qu'est-ce que nous f...ichons ici?

— Ma foi! répondit Gervoise, envoyant une bouffée de pipe et paraissant réfléchir..... je l'ignore-z-absolument!

Ce fut le mot de la journée; à 3 h. 1/2, on sonna la retraite, on ne rentra au fort que pour se précipiter sur la gamelle avec une voracité de bêtes fauves. Heureusement, ce soir-là, le menu, naturellement doublé, avait été encore, par décision spéciale, augmenté d'une ration supplémentaire.

La garnison du fort avait été déployée en rideau ; le lendemain, par la voie du rapport, le général gouverneur lui exprimait « toute sa satisfaction pour la journée écoulée... (1) ».

Vraiment, le général gouverneur n'était pas bien difficile!

14 octobre. — Reconnaissance de la 8ᵉ compagnie dans Meudon.

Dans la nuit même qui avait suivi l'incident de X...., le commandant Delclos, en personne, avait cru devoir profiter de la circonstance pour tenter d'enlever le petit poste de Clamart; mais il l'avait trouvé absolument sur ses gardes : pas si naïf que l'on aurait pu croire le capitaine Wilhem Kauffmann, de la landwehr bavaroise! Bien plus, plusieurs « qui-vive ? », malicieusement énoncés en français par ses sentinelles, avaient occasionné parmi les assaillants une telle confusion que ceux-ci, ne se reconnaissant plus dans l'obscurité, avaient fini par prendre le sage parti de s'en aller comme ils étaient venus (2).

Le lendemain 14, le capitaine Moyse se flatta d'être plus heureux à la tête de sa 8ᵉ compagnie : il avait appris qu'une corvée allemande d'une douzaine d'hommes venait assez régulièrement entre 4 et 5 heures du matin faire le pain dans une boulangerie de la place de l'Église; il résolut de l'enlever. Le château était, il est vrai, très fortement occupé par l'ennemi, mais l'entreprise avait d'autant plus de chance de réussir qu'elle était plus audacieuse.

Le colonel Rambaud approuva l'expédition.

A 3 heures du matin, à part les deux Arnoux, les deux « célèbres frangins » qui la veille s'étaient couchés ivres-morts, toute la 8ᵉ était debout, le cuisinier en chef Bridat, dit

---

(1) De Lafosse, t. II, p. 65.
(2) Dʳ Fiaux, p. 37.

Bridat-Savarin, lui-même, pour prendre le fusil, avait laissé cuillère et marmite; son ami Syvan, un ouvrier *serrurerier*, éclaireur à la compagnie, lui avait déclaré que ce serait « très rigolo », et il n'avait pas résisté.

En quelques mots, le capitaine exposa son plan : les armes ne seraient pas chargées, on cernerait la place dans le plus grand silence et, sur un coup de sifflet que par précaution, il fit entendre immédiatement, tout le monde se précipiterait à la baïonnette, et il ajouta en forme de péroraison que l'expédition étant assez périlleuse, il ne forçait personne à l'accompagner :

« — Il est bien temps ! — grogna Picard — maintenant que que nous sommes levés ! »

Chabassol, ouvrier mécanicien, Cormillot, préparateur de chimie, Syvan et un nommé Brunner parlant allemand, les « 4 z'éclaireurs » de la compagnie furent placés en tête et on s'ébranla.

Le temps était splendide, la lune, dans son plein, éclairait la nuit, on franchit à quatre pattes le petit pont du chemin de fer, on suivit la route de Fleury et, pour éviter le village, on s'engagea dans les bois. Enfin les premières maisons de Meudon apparurent; on se glissa dans l'ombre projetée par la lune. Arrivé sur la place de l'Église, le capitaine plaça son lieutenant Réveilhac dans une boutique de la rue Royale (*bb*) (rue Gambetta); c'est par là que la corvée venant de la terrasse devait nécessairement passer; le sous-lieutenant Bontus dans une boucherie en face de l'église (n° 20 de la rue des Princes (*aa*) aujourd'hui rue de la République) et s'installa lui-même dans la boulangerie mitoyenne à l'église (démolie en 1896), en prenant toutes les précautions imaginables pour tout voir sans être vu..... puis l'attente commença anxieuse et pleine de promesses : l'ennemi, une fois engagé dans ce vaste filet, ne pouvait échapper.

Malheureusement, l'heure extrême prévue se passa et le capitaine voyant poindre les premières lueurs de l'aurore crut inutile d'attendre plus longtemps; ne voulant pas siffler de peur de donner inutilement l'éveil, il envoya prévenir le lieutenant de revenir se former sur la place avec ses hommes; lui-même donna l'exemple.

Il arriva alors ce que l'on attendait plus : le garde Richer, de son état géomètre, et ce jour un peu astronome peut-être, prit mal ses mesures et, s'enveloppant dans son cache-nez, alla donner tête baissée dans la corvée prussienne; celle-ci sans méfiance descendait la rue pendant que M. Réveilhac, attendant le signal, la laissait tranquillement passer.

Les Allemands flairèrent immédiatement le piège et, sans la moindre hésitation, prirent leurs jambes et regagnèrent le château; de son côté, Richer..... en fit autant.

Aussitôt prévenu, le capitaine s'élança à leur poursuite en criant : « En avant! En avant! » Le lieutenant, voyant le capitaine courir, s'élança à sa suite avec tous ceux qu'il avait sous la main; pendant quelques minutes, dans cette petite rue terriblement grimpante, ce fut une véritable course au clocher; les Français, plus lestes, couraient plus vite, mais les Allemands avaient l'avance et, pour échapper plus sûrement aux baïonnettes qu'ils croyaient déjà se sentir dans les reins, semaient sur la route sacs et paniers.

On arriva ainsi jusqu'au pied de la terrasse, encore quelques minutes et les plus lourdauds étaient pris, mais les plus agiles avaient disparu et déjà le tambour d'alarme se faisait entendre sur la terrasse; on fit demi-tour; en descendant, la course devint vertigineuse; en repassant sur la place le capitaine lança un coup de sifflet strident : chaque maison vomit aussitôt son contingent de mobiles se précipitant, l'air féroce, à la baïonnette sur un ennemi invisible, puis le tourbillon disparut derrière l'église, dégringolant vers le viaduc de Meudon.

Sur la route qu'il devait parcourir, Aubry, le caporal d'ordinaire en titre de la compagnie, et son fidèle Bridat-Savarin se tenaient cachés dans un petit poste; en passant, l'entrechoquement des baïonnettes produisait un bruit effroyable : « Caporal ! » murmura le pauvre cuisinier aux trois quarts pâmé, « c'est une charge de cavalerie ! » Tous deux reconnaissant bientôt leur erreur se joignirent au tourbillon.

Enfin on s'arrêta au viaduc; « ouf! » fit le gros Picard, un de ceux qui avaient suivi le capitaine dans toutes ses évolutions « je dois être violet! ». Cette joyeuseté resta sans écho : tout le monde était haletant et ne songeait qu'à respirer. Il fallut cependant s'expliquer, car plus des trois quarts n'avaient rien compris à la manœuvre : en un instant le capitaine devint le centre de tous les regards; à ce moment son intention évidente était de retirer son képi pour s'éponger le front, il faisait grand jour; tout le monde éclata de rire : ce képi que pendant sa faction dans la boulangerie le capitaine avait cru devoir dissimuler disparaissait encore sous un énorme..... bonnet de coton !

22 octobre. — Expédition de nuit à Meudon.

Le capitaine Moyse avait une idée fixe : ramener au fort des ennemis prisonniers; l'insuccès de sa dernière expédition n'était dû, il le comprenait bien, qu'à l'impatience qu'il avait montrée au moment décisif et il avait hâte de prendre sa revanche.

L'occasion d'agir se représenta bientôt; seulement ce n'était plus une simple corvée qu'il s'agissait d'enlever mais bien une patrouille tout entière.

Depuis l'aventure du 14 octobre, la garnison du château de Meudon avait pris l'habitude d'envoyer chaque nuit dans le village, de deux heures en deux heures environ, des patrouilles plus ou moins fortes. Le plan était bien simple et consistait à se glisser dans l'intervalle, à dresser l'embuscade et à surprendre la première qui se présenterait; mais l'opération était d'autant plus délicate qu'il y avait tout lieu de soupçonner l'existence d'un poste ennemi au haut de la rue des Princes (1), c'est-à-dire à 200 ou 250 mètres de l'endroit où il fallait agir.

Avec des troupes expérimentées composées de vieux soldats, une pareille expédition, faite en pleine nuit, présentait de réelles difficultés; en choisissant parmi les plus disciplinés une compagnie de mobiles se sentant bien les coudes, l'opération, quoique bien hasardeuse, pouvait encore réussir; avec une bande de volontaires, des officiers, des cadres empruntés un peu partout, elle devenait presque impossible; ce fut cependant à ce dernier parti que s'arrêta le colonel, pensant sans doute que la 8ᵉ avait assez marché et qu'il fallait donner à chacun l'occasion de manifester sa bonne volonté.

Il fut donc décidé que les 120 volontaires jugés nécessaires à l'expédition seraient pris dans le 4ᵉ bataillon tout entier, et que, vu la gravité du cas, quatre compagnies du 5ᵉ bataillon se porteraient à la pointe du jour jusqu'au viaduc pour soutenir au besoin la retraite (1).

Deux officiers du 4ᵉ bataillon s'inscrivirent aussitôt pour suivre le capitaine Moyse: son lieutenant d'abord, M. Réveilhac, et le sous-lieutenant M.....; l'enthousiasme que l'on montra en général à la 8ᵉ ne fut pas partagé par les vieux zouaves, les sergents Bernier et Gervoise; pour eux, le moindre des dangers à courir était de se faire embrocher par les camarades: « Tu n'es pas commandé? » déclarait Gervoise au caporal Gautereau qui plein d'ardeur allait se faire inscrire, « hé bien! crois-moi, paie-moi une verte et fumons une pipe. »

---

(1) Archives d'Issy : *Rapport Borrot*. Voir aussi *Réveilhac*, p. 109.

A minuit tout le monde était prêt à partir : pour éviter le moindre bruit pendant la marche et l'opération elle-même, les fourreaux avaient été supprimés et le sabre-baïonnette passé à même le ceinturon.

Dans un speech net et précis, le capitaine répartit le rôle de chacun : le lieutenant Réveilhac, avec la 1re section, s'installerait au-dessus de l'église, au coin des rues Royale et des Princes (*bb*, *aa*) pour prendre l'ennemi à dos, lui-même avec la 3e, se réservant (il le croyait du moins) la part la plus délicate, se placerait au-dessous de l'église et de la place dans une pharmacie (n° 10) pour le prendre de front, enfin le sous-lieutenant, installé au centre de la place, en face du clocher, dans la boucherie du n° 20, sifflerait au « moment psychologique » et, par ce signal répété par les deux autres sections, provoquerait l'enserrement qu'il n'y aurait plus qu'à compléter. « Je vous recommande le plus absolu silence jusqu'à la fin », ajouta le capitaine en insistant, « le succès en dépend ; sur la place je ne veux entendre d'autre bruit que les coups de sifflet et d'autres voix que celles de vos officiers. »

Sur les minuit et demi on quitta le fort ; le sous-lieutenant Fourment, accompagné de quelques éclaireurs chaussés d'espadrilles et d'un jeune garçon habitant Fleury, précédait la colonne.

Un seul incident, à part une halte en plein bois motivée par un bruit insolite qui s'évanouit bientôt, marqua la marche audacieuse de la petite troupe : à peine s'était-elle engagée, déployée en tirailleurs, dans la rue menant à l'église, qu'un cri énergique : « Werda? », retentit sur la place. Le silence se fit profond. La nuit était sombre, les tirailleurs se collèrent contre les murs et attendirent, immobiles ; un rayon de lumière électrique, dirigé à ce moment, dans une bonne intention sans doute, par le poste du fort sur le village de Meudon, faillit un instant tout compromettre. Heureusement, il n'éclaira que le haut des maisons et, sans trop découvrir les éclaireurs, il leur permit de voir dans la pénombre les ennemis continuer leur route.

Cette petite émotion passée, on prit enfin possession de la place. Aussitôt, comme il était convenu, chaque officier occupa le poste qui lui avait été assigné en gardant avec lui quelques hommes et en distribuant les autres dans les maisons avoisinantes.

Le plus difficile était fait : le capitaine, tout joyeux en prenant possession de sa pharmacie, se frottait les mains : il n'y avait plus, disait-il, qu'à attendre le moment psychologique.

L'on attendit et chacun grelotta consciencieusement dans son coin sans bouger, prêtant l'oreille, les fenêtres toutes grandes ouvertes : de crainte de bruit, il ne fallait pas songer à les fermer, d'ailleurs les carreaux manquaient. Deux grandes heures se passèrent.....

Tout à coup une petite troupe venant du bas de Meudon, remontant la rue des Princes, passa devant la pharmacie. Pour le capitaine et ses hommes placés à l'extrémité, il n'y avait pas de doute possible : c'était bien une patrouille ennemie ; le sous-lieutenant allait donc siffler ; déjà lui-même embouchait le sifflet pour répondre et ses soldats serraient convulsivement leurs fusils de leurs doigts crispés..... mais, nous l'avons dit, la nuit était sombre : le sous-lieutenant ne siffla pas ; la petite troupe passa et l'on se remit à greloter.

Vers 5 heures (à cette époque de l'année, il ne fait pas encore jour), une troupe plus nombreuse, une quarantaine d'hommes descendant la rue Royale, déboucha sur la place ; elle venait de la terrasse du château, faisant craquer sous ses pas réguliers les verres de vitre semés sur la route, et par un hasard vraiment prodigieux s'arrêta face à l'église, tournant le dos à la boucherie où le sous-lieutenant était installé et l'obstruant complètement de sa masse; quelques hommes se détachèrent et s'avancèrent en tirailleurs dans la direction du capitaine qu'ils allaient bientôt dépasser : le moment psychologique était arrivé.

A cet instant solennel, une bordée de coups de feu se fit entendre près du viaduc : c'était les sentinelles du 5e bataillon qui accueillaient ainsi le sous-lieutenant Fourment et ses éclaireurs, les prenant pour des Prussiens; il avait cependant bien donné le signal discret dont il était convenu avec le commandant Delclos, trois coups frappés sur une bretelle de fusil! Mais l'avis n'était pas parvenu jusqu'aux sentinelles; que répondre à cela?

Les Allemands restés sur la place, déjà fort circonspects, prêtèrent l'oreille, très intrigués.

Cependant le sous-lieutenant M... réfléchissait : Sifflerait-il? ne sifflerait-il pas? Etait-ce bien une simple patrouille qu'il avait devant lui? Les prévisions du capitaine n'étaient-elles pas dépassées? Ces hommes étaient bien sur leur garde! Qu'arriverait-il enfin si l'on ne répondait pas immédiatement à son signal? *To be or not to be!* être ou ne pas être! Le sous-lieutenant ne siffla pas!

Les mobiles qui l'entouraient, moins pusillanimes que leur chef, étaient aussi moins hésitants : une sourde agitation se manifesta dans la boucherie même; un fusil s'échappa et tomba à terre avec fracas.

Les conséquences furent immédiates : oh! les ennemis étaient bien sur leur garde! tant et si bien qu'à ce seul bruit, ils défilèrent comme des cerfs devant le lieutenant Réveilhac, qui, le sifflet aux dents, le sabre au poing, se creusait en vain la cervelle pour comprendre ce qui était arrivé : le moment psychologique était passé!

Quelques mobiles, furieux de voir s'échapper d'une façon si ridicule la proie qu'ils guettaient depuis plus de quatre heures, s'élancèrent à la poursuite des fuyards et déchargèrent leurs armes sur eux.

En moins de deux minutes, tout s'était accompli.

Le capitaine, affolé à la suite de tous ces événements qui n'étaient pas dans le programme, paralysé par l'obscurité qui ne lui permettait pas d'apprécier l'exacte situation, se croyant cerné, voulant à tout prix rassembler ses hommes au plus vite et déguerpir, n'osant pas siffler, de peur d'occasionner un désastre, perdit absolument la tête : un cri désespéré, « sauve qui peut », retentit sur la place.

Tout le monde comprit et se précipita sur les pas du capitaine. En vain, le lieutenant Réveilhac, plus calme, peut-être aussi mieux renseigné, essaya-t-il d'arrêter cette folle panique : personne ne reconnut sa voix ; presque seul sur la place, il n'eut plus qu'à suivre le mouvement et à descendre au pas de charge cette longue route menant au viaduc, que les farceurs de la 8e, en souvenir de la dernière expédition, avaient déjà nommée la rue de la Dégringolade.

Tout était fini et bien fini, que le caporal Gautereau était encore à Meudon, attendant toujours le signal. Pauvre caporal, esclave de la consigne ! on l'avait oublié. Installé avec Cottin, Syvan, Tiphaine et quelques autres derrière une fenêtre grillée de la loge du concierge de la mairie, il n'avait compris qu'une chose, c'est que par deux fois le coup avait été manqué : « Hé bien ! caporal ; grelottons jusqu'au troisième », avait dit le sage Tiphaine, devenu philosophe. « Alors, espérons qu'il fera feu », avait vivement répliqué Cottin.

Il était 6 heures passées, il faisait grand jour : la situation apparut à tous absolument incompréhensible. Syvan s'avança sur la place et avec une désinvolture au moins inutile, siffla dans ses doigts : l'écho seul répondit, il n'y avait plus qu'à battre en retraite.

L'éclaireur Syvan forma la pointe d'avant-garde, 8 hommes

le corps d'armée; le caporal, à reculons, face à l'ennemi, lorgnon sur le nez, fusil à la bretelle, revolver au poing, s'attendant à chaque instant à voir tomber sur sa modeste troupe les 4 à 5.000 hommes du Château, ferma la marche.

Cette attitude prudente et belliqueuse fut couronnée d'un plein succès : on ne vit aucun ennemi. Mais quelle émotion !

Longtemps après dans la casemate, on se plaisait encore à parler de cette savante marche, que Cottin n'hésitait pas à qualifier de « retraite des Dix ».

Le jour même, le général Trochu fit une visite à la garnison et déclara formellement qu'il était opposé à ce genre de reconnaissances qu'il jugeait plus dangereuses qu'utiles, et de fait, il n'y aura plus de reconnaissances sérieuses exécutées par la garnison avant le 22 décembre.

Peut-être le général eût-il tort : les opérations de ce genre n'avaient-elles pas au moins cet avantage de tenir les mobiles en haleine, de les habituer au danger et d'aguerrir leurs chefs ?

A partir de ce jour, le capitaine Moyse ne devra plus compter qu'avec son corps d'éclaireurs avec lequel il sera quelquefois plus heureux, notamment le 14 novembre où il pourra, au nez de l'ennemi, en plein bois de Clamart enlever 90 havresacs abandonnés par le 7e bataillon de mobiles, le jour de la bataille de Châtillon, mais jamais son ambition ne sera complètement satisfaite, car jamais pour lui l'occasion ne se représentera de faire un prisonnier.

Construction de baraques. — Organisat ionintérieure. Événements du 31 octobre.

Depuis le milieu d'octobre on avait compris qu'il était bien inutile de condamner les hommes de service aux grand'gardes à coucher sous les petites tentes que la rigueur de la température, et surtout la profonde humidité du sol, commençaient à rendre peu pratiques, et sur chaque place d'armes on avait commencé la construction de baraques en bois.

Dans la dernière huitaine de ce mois, le système des tentes-abris fut subitement abandonné, mais comme les baraques n'étaient pas encore terminées, les compagnies de grand'garde, en attendant leur achèvement, couchèrent dans les poternes, espèce de longs couloirs situés sous les remparts s'ouvrant dans la cour par une immense grille et descendant vers les fossés sur lesquels elles s'ouvraient par une porte pleine et massive. Comme passages, ces poternes pouvaient être très commodes, comme logement elles laissaient plus qu'à désirer ; que de rhumes ou de bronchites les mobiles ont attrapés là !

Ce fut donc avec joie que pour la première fois on s'installa dans les baraques; une joie relative cependant ou tout au moins inégalement partagée : ces baraques aux trois quarts terrées n'avaient guère que 10 mètres de long ; 60 hommes à peine purent s'y empiler, les autres durent se contenter de la poterne et se vengèrent en traitant ces baraques de « cabanes à lapins »; quant au petit réduit réservé avec son entrée particulière à l'une des extrémités, tout le monde fut d'accord ; on l'appela « la niche », c'était..... le logement des officiers.

L'installation des troupes à l'intérieur était aussi loin d'être parfaite, surtout au point de vue de l'organisation. Nous avons vu que, dès l'arrivée des mobiles au fort, pour chaque compagnie, le logement avait été coupé en deux : une moitié couchait dans les casernes ou casemates, l'autre sous la tente. C'est ainsi qu'à la casemate 5, par exemple, les « ceux » de la 8e, c'est-à-dire les « Glands » (ils devaient ce singulier surnom à une illustration, un gland de chêne, qui avait orné une de leurs tentes au camp de Châlons) eurent comme camarades de lit, pour moitié, les « ceusses » de la 7e, dénommés les « Vessies ».

De cette situation, qui se compliquait encore des mutations individuelles opérées par les soldats entre eux suivant leur préférence pour la tente ou la casemate, résultait pour le service en général et les appels du soir en particulier, d'assez sérieux embarras. Elle s'était cependant prolongée sans autre raison que la présence au fort d'un détachement de ligne qui, pouvant s'en aller d'un moment à l'autre, rendait inutile toute tentative d'organisation nouvelle.

Une trombe d'eau, qui dans la nuit du 26 au 27 octobre s'abattit sur le fort et coucha dans la boue une demi-douzaine de grandes tentes, servit de mise en demeure : l'on s'empressa..... d'aviser.

En attendant, les gardes dépossédés par la tempête se réfugièrent un peu partout: dans les combles des casernes et jusque dans les cases vides du magasin d'habillement.

Le 30 octobre, le détachement de ligne quitta le fort pour aller cantonner à Issy ; on installa des hamacs dans les casemates réservées au logement des troupes et le grand déménagement commença. Les compagnies furent uniformément réparties avec leurs caporaux respectifs, celles du 4e bataillon dans les casemates plus particulièrement et celles du 5e dans les casernes ; chaque sergent-major fut logé avec son fourrier et enfin les sous-officiers répartis dans les chambres par groupes uniformes de deux compagnies.

Le lendemain, 31 octobre, tout était à peu près fini, les grandes tentes étaient enlevées et la cour du fort ne présentait plus d'autre aspect que celui d'un immense lac de boue.

C'est alors que commença pour les hommes de chaque compagnie cette vie commune de chaque minute et de chaque instant qui allait durer près de trois mois encore !

A la 8e compagnie, elle allait débuter par une grave discussion politique.

Bien entendu, dans la mobile il ne pouvait plus être question de partis; depuis Sedan, les anciens *oui* et les anciens *non* du plébiscite de mai 1870, qui, au camp de Châlons, avaient bien pu, un instant, entrer en lutte plus ou moins courtoise, s'étaient mêlés et confondus dans le même mépris qu'inspiraient à tous l'empereur et son entourage : Trochu allait laver cette honte, Trochu était le grand sauveur! et le gouvernement de la Défense nationale apparaissait comme le seul légitime, parce qu'il était le seul nécessaire.

Mais quelles étaient les limites de son autorité? Et s'il n'était pas en mesure de soutenir la lutte, avait-il bien le droit de traiter avec l'ennemi?

Ces questions, sur lesquelles la rapidité des événements n'avait pas permis de s'appesantir, allaient subitement se poser à l'occasion des événements du 31 octobre.

Depuis 3 heures de l'après-midi, le colonel Guichard avait fait prévenir l'artillerie « de ne plus tirer sur les Prussiens jusqu'à nouvel ordre ».

On savait au fort que M. Thiers était entré à Paris afin, disait-on, de négocier un armistice et de faciliter la réunion d'une assemblée nationale ; le bruit courait enfin de la capitulation de l'armée de Bazaine et de Metz et de la reprise du Bourget par l'ennemi.

L'émotion déjà vive que causait tous ces bruits fâcheux s'augmenta encore sur les 8 heures du soir, lorsque les permissionnaires vinrent non seulement les confirmer, mais encore apporter de Paris une nouvelle fort inattendue, heureusement inexacte en partie : « Le gouvernement n'existait plus ! Trochu, retenu à l'Hôtel de Ville par les bataillons de la garde nationale qui ne voulaient pas d'armistice, était leur prisonnier. »

A la casemate, les plus bruyants, les « emballés » déclaraient qu'à ce dernier point de vue la garde nationale avait raison, que l'on ne devait rien demander à l'envahisseur tant qu'il foulerait le sol de la patrie, que l'on ne devrait traiter avec lui qu'après la victoire ; les sages s'abstenaient.

— Mais enfin, s'écria Leidenfrost, impatienté, si nous n'avons plus d'armée ?

— Plus d'armée ! répliqua Labussière — un des emballés les plus convaincus — et la garde nationale !!

Pour lui (il n'était pas le seul), tous les fusils étaient autant de soldats. Le caporal Guigardet pensait tout autrement ; élevé militairement par son père, ancien adjudant de l'ex-garde de Paris, il avait pour les citoyens armés, « les pantouflards », le plus profond mépris.

— Votre garde nationale, répondit-il d'un ton rogue, nous voyons à quoi elle sert !

Un instant on se calma pour tomber d'accord et juger sévèrement ceux qui, dans d'aussi tristes circonstances, n'avaient pas hésité à renverser le gouvernement ; mais une réflexion du sage Tiphaine : « c'est un nouveau 4 septembre », déchaîna de nouveau la tempête. Le caporal Aubry, un phraseur, hargneux, bilieux, qui, pour prouver ses opinions avancées, s'était orné le chef d'un béret cramoisi, se précipita sur lui le poing tendu :

— Trochu n'a pas renversé le gouvernement ; il l'a ramassé dans la boue !

Mais Guigardet le stupéfia par cette apostrophe vigoureuse :

— En attendant nous sommes dans la m..... !

Guigardet, lui, n'aimait par les phrases !

Pendant le court silence qui suivit l'on entendit au fond de la casemate ce pauvre idiot de Mayer, qui n'avait rien entendu, vu qu'il était sourd, hurler de sa voix éraillée de camelot :

> Sont pas toujours les mêmes,
> Qu'auront l'assiette au beurre.

Et le chœur des inconscients de reprendre avec ensemble :

Sont pas toujours les mêmes !!

Tout n'était pas fini cependant (en politique a-t-on jamais fini ?) lorsque le gros Picard, heureusement inspiré, s'écria tout à coup d'une voix de stentor, comme si le commandant du fort entrait en personne :

— A vos rangs ! Fixe !

C'était le sergent-major Bouissounouse qui venait faire l'appel, et bientôt sous l'immense voûte de la casemate, on n'entendit plus qu'un seul cri : « Présent ! » répété par plus de cent larynx, avec cette variété de timbre et de ton que seule la voix humaine peut produire.

Ce soir là, on le comprend, beaucoup attendant à Paris l'issue des événements n'étaient pas rentrés au fort ; le major ferma les yeux, se contenta, pour cette fois, d'ouvrir les oreilles et d'écouter les notes variées qui, successivement, répondaient à son appel, pour les présents et aussi pour les autres.

La discipline.

La fin d'octobre marque pour ainsi dire la fin d'une crise aiguë dans cette longue maladie constitutionnelle qui, à des degrés divers, affligeait nos deux bataillons de mobiles, en même temps que le commencement d'un traitement persévérant qui devait aboutir en peu de temps à produire un mieux sensible.

La plus grave complication résultait de l'habitude depuis longtemps prise de coucher en ville aussi souvent que possible.

Au camp de Saint-Maur, elle avait acquis un tel degré

d'acuité (1) que la plupart des capitaines (nous ne voulons pas dire tous) se gardaient bien, de peur de faire mal noter leur compagnie, de déclarer tous les absents.

Être déclaré absent à l'appel du soir (à moins d'accident imprévu on n'était jamais absent aux autres) était devenu peu à peu comme une sorte de pénalité appliquée aux seuls récidivistes.

Au fort, quoique aucun progrès sérieux dans le fonctionnement de cet appel n'eût été réalisé, il se produisit une sorte d'accalmie de quelques jours résultant de l'apparition subite de l'ennemi : si les mobiles parisiens aimaient leur liberté, ils étaient loin de redouter la bataille.

Mais, l'émotion passée, les mauvaises habitudes reprirent le dessus : la longue inaction de l'ennemi laissa trop facilement s'acclimater cette idée que, les Prussiens ne voulant pas prendre l'offensive, il était bien inutile de « moisir » au fort en attendant que l'on se décidât à les attaquer ; « couper à la manœuvre » ou à la théorie dans les chambres, « brûler un appel », « changer de lit » devinrent autant d'expressions pittoresques correspondant, dans l'opinion générale, à autant de peccadilles que facilitaient la complaisance des camarades et la complicité plus ou moins consciente des gradés.

En principe, dans chaque compagnie, l'appel du soir aurait dû être fait en présence d'un officier, mais celui-ci se déchargeait souvent de cette tâche sur le sergent-major qui la repassait au sergent de semaine, qui, quelquefois lui aussi, se faisait remplacer par le caporal.

Comme on voit, c'était un peu l'histoire du pâtissier, du gâte-sauce, de la galette et du petit chien.

Dans quelques compagnies du 5e bataillon, l'appel du soir, grâce à la tolérance parfaitement évidente des officiers eux-

---

(1) Ducrot, t. I, p. 80.

mêmes, n'était plus devenu qu'une simple formalité administrative.

D'endémique, la maladie était devenue épidémique et les « francs-fileurs » se faisaient de plus en plus nombreux.

Dans la nuit du 19 au 20 octobre, à l'occasion d'une alerte heureusement sans suite, la situation se révéla tout à coup dans toute sa gravité : une notable partie de la garnison n'avait pas répondu à la sonnerie ; pour s'en rendre compte il avait suffi d'ouvrir les yeux.

Justement alarmé, le colonel Guichard, commandant supérieur, fit son rapport au général gouverneur et demanda le renvoi immédiat du 5e bataillon qui, à lui seul, dans le déficit, comptait bien pour les neuf dixièmes.

Le général Trochu prit sa plume et le 26, sans vouloir spécifier (ce en quoi il eut tort), déclara aux mobiles « qu'une armée sans discipline est plutôt un danger qu'une force ; que s'ils continuaient ils seraient mis au ban de l'armée ».

Cette légitime semonce excita une profonde émotion, plus particulièrement, sans doute, chez ceux qui n'avaient pas besoin de la ressentir ; en tous cas, le 31 octobre au soir, elle devait être bien calmée.

Heureusement, le colonel Rambaud, de son côté, avait entrepris de « soigner » ses mobiles : le grand vice (l'alerte du 19 au 20 l'avait suffisamment démontré) résultait du manque de sincérité de l'appel du soir ; il avait rappelé les commandants de compagnie à l'observation des règlements : « Un officier par compagnie doit toujours être présent à cet appel ; pour les compagnies qui n'ont qu'un officier, cet officier doit alterner avec le sergent-major, de manière qu'il y ait toujours un officier ou un sergent-major. »

Il s'était efforcé, en même temps, de boucher les nombreuses fissures par lesquelles s'échappait la garnison : le pont-levis et les grand'gardes. (Oh ! les grand'gardes !)

Il ne suffisait pas, en effet, d'empêcher les mobiles d'entrer à Paris, comme la consigne en avait été donnée aux gardes nationaux, il fallait surtout les empêcher de sortir du fort avant l'heure réglementaire.

Une fois maître de la place, le colonel commença le traitement, très ingénieux, très spirituel, celui qu'emploient les maîtres d'école pour punir les classes d'écoliers par trop récalcitrants : les priver de sortie en masse.

A partir de novembre, les compagnies qui se firent successivement remarquer par le plus grand nombre d'absents furent successivement privées de permissions pendant 1 jour, puis 2, puis 4 et même 8 jours (1).

Ce coup de massue termina le traitement; le 26 novembre, le colonel put enfin spécialiser : les deux frères Arnoux, de la 8ᵉ du 4ᵉ, et Philippe, de la 7ᵉ du 4ᵉ, un affreux citoyen que, par dérision, ses camarades appelaient « Philippe le Bel », furent punis chacun de 30 jours de prison.

Il est vrai que ces trois là, on aurait dû les fusiller, ce qui eût coupé court à toute application de remède ultérieur.

Enfin, le 30 novembre, il put déclarer avec une satisfaction qu'il ne cherchait pas à dissimuler : « Le colonel a constaté avec plaisir qu'hier à l'appel du soir il ne manquait que trois hommes. Il serait à désirer qu'il en fût toujours ainsi. »

En moins d'un mois le colonel avait obtenu ce résultat définitif.

Certes, les mobiles n'étaient pas encore entièrement disciplinés (ils ne le seront jamais!); il aura encore à leur faire quelques observations comme celles-ci (2) : « Des gardes mo-

---

(1) Registre d'ordres du 4ᵉ bataillon aux dates des 4, 5, 7, 9, 11 et 23 novembre. Ce registre, qui ne présente aucun intérêt historique, est la propriété de M. le capitaine Audenet.

(2) Registre d'ordres du 4ᵉ bataillon aux dates des 8, 16, 22, 26, 30 et 31 décembre.

biles du fort se présentent journellement aux portes de Paris essayant de forcer la consigne des gardes nationaux..... Ils se rendent ainsi justiciables des conseils de guerre. » — « Le sergent de garde à la police est responsable des prisonniers et ne doit pas les laisser évader. » — « Pour faire sortir un homme de prison, il ne suffit pas d'un ordre, même signé, d'un sergent-major; il faut l'ordre du colonel. » — « Un sous-officier ne peut, en aucun cas, s'adresser au général gouverneur. » (L'un d'eux lui avait écrit pour lui demander de l'avancement.) — « Les carabines Flaubert seront confisquées. » (On s'en servait pour la chasse aux pierrots.) — « Il est interdit de monter les chevaux destinés à la nourriture de la garnison. » (On organisait des courses dans les fossés.) — « Une sentinelle, pendant sa faction, ne doit ni fumer, ni s'asseoir, ni lâcher son fusil, ni siffler, ni chanter, ni manger son potage. » (Une sentinelle avait été surprise s'étudiant sur un flageolet, etc., etc.) — « Pendant sa longue carrière, le colonel n'a jamais vu pareilles choses ! »

Pauvre colonel ! ancien commandant aux grenadiers de la garde, on le comprend sans peine. Il sut, en tous cas, sans se montrer par trop sévère, enrayer les plus graves écarts.

Quant aux mobiles eux-mêmes, ils étaient bien loin de pouvoir mesurer la distance qui les séparait de la perfection : presque tous, à commencer par les officiers, manquant de comparaison, subissaient l'influence du milieu.

Pourquoi, du reste, ne se seraient-ils pas cru d'excellents troupiers ? Le 30 novembre, alors que le Gouvernement avait à sa disposition plus de 3.000 sergents de ville (1), tous anciens soldats, choisis parmi les meilleurs, ne s'avisa-il-pas, pour

---

(1) Les sergents de ville, dits « gardiens de la paix », comptaient 3.250 hommes ; la gendarmerie à pied et la garde républicaine formaient 3.000 hommes ; les douaniers, les gardes forestiers et le régiment des pompiers de la ville de Paris, près de 5.000 hommes. En tout, plus de 11.000 hommes.

organiser un bataillon de l'Yonne, d'emprunter des cadres aux 4ᵉ et 5ᵉ bataillons de la Seine !!!

8 novembre. — Concert offert par les « Glands » aux « Vessies ».

Depuis le 31 octobre, les « Glands » étaient uniques possesseurs de la casemate 5 du front 2-3, lorsque, le dimanche 8 novembre, ils eurent l'idée d'y organiser un concert vocal, sans doute pour aussi justifier leurs armes parlantes : un gland de chêne sur champ de gueule (1).

La rupture des pourparlers relatifs à l'armistice servit de prétexte ; certes, cette nouvelle n'avait pas été accueillie par tout le monde avec la même satisfaction ; mais le plébiscite du 2 novembre ne venait-il pas de révéler l'existence inattendue d'une armée de 250.000 hommes ? N'avait-on pas une réserve de plus de 300.000 gardes nationaux ? La province n'allait-elle pas accourir à l'appel de sa capitale ? Évidemment, Trochu avait son plan, et la 8ᵉ compagnie, escomptant l'avenir, résolut de célébrer cette nouvelle comme une victoire.

Le caporal Montillet, de la 1ʳᵉ escouade, un gros et digne clerc de notaire, surnommé « Gonflé », fut chargé de prévenir les aimables « Vessies » que la petite fête ne pouvait se passer sans eux et que l'on comptait absolument sur leur présence le soir même, après l'appel de 8 heures.

Les « Glands » s'assurèrent immédiatement le concours de leurs artistes les plus en vogue : Picard, une basse chantante ; Syvan, un baryton cuivré ; Piquelain, un ténor léger, mais surtout très volage, fut prié, ce soir-là, de vouloir bien couper ses ailes. Enfin, un talent inconnu dans la casemate, quoique

---

(1) Ce gland, gravé dans la pierre du pilier gauche de la porte, existe encore.

déjà célèbre, Lévy, offrit inopinément d'exécuter quelques morceaux sur le violon. Les « Vessies » furent invités à fournir leur contingent à la représentation ; à ce petit noyau devaient se joindre tous les amateurs de bonne volonté : les choristes surtout ne devaient pas manquer. L'ancien clairon de la 8e, Zuyterliter, devenu caporal clairon du 4e bataillon, fut convié pour annoncer par une sonnerie le commencement de chaque morceau et obtenir le silence ; excellente précaution !

Déjà trois magnifiques lustres, formés de bouteilles et de sabres-baïonnettes, se balançaient, gracieusement suspendus à la poutre maîtresse régnant sur toute la longueur de la casemate, lorsque, en entrant, le vieux sergent Bernier, un peu surpris de ces préparatifs, s'avisa de demander si l'on avait la permission du colonel. « Tiens!! c'est vrai! le colonel! » Personne n'y avait pensé. Le sergent-major Bouissounouse fut dépêché en ambassade pour aller flairer le vent :

— Vous organisez un concert? C'est bien! fit répondre le colonel. Amusez-vous bien, mes enfants !

A 8 heures du soir, la casemate était étincelante de lumières ; des bougies garnissaient les planches de chaque côté ; les lustres faisaient très bon effet. Dès que les « Vessies » firent leur entrée, on leur fit une ovation.

Picard chanta le *Val d'Andorre* : « Je suis le vieux chevrier », *Robert le Diable* : « Voici donc ces débris ! », et d'autres morceaux de la « grande opéra » ; Piquelain, qui s'était réservé la partie comique, le *Bouton de Billou*, l'*Invalide à la tête de bois*, etc., les vieux airs du camp de Châlons ; Syvan, l'ouvrier *serrurerier*, son grand morceau : « Oh ! Neptune, dieu des eaux ! »

Il va sans dire que s'il y avait un refrain (il y avait toujours un refrain !) il était repris en chœur, et qu'après chaque morceau les infatigables choristes hurlaient à l'unisson : « la femme du colonel », une de leurs scies favorites, espèce de récitatif dans lequel tous les grades étaient successivement passés en revue, avec ce même refrain, que le grade seul venait modifier :

> Ah ! si le colonel savait ça, ⎫ *bis.*
>   Tra la la ! ⎭
> Il dirait............ 1, 2, 3 !

Ou bien :

> On entend sous l'ormeau
> Les refrains les plus beaux :
> Non ! non ! les Glands n' sont pas morts (*bis*),
> Car ils vivent encor (*bis*) !

jusqu'au moment où Zuyterliter intervenait avec son clairon pour annoncer un solo.

On fit un succès égal à deux soli : une variation de flûte exécutée sur une clef par Bridat-Savarin, le cuisinier en chef, et un morceau de violon brillamment enlevé par Lévy.

Le côté littéraire ne fut pas négligé : une « Vessie », d'une voix vibrante, récita une pièce de vers intitulée : *Liberté !* L'auteur, dont on réclama le nom au milieu de bruyants applaudissements, était Lucien Delormel ; appliquant ses principes, il s'était octroyé une permission.

Quant aux rafraîchissements, il n'en fut nullement question : chacun avait été prévenu d'apporter son bidon en bandoulière.

A 10 heures du soir, on se sépara faute d'éclairage : c'était, du reste, l'heure obligatoire de l'extinction des feux.

15 novembre. — Le capitaine Moyse nommé adjudant-major. Une élection à la 8ᵉ compagnie.

Le dimanche 15 novembre, on annonça officiellement au rapport que le capitaine Moyse venait d'être nommé capitaine adjudant-major en titre du 4ᵉ bataillon, et que sa compagnie aurait à procéder, le jeudi suivant, 19 novembre, à l'élection de son remplaçant.

Cette nouvelle fut accueillie sans grande émotion : à la 8e compagnie tout le monde reconnaissait volontiers que le capitaine avait fait preuve de sérieuses qualités, et nul ne doutait que la 8 du 4 du 2 ne fût « la plus chouette du plus chic » des bataillons ; mais puisque « Sauvé des eaux » (c'est ainsi qu'on l'appela depuis), pour courir aux honneurs préférait la quitter, chacun lui dit : Bon voyage !

En rentrant dans la casemate, quelqu'un s'étant avisé de chanter, sur l'air lugubre de la complainte :

Il s'en va et il nous quitte !

Le chœur reprit :

Il nous quitte et il s'en va.....

Pour le remplacer, quatre candidatures s'affirmèrent immédiatement : 1° M. Guigardet, père du caporal, adjudant retraité des ci-devant gardes de Paris, proposé par son fils ; 2° M. Abraham Simon, lieutenant dégommé de la 3e compagnie, recommandé par son ami et coreligionnaire le capitaine Moyse ; 3° l'adjudant Michaud, du 4e bataillon, présenté par le vieux sergent Bernier ; 4° et enfin le lieutenant de la compagnie, M. Réveilhac.

Les deux premières furent presque aussitôt rejetées. Le choix de M. Guigardet n'eût certainement pas été mauvais ; mais un adjudant de la garde de Paris, c'était presque un gendarme, et l'on ne voulait pas de gendarme.

Le nom de M. Abraham Simon eut peu de succès. Que désirait ce patriarche ? que l'on réformât le jugement de ses électeurs du 19 septembre en lui donnant de l'avancement ? On ne le connaissait pas assez. On répondit : Simon ? Non !

Restaient les deux autres ; la candidature de Michaud fut un instant sérieusement examinée : c'était un ancien sous-officier de l'armée, très ponctuel dans son service, peut-être fréquentait-il un peu la cantine et surtout la cantinière, disaient quelques mauvaises langues. Ce n'était pas un bien grand crime ; il eut cependant pour lui d'assez fâcheuses conséquences : « S'il veut être officier, s'écria Aubry d'un ton mordant, c'est pour montrer ses galons à Mme Sassus. » — « Ah ! s'il ne montrait que cela », répondit joyeusement Picard, et la candidature de Michaud s'effondra dans un éclat de rire.

Ses chefs hiérarchiques, mieux renseignés, lui rendirent la justice qui lui était due ; plus tard, le 2 janvier, après la suppression du principe de l'élection, il fut nommé sous-lieutenant.

Du reste, l'élection du lieutenant Réveilhac au grade de capitaine apparaissait à presque tous comme la seule raisonnable et la seule possible ; depuis quelque temps, le capitaine Moyse se laissait de plus en plus absorber par ses fonctions d'adjudant-major et de commandant des éclaireurs, et le lieutenant était en fait le commandant de la compagnie.

Cette nomination présentait bien un petit inconvénient : c'était d'entraîner presque fatalement à sa suite l'élévation au grade de lieutenant d'un officier plus que médiocre, M. Bontus, et en tous cas fort peu sympathique ; mais n'avait-elle pas cet incommensurable avantage d'assurer quelque satisfaction au sergent-major Bouissounouse et de faire un peu de place aux humbles caporaux ? Car, dans la mobile, l'horizon de l'avancement se bornait à la compagnie et nul ne se préoccupait de l'ordonnance royale du 16 mars 1838.

Le caporal Aubry s'épuisa donc en une énergie bien inutile (dans sa bouche c'était au moins comique !) en invoquant les grands principes de subordination :

— Nous avons renommé nos officiers le 19 septembre, disait-il ; pouvons-nous maintenant leur donner comme supérieur un adjudant ?

Il prêchait des convertis.

— Non ! non ! s'écria-t-on de toutes parts : la hiérarchie ! la triarchie !

— Et surtout, conclut Cottin, pas d'anarchie!

Et voilà comment, quatre jours après, le 19 novembre, sur 94 votants le lieutenant Réveilhac devint capitaine avec 87 voix contre 6 à Michaud et 1 à Simon.

La question de principe une fois tranchée, le sous-lieutenant Bontus et le sergent-major Bouissounouse suivirent le mouvement, le premier avec 94 voix et le deuxième avec 82.

Le 20 novembre, le lendemain de ces élections par lesquelles la 8ᵉ compagnie avait fait preuve d'un certain bon sens, on lut au rapport de la garnison le décret signé le 18 par le général Le Flô, ministre de la guerre : « Nul ne pourra être élu à un grade supérieur s'il n'est déjà pourvu du grade immédiatement inférieur..... »

— Tiens! s'écria Labussière, c'est à la 8ᵉ qu'il a chippé ça, le ministre!

Ce timide retour aux vieilles et saines traditions était justifié, disait le décret, par « les désordres graves qui s'étaient produits à l'occasion des élections et auquel il importait de mettre un terme ».

Il faudra cependant attendre jusqu'au 20 décembre pour que le gouvernement ose enfin rapporter le funeste décret du 17 septembre et supprimer l'élection.

Cette décision ne surprit personne; depuis longtemps déjà on clamait cette plaisante parodie de Racine :

> Le Flô qui l'apporta recule épouvanté.

L'élection du sergent-major Bouissounouse au grade de sous-lieutenant entraîna dans les cadres subalternes certaines modifications : le sergent Léon Valentin, nommé depuis peu fourrier en remplacement de Collard, un peu trop à la « coule », accepta avec joie les galons de sergent-major, que lui offrait son vieux camarade de Sainte-Barbe, M. Réveilhac, et fut salué immédiatement comme tel par la compagnie.

Les galons de fourrier, restés vacants, furent plus disputés : le plus ancien caporal était Hénon, nommé le 23 juillet 1870, quelques jours avant la mobilisation ; après lui venait le caporal Gautereau, nommé au camp de Châlons le 7 août, en même temps que le vieux zouave Gervoise, depuis sergent. Tous les anciens de Vincennes, les « grognards de 69 » savaient cela par cœur, ainsi que la pittoresque aventure du malheureux Gautereau qui, ancien instructeur volontaire de la compagnie et, quelques jours avant la mobilisation, présenté comme sous-lieutenant par le commandant Borrot, était finalement parti simple soldat.

Ce fut donc avec un certain étonnement qu'immédiatement après les élections on apprit à la casemate que le fourrier proposé par le nouveau capitaine était Aubry, le caporal d'ordinaire.

Qu'Aubry fût caporal d'ordinaire, qu'il ait su se maintenir dans les bonnes grâces du lieutenant devenu capitaine, et profiter de ses hautes fonctions pour aller à Paris le plus souvent possible, cela importait peu, mais qu'il s'en servît comme d'échelon pour décrocher la timbale en passant sur le corps de ses anciens, voilà ce que le caporal Gautereau, dit « Galbeux » (1), ne pouvait supporter !

Il enfila sa culotte, seule preuve encore palpable de son ambition déçue, boucla son ceinturon, et, aussi peu respectueux qu'ignorant de la hiérarchie, qui lui faisait un devoir d'adresser sa réclamation au sergent-major, qui en aurait avisé le capitaine, qui en eût fait part au commandant, il bondit chez ce dernier et lui tint à peu près ce langage : « Dans la 8ᵉ compagnie, le grade de fourrier est à prendre : à l'ancienneté, c'est à Hénon ; au choix..... qu'en pensez-vous, mon commandant ? »

---

(1) A la fin du siège tous les caporaux de la 8ᵉ compagnie, sans exception, avaient leur surnom : Montillet était dit *Gonflé;* Guigardet *Cambronne;* Aubry *Pincé;* Monnier *Marteau;* Escarré *l'Enflé;* Héaullé *Champêtre;* Wimphen *Funèbre.*

Le lendemain, 20 novembre, on lisait au rapport :

8ᵉ compagnie du 4ᵉ bataillon. — Léon Valentin, nommé sergent-major, en remplacement de M. Bouissounouse, nommé sous-lieutenant; Hénon, sergent fourrier, en remplacement de Valentin; Escarré, caporal, en remplacement d'Hénon.

Le principe de l'ancienneté avait prévalu.

15 novembre : Reprise d'Orléans. — 17 novembre : Grand concert offert au 4ᵉ bataillon par la 3ᵉ compagnie.

La journée du 15 novembre réservait à la garnison une émotion plus profonde; à peine avait-on terminé la manœuvre de trois heures que déjà parvenait au fort la nouvelle d'une grande victoire. Le soir, à l'appel de 8 heures, tout le monde sans en savoir exactement le texte connaissait l'existence d'une dépêche arrivée par pigeon, adressée par Gambetta à Trochu et annonçant que d'Aurelle de Paladines avait repris Orléans sur les Allemands.

On s'était endormi sur cette bonne impression : Orléans! Orléans! quel nom plein de promesses! ne voyait-on pas les Prussiens en déroute, comme les Anglais au temps de Jeanne d'Arc? La victoire venait donc à nous! non seulement nous avions une armée de province, mais elle se révélait par un coup de tonnerre!

Existait-il bien ce général, ce preux des temps héroïques, ce paladin que l'on voyait déjà, entouré d'une lumineuse auréole, accourir au galop de son cheval pour rompre enfin le douloureux enchantement qui tenait Paris enchaîné? N'était-ce pas un rêve?

Le lendemain au réveil, il fallut des détails, un texte précis. Montillet, qui avait un journal, monta sur un banc et donna lecture de la dépêche telle qu'elle avait été affichée le 14 au soir sur les murs de Paris et de la proclamation de Jules Favre.

Tours, 11 novembre 1870.

Gambetta à Trochu.

L'armée de la Loire, sous les ordres du général de Paladines, s'est emparé d'Orléans après une lutte de deux jours (1).

Jules Favre, de son côté, disait :

Bientôt nous allons donner la main à nos frères des départements et, avec eux, délivrer la patrie !

La joie des gardes mobiles fut grande, mais resta silencieuse : ce n'était pas les jeunes fous du camp de Châlons, les enthousiastes bruyants de Sarrebruck ; une triste expérience avait mûri leurs âmes. Oui, ce jour-là, leur joie fut immense ; on ne parla que de sortie en masse, de torrents irrésistibles ; il fallait, séance tenante, aller rejoindre « les frères ! »

Oh espérance ! douce illusion !

Profitant de ces heureuses dispositions, la 3ᵉ compagnie organisa, pour le 17 novembre, un magnifique concert à l'instar de celui de la 8ᵉ compagnie, dont le succès avait eu au fort un certain retentissement ; s'il fut moins impromptu, partant plus solennel, il fut aussi beaucoup mieux organisé (2).

Un véritable théâtre fut installé dans une des salles du bâtiment de l'Horloge, avec estrade formant scène, à l'aide de toiles de tentes décorées au fusain et sur lesquelles avaient été semées des notes rouges et bleues empruntées aux crayons administratifs.

Si cette décoration n'était pas parfaite, elle avait au moins le mérite d'être originale : au fronton du théâtre, les tours Notre-Dame, entourées d'une auréole paradisiaque, représentaient Paris ; l'entrée de Paris était défendue par une guillotine en forme de porte hersée que gardaient deux gardes

---

(1) De La Fosse, t. II, p. 271.
(2) Réveilhac, p. 51.

nationaux hirsutes; tout autour voltigeaient d'un air effronté de petits anges roses et bleus, le chef couvert d'un képi de mobile; quelques autres avaient franchi l'obstacle et esquissaient des pieds de nez; à droite et à gauche de la scène, un garde national (le même des deux côtés) en faction devant un bec de gaz allumé, d'abord immobile, l'arme au bras, solennel, puis, de l'autre côté, saisi par le froid, le nez bleu, battant de la semelle et se livrant contre le candélabre à des assauts furibonds; à droite (pendant la première phase) d'une fenêtre grande ouverte une jeune femme peu frileuse (à n'en pas douter) et un jeune mobile le regardaient en riant; à gauche (pendant la deuxième phase), la fenêtre était fermée.

Quel était l'inspirateur de cette spirituelle satire? On ne le sut jamais! C'était en tout cas un observateur : bien entendu, les mobiles trouvèrent très drôle..... le garde national.

Des places spéciales avaient été réservées aux officiers de la garnison et, seuls, les sous-officiers et soldats du 4e bataillon avaient le droit d'entrer.

Aux places d'honneur se trouvaient le colonel Guichard, le lieutenant-colonel Rambaud, les commandants Borrot et Delclos, le commandant Huot, le lieutenant de l'Estourbeillon de l'artillerie, les capitaines Dogny et Laisant du génie, MM. Labrousse, Jeannerod de l'infanterie, etc., etc.

La soirée débuta par l'apparition sur l'estrade d'un mobile, régisseur improvisé, soigneusement astiqué et ganté qui, avant d'annoncer le programme (car il y eut un programme), remercia fort gracieusement MM. les officiers d'avoir bien voulu honorer cette petite fête de leur présence.

On entendit ce soir-là le violoniste Lévy qui se surpassa; un solo de flûte, de vraie flûte, cette fois (un air nègre), exécuté par un artilleur mulâtre; un Capoul improvisé, un peu enroué (fraîcheur de grand'garde sans doute!), soupira le premier jour de bonheur : « J'ai vu s'écouler sa fortune....., etc. » La

« Vessie » Lucien Delormel daigna réciter lui-même ses stances à la Liberté.

La dernière strophe, plus particulièrement de circonstance, fut saluée par des applaudissements nourris :

> Liberté! que ton ombre sainte
> Se lève.....; un fer sanglant a lui !
> Au cœur la patrie est atteinte,
> Il nous faut ton puissant appui.
> Contre ceux qui violent nos plaines
> Ta voix fit vaincre nos aïeux ;
> Le même sang coule en nos veines,
> Apprends-nous à mourir comme eux (1).

Rien ne fut oublié, pas même les rafraîchissements ; ces messieurs de la 3e avaient bien fait les choses : des verres de punch circulèrent ; à défaut de petits fours, des biscuits de troupes, mijotés pendant vingt-quatre heures dans le rhum puis grillés sur le feu, eurent un succès gargantuesque et valurent à son inventeur le célèbre La Ramée (de son vrai nom David), garçon cantinier, de chaleureuses ovations.

La soirée, qui fut charmante, se termina par une quête au profit des blessés, faite par la belle Mme Sassus, en grande tenue de cantinière....., elle avait son plumet....., son punch était si bon ! La quête produisit la somme vraiment invraisemblable de 57 fr. 50, ce qui peut faire supposer que, si au service de l'Autriche le militaire n'est pas riche, en France....., mais chacun sait ça.

Il faut ajouter que la salle était restreinte et que, en dehors des officiers et des gardes de la 3e compagnie, quelques rares privilégiés du 4e bataillon purent y trouver place; aussi y eut-il plus d'un mécontent, notamment Syvan, dont on avait dédaigné les talents comme artiste et qui, comme « public », n'avait pu s'y introduire : « Des aristos ! Quoi donc ! les « ceux » de la 3e, disait-il, il n'y a place que pour les *grosses* légumes. »

---

(1) Ces vers furent pour la première fois récités, le 31 août 1870, au théâtre de la Porte-Saint-Martin, par Mme Duguerrit. — E. Dentu, libraire-éditeur, Palais-Royal.

Vie générale au fort pendant novembre. Travail aux tranchées. Hygiène. Fin novembre.

La note caractéristique du mois de novembre, c'est l'absence absolue d'événements intéressant la garnison : pendant ce mois, à part les petites distractions dont nous venons de parler et par lesquelles les mobiles essayèrent de charmer leurs ennuis, la vie s'écoula pour eux lente et monotone; ce fut la vraie vie de caserne : toujours les mêmes journées de grand'garde, alternant avec les mêmes journées de piquet, les mêmes manœuvres de 1 heure à 3, remplacées, depuis les mauvais temps, par d'interminables instructions dans les chambres. Pas la moindre reconnaissance! Pas la moindre promenade militaire!

Les compagnies ne sortaient du fort que pour aller travailler aux tranchées destinées à couvrir trois batteries alors en construction à la gare de Clamart, au cimetière et au parc d'Issy.

Les premiers essais avaient été peu favorables : le peu de disposition des Parisiens en général pour ce genre de travail, l'incompétence absolue des cadres à le diriger rendaient ce travail peu fructueux et jusqu'à la fin octobre on s'était contenté d'entretenir chaque jour sur les chantiers une seule compagnie, conjointement avec les ouvriers civils et les sapeurs.

Peut-être aurait-on bien fait dès le début de choisir dans la garde mobile les éléments nécessaires à la constitution d'un corps auxiliaire du génie : les bras et les intelligences ne manquaient pas qui, après un court dressage, auraient pu rendre à la défense d'excellents services. En les dispensant des corvées de compagnie, en les payant 0 fr. 06 de l'heure, comme on le fit généreusement pour tous les prétendus travailleurs indifféremment, on aurait trouvé autant de gardes mobiles que l'on aurait voulu.

Le commandant d'artillerie Huot puisa largement dans la garde mobile et n'eut qu'à se louer de ses auxiliaires, dont quelques-uns remplirent facilement, sinon officiellement, du moins en fait, le rôle de chefs de pièces (1).

Le colonel du génie, M. de Bovet, se borna à prendre quelques têtes, comme le sous-lieutenant Caen, les caporaux Desnoyers, Guigardet, etc., au plus cinq ou six. C'était peu; mais le colonel du génie ne voulait croire qu'en ses sapeurs!

A partir de novembre, en raison des grands travaux projetés, il fallut bien songer à utiliser un peu plus les mobiles; le nombre des compagnies de travail fut doublé et quelquefois porté à trois; pour rendre leur travail plus productif, sans avoir trop à compter avec la surveillance des cadres, le capitaine du génie Laisant avait, du reste, trouvé un excellent moyen qui, pendant quelque temps, donna de très bons résultats : assigner à chaque compagnie une tâche précise après laquelle elle était libre de rentrer au fort, même avant l'heure réglementaire.

Le 11 novembre, la 1re compagnie du 4e bataillon, en commençant l'abatage des arbres du parc d'Issy dans l'espace réservé à la batterie, s'acquitta de sa tâche avec une telle ponctualité que le colonel du génie, très étonné sans aucun doute, crut devoir lui transmettre par la voie du rapport ses plus chaudes félicitations.

Le 20, ce fut au tour de la 8e compagnie à avoir les honneurs de la journée, moins officiels cependant; elle reçut les compliments du général Trochu en personne, qui, dans une tournée d'avant-postes, avait surpris, à la tranchée du cimetière, les travailleurs en pleine activité.

L'entrevue se termina même par une charmante naïveté du capitaine Réveilhac, promu de la veille : « L'ennemi ne vous

---

(1) On comptait dans l'artillerie 180 auxiliaires, empruntés tant à l'infanterie de ligne qu'à la garde mobile.

inquiète pas ? » demandait aimablement le général, pour dire quelque chose. « Moi ? pas du tout ! ! » fit le capitaine, indigné. « Allons ! tant mieux », reprit en souriant le général-gouverneur ; puis, piquant des deux et saluant la foule d'un geste arrondi, il partit au galop, laissant tout le monde ravi de son extraordinaire politesse.

Malheureusement, il ne fut pas toujours possible d'assigner à chaque compagnie une tâche précise !.....

On ne rentrait au fort que pour trouver une cour boueuse et détrempée, un quartier dans lequel, depuis l'apparition de la neige, les ordures restaient accumulées, des cantines nauséabondes où personne ne pouvait songer à séjourner, des casemates dans lesquelles, faute de savoir où aller, on vivait de plus en plus, entassé sur une paille qui, à défaut de sacs de couchage, avait été jetée à même le parquet (distribuée le 6 novembre, elle n'était plus, le 26, lorsque l'on se décida à l'enlever, qu'un fétide poussier).

Pour comble, à partir du 20 novembre les occasions d'aller à Paris d'une façon régulière et légitime se firent de plus en plus rares, les permissions de vingt-quatre heures déjà remplacées par de simples laissez-passer, furent de plus en plus réduites, les portes de la capitale furent, en outre, assez fréquemment fermées, et, comme conséquence, aux causes générales d'insalubrité vint s'en ajouter une dernière : l'impossibilité presque absolue, pour le grand nombre, de se pourvoir de linge blanc. De ce chef, au fort, rien n'avait été prévu, ni installation, ni organisation.

Une odieuse vermine fit bientôt son apparition au fond des casemates, plus particulièrement privé d'air ; le 22 novembre on se préoccupa de cette situation ; les officiers et les cadres chargés de la surveillance du quartier furent sévèrement admonestés. On acheta des balais : 60 balais ! par bataillon, 120 balais ! C'était beaucoup de balais. Restait la paille, dont la présence sur le parquet s'opposait à tout sérieux lavage. Le 26 novembre, à l'arrivée des matelas de varech, on la fit enlever; c'est par là que l'on aurait dû commencer; couchés par terre, les mobiles ne seraient pas morts et n'auraient pas été dévorés!

Enfin, pour terminer sur ce chapitre, une des cantines plus particulièrement mal tenue, celle du 5e bataillon, confiée à Bonaventure, fut supprimée à la suite d'un incident comique et surtout bien mobile! Un beau matin, on trouva tout le matériel de la cantine, comptoir, tonneaux pleins et vides, tables, bancs, bidons, etc., etc., au beau milieu de la cour, avec cet énorme écriteau explicatif : « Exproprié pour cause de salubrité publique. »

Grand émoi au fort, enquête, contre-enquête auprès des plus voisins; les plus voisins et même les voisins immédiats, c'étaient les hommes de la 1re compagnie du 4e bataillon, les « fameux sapeurs ». Or, il se trouva (chose étrange!) qu'ils n'avaient rien entendu!

De guerre lasse, le colonel commandant supérieur se rendit sur les lieux et, après avoir bien flairé, supprima Bonaventure.

Pour s'arracher à ce milieu méphitique, les mobiles n'avaient d'autre ressource que de sortir après 5 heures et d'aller errer tout autour du fort, ou d'aller à Vanves; quelquefois on courait à la Porte de Versailles, pour échanger des poignées de main avec un parent ou ami et surtout quelques bons procédés de linge blanc. Souvent on revenait avec son petit paquet, car le service des postes était loin d'être parfait et les ouvriers du fort loin d'être des facteurs exacts.

Quelquefois aussi, on s'organisait en petite bande choisie pour aller dîner chez le « père Montil », à Vanves, ou le « père François », à Issy; les menus n'étaient pas variés (les temps étaient durs!); le plat de résistance était invariablement composé de pommes de terre frites; c'était le plat nécessaire; aussi disait-on gaiement : « la frite est à la mobile ce que la mobile est à la France ! » — « quand la frite est bonne », ajoutaient les grincheux pénétrés de leur importance.

On trouvait cependant assez facilement des salades composées d'herbes de toutes sortes, depuis le chiendent jusqu'à des queues de raisin accommodées d'un vinaigre exceptionnel, sans huile, bien entendu. Rarement, oh ! bien rarement on tombait sur des côtelettes de chien..... alors, c'était une noce et l'on ne laissait pas échapper cette occasion de se « donner un peu de chien au ventre ».

Heureusement, pour soutenir cette existence, les gardes mobiles avaient le ferme espoir qu'elle ne pouvait durer longtemps ; l'ennemi n'attaquerait pas, c'était bien clair, mais on allait l'attaquer : la construction des trois batteries n'était-elle pas une preuve certaine ? Qui pouvait se douter que leur rôle était purement défensif et qu'elles ne devaient tirer qu'en cas d'attaque venant de Châtillon ? (1).

La butte de Châtillon, tel était l'objectif : on allait foudroyer la butte de Châtillon !

Le 29 novembre, à la pointe du jour, les compagnies de grand'gardes purent entendre les échos du combat de l'Häy, où tant de braves devaient inutilement tomber, et le bruit de la fusillade : un grand nombre de mobiles (2) coururent aux bastions, pour essayer de se rendre compte ; il fallut renouveler le lendemain les ordres qui en interdisaient l'accès.

A 9 heures tout était fini, mais pour tous c'était bien le « grand coup » qui commençait ; nul ne pouvait supposer que, par suite des difficultés éprouvées sur la Marne à installer un pont de bateaux, ce combat n'était plus devenu qu'une désastreuse et inutile diversion (3) ; on était plein d'espoir.

---

(1) Vinoy, appendice XXV.
(2) Le frère de l'auteur, volontaire au 110e de ligne, périt dans ce combat. (Note de l'éditeur.)
(3) Vinoy, page 259.

La veille, le général Ducrot avait fait afficher sur les murs de Paris cette magnifique proclamation que l'on a pu plaisanter depuis, mais qui, à ce moment, produisit grand effet :

Je ne rentrerai à Paris que mort ou victorieux. Vous pourrez me voir tomber, vous ne me verrez pas reculer. Alors ne vous arrêtez pas, mais vengez-moi! En avant donc, en avant et que Dieu nous protège !

Le 30, on entendit toute la journée une forte canonnade du côté de la haute Seine : c'était la première phase de la bataille de Champigny; l'artillerie du fort, tant pour donner le change à l'ennemi que pour gêner ses mouvements, tira par salve, à des heures réglées (1) d'avance par le gouverneur, sur les hauteurs de Châtillon, la route de Versailles à Choisy-le-Roi et sur tous les points qui pouvaient servir de passages aux convois de troupes ennemies.

Les mobiles s'étaient flattés d'avoir à prendre part à la bataille : le 28 au soir ils avaient reçu avis de coucher tout habillés, prêts à la moindre alerte. Ils n'eurent cependant pas à intervenir et durent se contenter de rester au « poste d'honneur » que leur avait assigné le général Trochu et que, depuis plus d'un mois, ils commençaient à trouver peu périlleux.

Jamais, en tous cas, ils ne s'acquittèrent de leur tâche avec plus de conscience : le 29 au soir, sur l'effectif des deux bataillons de mobiles et pour la première fois sans aucun doute, il ne manquait que trois hommes à l'appel.

Les premiers jours de décembre. — Vie générale au fort pendant ce mois.

La journée du 1er décembre, à l'inverse de celle du 30 novembre, fut profondément silencieuse : l'artillerie du fort ne tira pas un coup de canon.

---

(1) Rapport du commandant Huot.

En général, ce silence fut bien interprété par les mobiles qui, ce jour-là, se montrèrent de fort joyeuse humeur ; des peaux de mouton leur avaient été distribuées la veille et l'avant-veille, et l'aspect de tous ces « valeureux lapins », qui s'étaient empressés d'endosser leur nouvelle fourrure, excita une bruyante gaieté !

Pendant toute la journée, ce fut un véritable concert qui ne s'interrompait que pour reprendre au moindre incident : deux hommes se rencontraient-ils ? ils ne se parlaient pas..... ils bêlaient ! Quelqu'un venait-il à bêler ? tout le monde bêlait !!

Le lendemain, 2 décembre, on fut plus sérieux ; le bruit de la canonnade se fit entendre toute la journée du côté de Choisy-le-Roi, et l'on attendit anxieusement les résultats des opérations qui, contrairement au sentiment de la veille, paraissaient s'être immobilisées. Un assez grand nombre d'hommes, malgré la consigne, malgré la température devenue subitement sibérienne, malgré la quasi-certitude de trouver toutes les portes de Paris fermées, poussés par une invincible curiosité, n'hésitèrent pas à tenter l'aventure d'une petite incursion dans la capitale ; mais les consignes étaient sévères, et après avoir erré de porte en porte jusqu'à Ivry, ils revinrent au fort harassés, moulus, à la suite d'une marche de près de 40 kilomètres, dans des chemins couverts de neige et souvent défoncés, sans avoir rien compris, si ce n'est qu'une terrible bataille était engagée sur la Marne, et que dans les villages de l'Häy et de Chevilly que, depuis l'avant-veille, l'on croyait en notre possession, régnait le plus profond et le plus inexplicable des silences.

Au fort, on était donc bien incertain des résultats de la bataille lorsque, quelques minutes après l'appel du soir, la sonnerie « aux sergents-majors » se fit brusquement entendre ; bientôt après ceux-ci accoururent dans les casemates et donnèrent lecture à la garnison de la dépêche adressée par le général Vinoy au général Corréard :

> Après trois heures d'une lutte héroïque, l'ennemi a été repoussé sur toute la ligne; après cinq heures d'un nouveau combat nos troupes campent sur les positions qu'elles ont conquises. Très belle et glorieuse journée.

Depuis la reprise d'Orléans par l'armée française, jamais on n'avait éprouvé de joie plus grande; si les conséquences de cette journée échappaient à toute appréciation, la dépêche ouvrait largement le champ à l'espérance : c'était bien d'une victoire qu'il s'agissait; le plan de Trochu venait donc de recevoir un commencement d'exécution; la prophétie de J. Favre allait se réaliser : les Parisiens bientôt rejoindraient « leurs frères » des départements.

Le lendemain, le surlendemain chacun s'associait sans réserve à la touchante manifestation des membres du Gouvernement, félicitant leur chef :

> Nous, vos collègues, initiés à vos pensées, nous saluons avec joie ces belles et grandes journées où vous vous êtes révélé tout entier, et qui, nous en avons la conviction profonde, sont le commencement de notre délivrance (1).

Ce fut avec un certain étonnement que l'on apprit que l'armée victorieuse, abandonnant ses positions avait repassé la Marne.

On ne se découragea pour si peu : c'était une manœuvre! C'était le plan!! Le général Trochu, en interdisant à la presse tout commentaire au sujet des opérations militaires, n'avait-il pas dit qu'il pourrait y avoir de fausses retraites, l'abandon de positions conquises pour assurer le succès du plan définitif?

La dépêche de de Moltke, affichée à Paris le 6 décembre, annonçant que les Prussiens avaient repris Orléans, paraissait

---

(1) De La Fosse, t. III, p. 23.

bien faite pour retirer jusqu'à la dernière espérance; hé bien non! On crut la nouvelle fausse : on admira sans réserve l'attitude noble et fière du général Trochu, refusant les facilités qui lui étaient offertes pour en vérifier l'exactitude; de Trochu, l'on devait tout admirer, même les fautes que chacun était à même d'apprécier! Avec le Gouvernement, tout le monde pensa qu'il n'y avait qu'une chose à faire : combattre!

L'insistance que mit l'ennemi à confirmer cette mauvaise nouvelle par deux dépêches successivement parvenues dans les murs de la capitale ne fit qu'affirmer les premières convictions : l'une d'elles, datée de Rouen du 7 décembre, obtint même parmi les mobiles un grand succès de gaieté; elle était signée Lavertujon, qui ne pouvait être à Rouen, puisqu'à Paris, en sa qualité de secrétaire, il venait de signer la dernière proclamation du Gouvernement; elle contenait cette phrase : « Orléans repris par ces *diables* (1). »

— Les Prussiens, des diables? s'écria Leidenfrost, moi, j'aurais dit ces *cochons-là!*

Malheureusement, l'heure de la bataille s'éloigna indéfiniment.

En attendant, au fort, et jusqu'au 22 décembre, la vie reprit son cours régulier et monotone, vie absurde, vie abrutissante s'il en fut, la vie que les mobiles avaient menée en novembre avec l'enthousiasme en moins et un froid terrible en plus :

— Puisque l'on ne se bat pas, disaient les mobiles, pourquoi ces perpétuelles manœuvres dans la cour? Ces « par le flanc droit », ces « par le flanc gauche! » Est-ce que l'on ne sait pas tout cela par cœur? Puisque l'ennemi n'attaque pas, pourquoi ces quatre compagnies de grand'garde veillant jour et nuit sur le fort? Deux ne suffiraient-elles pas? Au moins, puisque les cabanes sont trop petites pour loger tout le monde, la moitié

---

(1) De La Fosse, t. III, p. 46.

des hommes ne seraient pas condamnés à grelotter dans les poternes tous les quatre jours pendant vingt-quatre heures ! Et ces journées employées au travail aux tranchées, de 7 heures à 10 heures et de midi à 4 heures, qui reviennent maintenant tous les seize jours, à quoi servent-elles ? Est-ce une façon de tuer le temps ? Si ces travaux sont utiles, qu'on les dirige au moins ! Et qu'on ne laisse pas, sous l'œil indifférent des officiers et des cadres, plus des trois quarts des camarades battre de la semelle, les mains dans leurs poches, pendant que quelques malheureux jobards s'escriment seuls à manier la pelle, la pioche et la brouette !!

Certes, pendant ces longues et froides journées de décembre, les gardes mobiles trouveront bien encore l'occasion de rire ; sous la pluie des obus ils riront encore ! Mais la date du 2 décembre marque l'apogée de leur énergie morale, de leur confiance dans l'avenir, en même temps qu'un commencement de lassitude et d'apathie auxquelles le bombardement, en donnant à leur courage un but bien déterminé, pourra seul mettre fin.

13 décembre. — Brillant épisode et son épilogue.

La vie des éclaireurs était plus accidentée : presque journellement ils faisaient des reconnaissances, soit à Clamart, soit à Fleury, soit à Meudon ; quoique peu dangereuses depuis quelque temps, grâce à la connaissance approfondie qu'ils avaient acquise des localités, ce qui évitait toute surprise, grâce aussi à la prudence des ennemis qui restaient de plus en plus retranchés derrière leurs positions, elles laissaient toujours une certaine part à l'imprévu.

Le 13 décembre, leur petite expédition fut particulièrement émouvante : le lieutenant Girard, d'assez grand matin, quitta le fort avec quinze d'entre eux et, après un grand détour ayant pour but (la précaution n'était pas inutile) de dissimuler ses intentions à l'ennemi, il se dirigea sur Fleury (1).

Après avoir déployé sa troupe en tirailleurs, il s'engageait dans le village, lorsqu'un vieillard, à l'allure d'un jardinier, se montra à une fenêtre d'un premier étage :

— Méfiez-vous ! Ils sont là ! dit-il à mi-voix.
— Où ?
— A 5 ou 600 mètres, dans une maison d'angle à gauche.
— Qu'est-ce qu'ils font ?
— Ils jettent des matelas par les fenêtres.
— Des maraudeurs ?
— Non ! Ils sont trop !
— Combien ?
— Une trentaine.
— Merci, mon brave !

De deux choses l'une : ou l'ennemi installait là un petit poste et il était utile de le reconnaître — ou bien il s'emparait de la literie pour la transporter à ses cantonnements et, malgré sa poignée d'hommes, il pouvait espérer les surprendre.

Il prit la tête et tout le monde suivit avec précaution ; tout à coup il fit un signe de la main : il venait d'apercevoir, au détour d'une maison, dans une ruelle à gauche, cinq Allemands qui s'avançaient vers lui sans hésitation comme sans hâte ; évidemment ils ne l'avaient pas vu ; à quelle distance se trouvaient-ils du gros de leur troupe ? assez loin sans doute ; l'on avait peu marché. Si l'on voulait les enlever, il ne fallait pas perdre de temps, dans trois minutes ils seraient à sa hauteur :

— Caporal Lévy ! dit le lieutenant, courez vite ! prenez les trois derniers éclaireurs, contournez la maison, laissez passer les Allemands et faites feu ! nous les recevrons !

---

(1) Archives d'Issy. *Rapport Borrot*. Réveilhac, p. 98.

Deux minutes après quatre coups de feu retentirent. Trois Allemands tombèrent dont deux pour ne plus se relever ; quant aux deux autres, effarés et surpris, après une courte lutte ils se rendirent, l'un à Lévy, l'autre à Sellier, qui se trouvait en avant.

Cependant l'un de ces trois hommes s'était relevé ; il fut aussitôt entouré par les mobiles qui, voulant simplement le prendre, se refusaient à l'achever : il se défendit quelque temps à coups de crosse avec une étonnante énergie, mais il retomba ; c'était un sous-officier.

On regagna le fort au pas gymnastique, poussant devant soi les deux soldats dont l'un, quoique légèrement blessé, pouvait facilement courir, et portant comme l'on pouvait le malheureux sous-officier, qui poussait des hurlements de douleur et que l'on finit par installer dans une petite carriole.

La rentrée au fort fut presque triomphale : aux cris de la sentinelle, le poste sortit se ranger dans la cour. L'officier de service, le lieutenant Léon, s'empressa de saluer et de féliciter son vieux camarade Girard, puis les colloques s'engagèrent et le poste ne formait plus qu'un groupe en armes assez confus, lorsque le colonel Rambaud apparut, le sourcil froncé, l'œil sévère. Chacun reprit son rang ; ce fut comme un coup de théâtre : la figure du « vieux mâle » s'illumina :

— Lieutenant Girard, s'écria-t-il, aussitôt qu'il eut entendu le rapport verbal de l'officier, je vous propose pour la croix ! Caporal Lévy, garde Sellier, je vous porte pour la médaille militaire !

En outre de ces glorieuses récompenses, le colonel Rambaud ménagea à ses mobiles une agréable surprise : en rentrant au mess, le lieutenant Girard trouva sous son assiette, pour lui et ses deux gardes une permission d'aller à Paris pendant vingt-quatre heures ; c'était le paradis qui s'ouvrait !

Les deux blessés furent confiés aux soins du docteur Beaumanoir; quant au prisonnier valide il fut conduit au commandant du fort et, après interrogatoire, installé à la salle de police.

Sur les 10 heures du soir, le lieutenant Léon en son poste songeait..... lorsque le factionnaire de la porte entra et lui dit d'un air fin :

— Mon lieutenant, on vous demande.

— Qui?

— Mme Sassus.

— Tiens! fit M. Léon en frisant sa moustache.

Il sortit.

Mme Sassus voulait voir le Prussien....., tout simplement.

Il fallut insister, car le lieutenant, assez vexé, se retranchait derrière la consigne. Il céda cependant; pouvait-il faire autrement?

Accompagné de la cantinière et d'un sergent portant le fallot rouge, il entra à la salle de police; l'Allemand dormait à poings fermés. Au spectacle inattendu que lui offrit les trois personnages bizarrement éclairés, il ouvrit de grands yeux; un garde qui baragouinait l'allemand lui expliqua la situation; le Hessois, fort galant, en tous cas très malin, s'empressa de déclarer en français qu'il « aimait beaucoup les Français et surtout les jolies Françaises ».

Très flattée, la cantinière, lui demanda s'il avait besoin d'argent, et l'autre lui ayant montré un modeste thaler, elle le prit et lui remit en échange un demi-napoléon.

— Hé bien! et moi? Ma'me Sassus! moi qui tiens la chandelle! fit en riant le porte-fallot.

L'entrevue était terminée et les deux interlocuteurs se séparèrent fort satisfaits l'un de l'autre.

Le sous-officier allemand, quoique aussi bien traité, fut moins heureux. C'était un fort beau gars de 25 à 30 ans, à la physionomie intelligente, nommé Fritz; après avoir sondé sa blessure, le docteur Beaumanoir lui déclara qu'il fallait lui couper la jambe. Il s'y refusa tout d'abord ; pour le décider, il fallut l'intervention du jeune Strasbourgeois Hoffmann. Brave cœur que ce jeune Alsacien, presque un enfant ! Lui aussi, le 13 octobre, avait perdu une jambe à la bataille ; mais devant cet ennemi souffrant et abattu il resta sans rancune ; il sautilla gaiement sur sa béquille, comme pour lui prouver qu'avec une seule jambe on pouvait vivre encore.

L'opération réussit à merveille, mais jamais Fritz ne se consola..... Peut-être là-bas, tout là-bas, au delà du Rhin, avait-il laissé quelque douce et blonde fiancée ; peut-être avait-il espéré l'épaulette..... Il n'allait rapporter qu'une jambe de bois !

22 décembre. — Le lieutenant-colonel Rambaud lève toutes les punitions. — Reconnaissance du commandant Delclos, du 5ᵉ bataillon, dans les bois de Clamart.

Cette petite expédition réveilla quelque peu la garnison de son long assoupissement en lui rappelant tout d'abord qu'à quelques cents mètres de ses murs il y avait encore des ennemis ; depuis le 22 octobre, en vérité, elle avait bien pu l'oublier.

Le rapport du 21 décembre compléta le premier effet ; il disait en substance :

Le fort est rigoureusement consigné, les troupes devront se tenir prêtes au premier signal à se rendre à leurs postes de combat ; en raison des circonstances, et pour que tout le monde puisse faire son devoir, le lieutenant-colonel lève toutes les punitions sans exception. Les prisons et les salles de police devront être immédiatement évacuées.

Au fort, à cette heure, en dehors des hommes retenus à la salle de police pour des fautes légères, d'un caporal de la 5ᵉ compagnie et de deux hommes punis de 30 jours de prison pour avoir voulu s'introduire dans Paris avec une permission prétendue collective (faussaires indiscutables, mais auxquels, sans la moindre rougeur, tous les mobiles auraient serré la main), le 4e bataillon comptait encore, parmi ses gardes retenus en prison, trois horribles types : les deux frères Arnoux, de la 8e compagnie, et l'affreux Philippe dit le Bel, de la 7e compagnie.

Pour rappeler ces trois-là au devoir, il aurait fallu d'autres moyens : à peine sortis, les deux Arnoux se mirent en devoir de s'enivrer et firent tant, la nuit venue, indignant tout le monde par leurs chansons ordurières (et Dieu sait si les mobiles étaient des demoiselles!), que le caporal Gautereau, en sa double qualité de caporal d'escouade et de plus ancien de la casemate, pour faire cesser le scandale, après les avoir bien inutilement menacés de la salle de police, crut devoir les faire ficeler avec des cordes de tente et faire mine de les jeter dans la cour! Quant à Philippe, il déclara nettement que plutôt de risquer de se faire casser la g..... il préférait de beaucoup rester en prison; il y resta!

Enfin, le rapport du 22 décembre fit réellement croire à la garnison que ses larges espérances allaient se réaliser. On y annonçait le départ, pour 1 heure, d'une reconnaissance comprenant 8 compagnies qui, devant être dirigée par le commandant Delclos dans les bois de Clamart, promettait d'être fort importante : elle ne fut que nombreuse et bien inutilement nombreuse; elle allait cependant, le lendemain 23, figurer tout au long dans le rapport militaire de la place de Paris et avoir ce résultat, au moins inattendu, de révéler aux Parisiens l'existence d'un héros, le sergent Gervoise (1).

A l'heure dite, le capitaine du génie Laisant, chargé de

---

(1) De La Fosse, t. III, p. 80 : « Il reste à signaler », dit le rapport militaire du 23 décembre 1870, « les nommés Gervoise, sergent au 4e bataillon, blessé, et le garde mobile Decamps, qui ont déployé une grande bravoure. »

relever les positions ennemies, quitta le fort accompagné du lieutenant Girard et de ses éclaireurs. Il fut bientôt suivi des 8 compagnies désignées pour le soutenir (1re, 2e, 4e, 5e du 4e bataillon, 1re, 5e, 7e, 8e du 5e bataillon) qui se répartirent dans les bois depuis la villa Pastoret Panckoque, dite villa Canrobert (actuellement orphelinat Galliera), à droite, jusque dans le village de Clamart, à gauche.

Le capitaine Laisant et le lieutenant Girard, après avoir franchi l'endroit appelé porte de Clamart (B) où se trouve actuellement la maison du garde (1), depuis reconstruite, remontèrent jusqu'au carrefour du même nom (C); arrivés là, ils aperçurent à 200 mètres environ, sur la route qui se dirige à gauche, coupant l'avenue des Vertugadins (hh), une barricade (D) barrant cette route et se prolongeant des deux côtés par des abatis qui semblaient dissimuler une tranchée (2).

Presque aussitôt une vive fusillade s'engagea entre l'ennemi qui y était embusqué et les éclaireurs; à cette distance, elle n'eut d'autre résultat que de faire perdre quelques cheveux au front du brave et modeste Cormillot et aussi son..... pompon ! Il fut le premier à en rire.

A moins d'attaquer la barricade et de l'enlever, ce qui était contraire au programme des éclaireurs, le capitaine Laisant ne pouvait espérer en savoir plus de ce côté; il alla donc à droite explorer la route de la Mare (gg) et, de là, jeter un coup d'œil sur le carrefour de l'Étoile-de-la-Petite-Plaine (E), mais il fut bientôt aperçu; la fusillade commença aussitôt très vive et très nourrie et, reprenant en même temps à la barricade, gagna bientôt tout le plateau.

Cependant, au bruit des détonations, le capitaine Guyon-

---

(1) Voir la carte des environs du fort d'Issy.
(2) Archives d'Issy. Rapport Laisant.

nest, qui, avec la 7ᵉ du 5ᵉ bataillon, occupait la porte de Clamart, était accouru au secours des éclaireurs qu'il croyait menacés et qui n'étaient plus là ; mais, à peine était-il arrivé, entraînant toute sa compagnie électrisée par son exemple, qu'il tomba mortellement frappé. La 7ᵉ du 5ᵉ bataillon, en ramenant son capitaine, fit un bond en arrière tellement précipité que le capitaine Audenet, de la 1ʳᵉ du 4ᵉ, croyant à une attaque de l'ennemi destinée à tourner les compagnies déjà engagées dans le bois, arriva tout aussitôt au pas gymnastique pour occuper l'intervalle.

La 4ᵉ et la 5ᵉ du 4ᵉ bataillon ne furent pas mieux accueillies dès qu'elles arrivèrent à la crête des bois ; dans l'impossibilité où elles se trouvèrent de répondre, sans courir de grands dangers, à un ennemi presque invisible, elles se couchèrent dans la neige. Le capitaine Jullien, de la 4ᵉ compagnie, armé d'un fusil comme un simple troupier, s'aplatit près d'un tronc d'arbre et se mit lui-même à tirailler.

Arriva le commandant Delclos, trottinant sur son petit cheval, se montrant partout où sifflaient les balles et animant tout le monde par son courage et ses joyeusetés marseillaises :

— Hé ! capitaine Jullien[ne], surveillez donc[que] vos hommes ! Entre vos mains un fusil[le] n'est qu'une m...rrde !

Et il passa, laissant tous les mobiles parisiens, surpris de la vigueur de l'image et de la saveur de l'accent, se tordre dans la neige.

Là se trouvait Gervoise (1). Le vieux zouave, ce jour, « un peu parti pour la gloire », s'était mis dans la tête de faire son coup d'éclat ; la 8ᵉ compagnie étant de travail aux tranchées du cimetière, il avait facilement obtenu de son capitaine la permission de suivre la reconnaissance : c'était, du reste, un excellent tireur.

---

(1) Réveilhac, p. 101.

Il était là, guettant son Prussien comme un chat guette une souris ; tout à coup, il en aperçut un se profilant derrière des abatis d'arbres : se mettre à genoux, viser, tirer fut l'affaire d'un instant ; le coup part, Gervoise tombe à la renverse ! Est-il blessé ? très légèrement sans doute, car il se relève vivement et, tout pâle encore, il s'écrie à pleins poumons en agitant son képi : « Vive la France ! Vive la République ! »

Une balle, brisant la bretelle de son fusil, lui avait éraflé le coude. Oh ! il trouva plus d'une fois encore le moyen de le lever, le vieux malin ! Un peu plus, il était mort, mais il vivait et avait... sa médaille en poche.

Là se trouvaient encore Abel Decamps, volontaire de la 6ᵉ compagnie du 4ᵉ bataillon, qui, sans faire tant de bruit, fut renversé par une balle qui lui perfora la cuisse, et aussi Louis Derchaux, de la 5ᵉ du 4ᵉ, qui fut légèrement blessé.

Sur les 3 h. 1/2, on sonna le ralliement ; en redescendant vers la lisière du bois, la 5ᵉ compagnie, commandée par son lieutenant, M. Frestel, eut la satisfaction de retrouver son capitaine, M. D., qu'un instant elle avait pu croire mort. Il n'en était rien : en attendant la fin de la fusillade, il s'était tout simplement mis à l'abri. Pauvre capitaine !

Au même moment, le brave Guyonnest, transporté dans la maison forestière par les soins du docteur Fiaux, râlait, la poitrine percée d'une balle. Celui-là était mort au champ d'honneur ! Chacun son lot.

24 décembre. — Reconnaissance dans les bois de Clamart par le commandant Borrot, du 4ᵉ bataillon.

24 décembre, veille de Noël, quelle heureuse date ! Quelle journée pleine de douces et discrètes promesses quand on a 20 ans et que l'on n'est pas enfermé dans une forteresse ! Ce

jour-là, la plupart des « Glands » eurent le réveil triste, quelques-uns sourirent au soleil qui était splendide et à l'avenir; quant au présent, il n'y fallait pas songer.

Heureusement, au rassemblement, on leur annonça qu'ils allaient prendre part à une reconnaissance dirigée dans les bois de Clamart par le commandant Borrot.

A peine avait-on rompu les rangs, que Picard, de sa bonne grosse voix rieuse, s'écria : « Une reconnaissance un jour de réveillon ! C'est bien plutôt une connaissance que l'on devrait nous faire faire ! » L'administration n'y avait pas songé.

Disons-le tout de suite, la reconnaissance ne devait rien présenter de tragique ; son but était à peu près le même que pour celle du 22 décembre : il s'agissait d'explorer les bords de Clamart, mais en se portant plus particulièrement sur le haut de Fleury.

Le capitaine du génie Dogny (1), le lieutenant Girard et ses éclaireurs, chargés du principal rôle, étaient soutenus par quatre compagnies du 4e bataillon (1, 2, 7, 8), par trois du 5e bataillon (4, 6, 7), et enfin par une compagnie de la Somme.

Le commandant Borrot, assisté de son indispensable, l'adjudant-major Moyse, dirigeait le mouvement. Le docteur Chatin, aide-major du 4e bataillon, accompagnait la colonne avec des brancardiers. (On n'eut heureusement pas l'occasion de s'en servir !)

On quitta le fort à 1 heure, le commandant Delclos, soit qu'il jugeât que son cheval, l'avant-veille, n'avait pas suffisamment respiré la poudre, soit qu'il eût cédé, disait-on, au désir exprimé par le commandant Borrot, suivit la colonne, toujours caracolant sur son petit cheval qui caracolait.

Laissons le 4e bataillon s'inverser dans sa marche, par suite d'un mouvement imprévu, de sorte que la 8e compagnie, qui

---

(1) Archives d'Issy. Rapport Dogny.

se trouvait à droite, fut chargée d'aller occuper la villa Canrobert (H) ; laissons les autres se répartir à gauche et revenons au capitaine Dogny et au lieutenant Girard.

La rapidité avec laquelle, le 22 décembre, les Allemands s'étaient portés en tirailleurs sur le plateau indiquait assez clairement qu'ils n'avaient pas été surpris ; ne pouvant échapper aux regards de l'ennemi, il fallait essayer de le tromper : le but était à droite à Fleury, les éclaireurs prirent ouvertement à gauche la grande rue de Clamart, dispersèrent à coups de fusil les quelques Allemands qu'ils rencontrèrent sur la place, puis se portèrent en hâte à la porte du bois de Clamart (B).

La compagnie de la Somme y était déjà et l'agitation qui régnait sur le plateau de Châtillon et dans la carrière de sable à mi-côte ne laissait aucun doute : la présence de cette compagnie était déjà signalée à l'ennemi. Comme elle devait rester là, tout était pour le mieux.

De la porte du bois, un petit sentier de 1 mètre de large, le sentier du Trou-au-Loup (*ff*), légèrement encaissé au début et défilé des crêtes, se dirige à droite, montant au carrefour des Carrières, c'est-à-dire au haut de Fleury, au-dessus du parc de la villa Canrobert (aujourd'hui exactement l'axe des bâtiments de l'orphelinat). Ils se formèrent à la file indienne, prirent le pas gymnastique (la neige fort épaisse étouffait le bruit de leurs pas) ; en moins de 3 minutes, ils avaient franchi 5 ou 600 mètres et étaient arrivés au carrefour ; quelques hommes se détachèrent pour entrer en communication avec la 8e, qui devait occuper la villa, et la reconnaissance commença.

Pendant plus de deux heures, le capitaine Dogny et le lieutenant Girard battirent tous les bois situés entre la route de la Mare à l'est (*gg*), la **porte de Fleury à l'ouest** (F) et la longue route des Vertugadins (*hh*) au sud, sans rencontrer aucun ennemi. Cependant, un nommé Mengs, qui était en pointe, ayant aperçu deux sentinelles sur cette route, les officiers résolurent de les tourner et, après avoir rampé d'arbre en arbre et être ainsi arrivés au carrefour de Fleury (G), purent constater l'existence d'un petit groupe d'ennemis.

Déjà, avec son audace accoutumée, le lieutenant Girard voulait faire avancer le gros de ses éclaireurs, prendre le petit poste par derrière ou le jeter sur la 8e compagnie; l'opération était hasardeuse, en tous cas, comme elle ne pouvait se faire sans bruit, le capitaine Dogny, avec raison, la jugea plus qu'inutile.

Les éclaireurs se dirigèrent donc sur la porte de Fleury; à ce moment seulement l'ennemi parut s'apercevoir de leur présence : d'un poste situé à Meudon, rue des Princes (I), des groupes d'Allemands se détachèrent et craignant sans doute d'être tournés, arrivèrent précipitamment occuper la ruelle du parc de Chalais (ee).

Le capitaine Dogny, suffisamment édifié, laissa les Allemands se précipiter, et, après une courte pointe poussée dans le hameau de Fleury, revint vers la villa Canrobert annoncer au capitaine Réveilhac que tout était fini; puis, longeant les bois jusqu'à Clamart, il porta successivement la bonne nouvelle aux autres compagnies. Grâce à son expérience, à son sang-froid, grâce aussi sans doute au concours de l'artillerie du fort qui, vers la fin de l'opération, avait pris la sage précaution d'envoyer quelques obus à Meudon, on avait juste tiré trois coups de fusil.

La 8e compagnie, qui depuis plus de deux heures battait consciencieusement de la semelle contre tous les arbres du parc, se reforma aussitôt; Tiphaine, un privilégié, qui avait passé sa faction dans le cabinet de travail du rez-de-chaussée, apparut alors portant triomphalement, au bout de sa baïonnette, un chapeau haute forme réduit à l'état d'accordéon; malgré la sévérité de ses principes, il n'avait pu résister au plaisir d'emporter ce petit souvenir.

Ce chapeau, qui portait un C. comme initiale, courut bientôt de mains en mains ; il sortait de chez Magnien et s'arrêta à Leidenfrost :

— Quand je pense, s'écria celui-ci, qu'il a peut-être abrité les profondes pensées du maréchal !.....

Et il le coiffa.

Il avait, en tous cas, abrité une forte tête : la face rieuse de Leidenfrost y disparut tout entière.

Tout aussitôt on s'ébranla au chant allègre de : « As-tu vu la casquette ? »

Près du fort on rejoignit les brancardiers, qui, eux aussi, chantaient en balançant en cadence leur léger fardeau : tant de tués que de blessés, personne de mort !

Ce fut, comme on voit, une reconnaissance gaie ; gaiement commencée, elle se termina gaiement : la cantine Sassus, qui depuis quelques temps avait le monopole, fut envahie d'une façon inusitée ; les tonneaux, petits et grands, se vidèrent et la caisse se remplit d'autant.

A la casemate 5, on reçut la visite d'une vieille bonne femme qui venait acheter du pain ; pour tout le monde, excepté pour les mobiles, c'était déjà une très précieuse denrée. On l'accueillit avec joie, comme une vieille connaissance, avec des éclats de rire et des plaisanteries d'un goût douteux, on consentit à lui vendre du pain, mais il fallut tout d'abord qu'elle dansât « la Boulangère ».

Elle sortit de leurs bras, essoufflée, brisée, n'en pouvant plus ; heureusement son sac était plein !

Réveillon. Noël et ses suites.

Il est minuit, à la casemate tout le monde dort comme il sied à des troupiers qui ont conscience d'avoir bien rempli leur journée, sans se douter, pour la plupart, du perfide complot tramé par les trois premières escouades contre la tranquillité générale.

Douze coups de crosse, vigoureusement appliqués sur le parquet, annoncent tout à coup la naissance du Rédempteur ; près de la porte, côté des grands, la casemate s'illumine comme par enchantement ; Picard, de sa voix puissante, entonne le Noël d'Adam : Minuit chrétien ! C'est l'heure solennelle ! !

A sa voix, quelques petites détonations répondent : ce sont les bouteilles de champagne que le caporal d'ordinaire, Aubry, sous le fallacieux prétexte d'approvisionner la compagnie, avait été chercher à Paris le matin même.

Pendant que Guigardet fait flamber un vaste punch, Montillet distribue avec gravité de minces tranches de saucisson de cheval ; bientôt les quarts en fer s'entrechoquent avec un bruit sourd, les chants se mettent de la partie : les grands s'amusent ! mais les petits ne sont pas de la fête et ne sont pas contents !

Du fond de la casemate, quelques protestations, d'abord isolées, s'élèvent : « On n'a pas le droit d'embêter le monde comme ça ! » Les grands, comme des dogues, hurlent d'autant plus ; les petits y répondent par des grognements rageurs de mauvaise augure ; ils se réunissent en troupe et s'avancent.....; une bataille s'engage ; les grands, formés en phalange serrée, les repoussent avec perte.

La fête dégénère en orgie ; Labussière, en portant un toast à l'armée française, s'endort tout à coup : « Il est mort ! » s'écrie quelqu'un. « Qu'on l'enterre ! » répond le chœur. Un catafalque est aussitôt formé de havresacs, on l'entoure de bougies, dessous, on introduit Labussière ; il dort ! Cottin, encapuchonné d'une pèlerine, s'avance dignement pour prononcer son oraison funèbre : *Memento cineris es et in cinerem reverteris!* puis, du ton le plus pathétique, il termine en s'écriant : «Voilà cependant à quoi L'abus-sert ! »

Aussitôt, sur un air connu, on entonne un *De Profundis* fantaisiste (reproduction interdite) la voûte de la casemate, ébranlée, résonne en gémissant ; une ronde macabre, effroyable, infernale termine la cérémonie ; Labussière dort toujours ; il est 2 heures du matin !

Front 5-1. — **Vue intérieure.**
(D'après une photographie prise en novembre 1870.)
1 Écurie. 2 Le poste de police. 3 Poterne du pont-levis. 4 Magasins du génie.

Le lendemain, jour de Noël, s'annonça triste et lugubre ; pour Labussière, il se passa, en partie, d'une façon tout au moins originale ; une des casemates du front 5-1 servait d'écurie et abritait notamment une petite vache bretonne, destinée à fournir du lait au colonel de Bovet, atteint de dysenterie. Du lait sortant du pis, pendant le siège ! quelle terrible tentation ! !

On y céda plus d'une fois ; il fallut mettre un factionnaire : Pauvre Labussière, désigné de garde au poste de police, ce sera lui le factionnaire ! Triste réveil ! Amère ironie ! Quelle soif il devait avoir !

A 11 h. 1/2, le rapport apprit à la garnison que l'administration avait songé à distinguer quelque peu ce jour férié par excellence : on y annonçait qu'il n'y aurait pas de compagnie de travail ; cette mesure touchait peu la 8e compagnie ; mais la fin du rapport obtint un succès mérité : après avoir invité les commandants de compagnie à s'occuper de faire laver le linge de leurs hommes (à ce moment tout le monde prêta l'oreille) il se terminait par cette heureuse phrase : « A Vaugirard et à Issy il y a des blanchisseuses avec lesquelles on pourrait facilement s'arranger. »

Parmi les « Glands », ce fut un éclat de rire homérique :

— Ah ! chouette alors ! fit Syvan en claquant des doigts.

— Ça ! déclara le sous-lieutenant Bouissounouse, avec un roulement de langue, c'est pour notre petit Noël !

Il était écrit que le réveillon aurait des suites ; on venait de sonner l'extinction des feux, tout le monde dormait ou semblait dormir.

Les « ceux » des trois premières escouades, éreintés de leur noce de la veille, ne révélaient leur présence que par des ronflements réguliers, sans se douter, à leur tour, qu'avec l'extinction des feux le clairon venait de sonner l'heure de la vengeance ; au fond, tout au fond de la casemate, à la lueur indécise de quelques bougies, un groupe compact se forma et s'allongea bientôt en un immense monôme d'hommes qui se mirent à hurler à l'unisson : « la femme du colonel », tout en battant en mesure leurs bidons avec leurs quarts.

C'étaient les petits des 6e, 7e et 8e escouades, qui, à leur tour, voulaient s'amuser en agaçant les grands. « Assez ! Assez ! » crièrent quelques voix. Bien entendu les autres continuèrent ;

vraisemblablement ils s'étaient juré d'aller jusqu'au bout de leur chanson; on sait que cette interminable scie allait jusqu'au caporal inclus.

Effrayés de cette perspective, quelques grands, plus réveillés que les autres, firent entendre d'énergiques protestations et, n'obtenant pas de résultat, se mirent en devoir de présenter des arguments plus touchants, mais ils manquaient de cohésion et furent d'abord fort maltraités..... et l'immense monôme, toujours hurlant, se déroulait toujours.

La casemate s'illumina bientôt, chacun voulant se rendre compte des causes d'un si effroyable charivari : les grands, subitement éclairés, se formèrent alors en masse et, désespérant de vaincre l'obstination des petits, eurent l'ingénieuse idée de s'emparer des bidons, quarts, képis, bonnets de coton des plus enragés, et de les jeter comme autant de projectiles au fond de la casemate.

Du haut de son hamac, le caporal Gautereau de la 7ᵉ escouade, maintenant le plus ancien et théoriquement chargé de la police de la casemate, assistait d'un œil paterne à ce spectacle dont il paraissait suivre avec intérêt les diverses péripéties.

Cependant les petits, soient qu'ils fussent réellement vaincus par l'habile manœuvre qui les avaient dépossédés de leur matériel offensif, soit qu'ils jugeassent la démonstration suffisante, s'étaient peu à peu calmés; déjà les bougies s'éteignant l'une après l'autre, donnaient le bon exemple et tout paraissait terminé, lorsque, d'un ton sarcastique, le caporal Aubry s'écria : « Si au moins ils avaient remporté leurs poux!! ». Une nouvelle bataille paraissait imminente : le caporal Gautereau intervint alors, pria Aubry de se taire, lui reprochant d'avoir trop d'esprit et de n'être qu'un maladroit.

Depuis la nomination d'Hénon au grade de fourrier, ces deux

camarades avaient une vieille querelle à liquider; la discussion d'intérêt général dégénéra bientôt en personnalités, et voilà nos deux caporaux sautant à bas de leurs couches, bannière au vent (celle d'Aubry était en flanelle rouge), sur le point de s'entre-dévorer...

Fort heureusement pendant le prélude homérique d'un combat menaçant tout le monde s'était calmé..... On s'interposa, et Morphée put étendre ses voiles.

26 décembre. — Reconnaissance à Meudon. Fin d'année.

La reconnaissance du 26 décembre fut la dernière exécutée par la garnison du fort; ce fut aussi la plus nombreuse, la plus meurtrière et celle dont les résultats furent le moins décisifs.

On n'était pas sans savoir au fort que, depuis les premiers jours de novembre, les Allemands exécutaient de grands travaux, soit à Meudon, soit à Châtillon sur le plateau situé au-dessus des bois de Clamart.

Quoique ces travaux fussent pour la plupart dérobés aux vues directes du fort, il ne s'était guère passé de nuit que l'on n'eût tiré une quinzaine de coups avec des pièces pointées à l'avance, à la tombée du jour sur les résultats obtenus dans la journée et signalés télégraphiquement par l'observatoire National, celui du Trocadéro ou de Passy.

Pour se rendre compte de leurs destinations, au moins du côté de Châtillon, le moyen paraissait trouvé : c'était de diriger à la pointe du jour une forte reconnaissance offensive par le haut de Fleury, puis, tournant subitement à gauche, de traverser les bois de part en part, et de déborder sur le plateau. Tel était au moins le plan proposé par le capitaine Dogny, à la suite des deux reconnaissances des 22 et 24 décembre.

Du côté de Meudon, on était moins avancé : l'emplacement

des barricades existant au haut du village, dans la rue des Princes et près de la terrasse du château, sur la route des Moulineaux, n'était pas connu avec précision.

La reconnaissance du 26 décembre avait donc pour but principal de compléter les renseignements que l'on pouvait avoir sur ce point et, à l'occasion, de se rendre compte des travaux plus importants que l'ennemi avait pu exécuter dans le fond du Haras, c'est-à-dire le parc de Chalais, aujourd'hui École aérostatique, et sur les hauteurs en arrière, c'est-à-dire aux environs du château même de Meudon et de sa terrasse.

Douze compagnies, sous le commandement de M. Delclos, les 3e, 4e, 5e, 6e, 7e, du 4e bataillon; 1re, 3e, 6e, 7e, 8e, du 5e bataillon et deux compagnies de la Somme furent désignées pour y prendre part.

D'après les instructions reçues, leur rôle devait se borner à appuyer le peloton des éclaireurs (une vingtaine d'hommes commandés par le lieutenant Girard et accompagnés de M. Laisant), en évitant tout engagement et aussi, du moins autant que possible, en évitant de pénétrer dans l'intérieur du village avec le gros des troupes (1).

Le commandant Delclos, peu flatté sans doute de la modeste part qui lui était échue, se hâta d'agir à sa guise : il donna au lieutenant Girard l'ordre d'entrer dans Fleury et de ne pas dépasser la rue Hérault (*ddd*), au delà de laquelle se trouvait la barricade de la rue des Princes (I), sans attendre de renforts; lui-même, après avoir réparti ses troupes à droite et à gauche du val, s'engagea dans Meudon, jusqu'à la place de l'Église, avec quatre compagnies qu'il avait gardées.

Là, il distribua les rôles : une section de la 3e du 4, sous les

---

(1) Archives d'Issy. Journal du génie, à la date du 26 décembre : « Le commandant de la colonne engagea ses troupes dans le village de Meudon, contrairement à ses instructions.

» D'après son ordre, les éclaireurs se portent devant une barricade, avec mission d'ouvrir le feu dès qu'ils la verront. »

ordres du lieutenant Plaisance, alla renforcer les éclaireurs, avec mission de reconnaître la barricade en passant par la rue Hérault et la rue des Princes, à gauche.

La 5ᵉ du 4, capitaine D....., dut remonter la rue Terre-Neuve (*cc*), qui monte à la terrasse du château.

Enfin, le surplus de la 3ᵉ du 4, la 7ᵉ du 5, et une compagnie de la Somme restèrent en réserve sur la place et ses environs.

Suivons d'abord la 5ᵉ du 4; nous retrouvons la 3ᵉ avec les éclaireurs : après s'être avancée quelque temps dans cette voie avec une extrême circonspection à la recherche d'un poste qui avait été signalé par un habitant, elle finit par découvrir, dans une maison d'angle à droite (au n° 12), une boutique de cordonnier, près de laquelle, dans une cour intérieure, se trouvait un escalier barricadé par une pile de meubles : c'était le poste.

En un clin d'œil, la barricade fut jetée bas par le sergent Levrin, aidé de quelques hommes. Mais l'opération n'avait pu se faire sans bruit; quand le sergent arriva à l'étage supérieur, les Allemands, descendus par une échelle, couraient déjà vers la terrasse; un seul cependant, un maladroit ou un distrait, se trompant de route, vint donner sur le sergent et fit feu sur lui à bout portant..... le coup rata!

On s'en saisit et on le jeta au milieu de la compagnie. A l'aspect de tous ces hommes vêtus de peaux de mouton, l'Allemand fit une telle figure que, malgré la gravité de la situation, tout le monde éclata de rire :

— Pour de sûr, s'écria l'un des mobiles, avec un terrible grincement de dents, *y croit* qu'on va *l'boulotter!!* (1).

Le pauvre diable crût certainement sa dernière heure venue, car, jetant à terre son portefeuille et son porte-monnaie, il tomba à genoux et implora sa grâce.

Après ce court intermède, la 5ᵉ compagnie reprit sa marche

---

(1) Le manger.

en avant; malheureusement, les autres avaient donné l'éveil, de sérieux mouvements de troupes furent signalés sur la terrasse, sous le feu de laquelle il aurait fallu passer pour aller plus loin; d'un naturel très prudent, le capitaine D..... donna l'ordre de se replier.

Revenons aux éclaireurs. En attendant impatiemment les renforts annoncés, MM. Laisant et Girard utilisèrent leurs loisirs; du haut de la maison Rivrain (J) (26, rue Hérault, au coin de la rue de l'Orphelinat), ils examinèrent la terrasse supérieure du château, mais ils ne purent voir autre chose que deux tranchées, paraissant destinées à l'infanterie, existant au bord et au pied de cette terrasse; quant à la terrasse inférieure sur laquelle quatre batteries existaient déjà, du point où ils étaient ils ne purent l'apercevoir.

Dès que le lieutenant Plaisance arriva avec sa section, on s'efforça d'exécuter les ordres du commandant; les éclaireurs s'engagèrent donc dans la rue Hérault, mais il était bien trop tard; l'éveil avait été donné; à peine les éclaireurs et le lieutenant Plaisance s'étaient-ils engagés dans cette rue qu'à mi-route, apercevant des sentinelles ennemies, ils durent précipitamment, afin d'échapper aux regards, prendre une route à droite et se trouvèrent ainsi sur la place de l'Église, où était le commandant Delclos.

Le lieutenant Girard lui demanda des instructions :

— Hé bien! abordez la barricade de front par la rue des Princes, pardieu!

— Bien, mon commandant! Mais jusqu'où faut-il aller?

— Jusqu'à ce que vous rencontriez les balles!!

— Et si je ne les rencontre pas? fit le lieutenant en insistant.

Habitué jusque-là à agir seul, ou tout au moins de concert avec l'officier du génie, il voulait être couvert par un ordre précis.

— Hé bien! allez jusqu'à la barricade et tirez dessus! vous entendez? Je *veux* entendre des coups de fusil!!!

L'ordre était singulier mais il était péremptoire; le peloton des éclaireurs s'ébranla donc, le capitaine Laisant, assez mécontent, le suivit, puis, à courte distance, le lieutenant Plaisance et sa section.

Quand on arriva au coin de la rue Hérault, les sentinelles ennemies étaient parties; on continua à s'avancer avec précaution jusqu'à la grille des Missions qui forme, dans la rue des Princes, un petit angle rentrant : c'était au-delà, à 80 mètres (n° 4, avenue de Trivaux), que se trouvait la barricade.

Le capitaine Laisant, afin de pouvoir plus facilement l'observer, crut devoir prendre l'avance et put, sans attirer l'attention, grâce à un gigantesque manteau d'artilleur qui lui battait dans les jambes, s'en approcher à près de 60 mètres et constater ainsi qu'elle était simplement formée de meubles remplis et couverts de terre, alternant avec des madriers formant créneaux; il savait tout ce qu'il voulait savoir.

Mais à peine avait-il commencé son examen, qu'une balle partie de la barricade tua raide l'éclaireur Viringue (6ᵉ compagnie du 4) qui s'avançait à ses côtés; aussitôt, suivant l'ordre, la fusillade s'engagea; pris entre deux feux, le capitaine se retira derrière la grille des Missions.

A ce moment, le lieutenant Plaisance arrivait à la rescousse à la tête de sa section : « Rangez-vous! » lui dit le capitaine Laisant, « il n'y a plus rien à faire! » Il était trop tard, en un instant, Hubie (4ᵉ du 4), un autre éclaireur, tomba pour ne plus se relever; puis, le lieutenant Plaisance lui-même, la cuisse percée d'une balle; puis, en lui portant secours, le brave caporal clairon Zuyterliter; puis, Achille Bernardin de Saint-Pierre, de la 3ᵉ compagnie.

Cependant, au bruit de la fusillade et pendant qu'au péril de

LES DÉFENSEURS DU FORT D'ISSY (1870-1871).

La grille des Missions, rue des Princes, à Meudon.
Reconnaissance du 26 décembre 1870.

leur vie MM. Laisant et Girard, aidés des éclaireurs, s'efforçaient de mettre à l'abri toutes ces malheureuses et inutiles victimes, le commandant Delclos était accouru! Il s'avança à son tour, se campa au milieu de la rue, s'exposant follement aux feux de la barricade; les balles rayant les murs de cette rue étroite, ricochant sur les pavés entre les pieds de son cheval qui se cabrait de terreur, sifflaient de tous côtés; seul, impassible, le commandant regardant fixement la barricade semblait vouloir défier la mort.

Après avoir excité par cette attitude encore plus d'étonnement pour sa témérité, que d'admiration pour son courage, il donna enfin le signal de la retraite.

On revint sur la place où les trois autres compagnies engagées dans le village se trouvaient déjà massées.

Les Allemands profitèrent de la circonstance pour s'avancer hors de leur barricade et, de là, des maisons hautes qu'ils occupaient dans le village, diriger sur cette place, heureusement un peu à tort et à travers, un feu de mousqueterie assez nourri; une partie des balles partaient de la grille même des Missions et, par une sorte d'étroit créneau de 255 mètres de long, réservé, comme par miracle, dans cette rue des Princes, d'aspect si tortueux, arrivaient sur la place.

Cette particularité était du reste parfaitement inconnue des officiers français.

Là, il y eut encore quelques nouvelles victimes : Villetard, Camille Aubry, de la 7e du 5, Sudre, du 4e bataillon, et Berdin, le brave garde champêtre de Clamart, qui reçurent des blessures plus ou moins graves.

On évacua en hâte cette dangereuse position; c'est tout ce que demandaient les ennemis, qui, sans chercher à poursuivre, sortirent peu à peu de leurs cachettes et se rassemblèrent tranquillement sur la place.

Mais ils avaient compté sans les mobiles de la Somme qui,

formant l'arrière-garde, étaient restés défilés derrière une maison en saillie de la rue des Princes : ceux-ci, se démasquant tout à coup, dirigèrent sur le groupe un feu de peloton ; quelques ennemis tombèrent..... Les Français étaient vengés, c'est vrai ! Néanmoins, quatre d'entre eux étaient morts ou allaient bientôt mourir.

Au fort, cette reconnaissance fut vivement commentée ; les résultats surtout en parurent bien minces. Depuis huit jours on ne parlait que d'attaques, de sorties en masse, et l'on avait conçu d'autres espérances.

La conduite du commandant Delclos, suivant le caractère de chacun, fut diversement appréciée : pour les emballés, il avait été admirable ; pour les autres, il s'était conduit comme un fou. La vérité, c'est qu'il voulait se faire tuer (1) ! Était-ce une raison pour exposer sans nécessité la vie de ses soldats ?

Sur le prisonnier Jean Dietrich, de la 7º compagnie du 88º régiment, IIº armée, 21º division, 42º brigade, on avait trouvé deux lettres ; un garde de la 5º compagnie, qui les avait traduites, en donna lecture à ses camarades de la 8º.

L'une, datée de Freiendez, 17 décembre 1870, était de sa Gretchen, Marguerite Schneider :

Mon bon ami, disait-elle, si tu entrais dans une boutique de bijoutier où l'on pourrait piller, choisis pour moi une paire de boucles d'oreilles..... (2).

L'autre émanait du père et se terminait par cette phrase :

On trouve, en Allemagne, que vous êtes trop tranquilles autour de Paris, que le siège ne va pas assez vite, et on commence à se lasser de cette situation.

— Eh bien ! qu'ils donnent l'assaut ! s'écrièrent quelques emballés.

---

(1) Réveilhac, p. 101.
(2) Cette première lettre a été publiée. Voir de La Fosse, t. III, p. 99.

— Eux? répliqua amèrement Leidenfrost. Pas si bêtes! Ils mangeront de la choucroute en attendant que nous crevions de faim!

Ce qui apparut de plus en plus clair et de plus en plus évident après cette reconnaissance, c'est que les Allemands étaient bien décidés à rester tranquilles derrière leurs barricades et que c'était à nous à chercher à les en déloger.

La conviction des gardes mobiles fut, à cet égard, tellement absolue qu'un grand nombre d'entre eux, permissionnaires et autres, après avoir reçu les bons souhaits de fin d'année que leur envoyait le colonel par la voie du rapport, s'empressèrent d'aller la finir dans le sein de leur famille..... en empiétant quelque peu sur la nouvelle.

Le « Vieux Mâle », peu satisfait de cette rechute inattendue, ne crut cependant pas devoir sévir et se borna, dans cette occasion, à adresser à ses mobiles quelques énergiques menaces.

Ce sera du reste leur dernière fugue : le 11 janvier, il pourra dire au seul bataillon qui restait encore avec lui (il est vrai que l'heure du danger avait sonné et que, depuis cinq jours, le bombardement était commencé) :

Il ne manquait personne hier; aussi le colonel témoigne-t-il toute sa satisfaction au 4e bataillon pour sa bonne conduite et sa courageuse attitude devant l'ennemi.

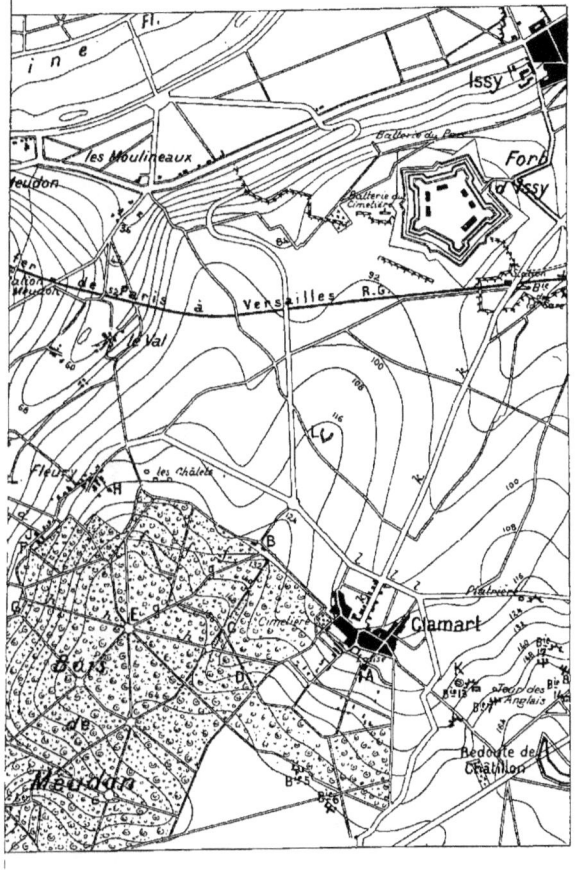

Carte des environs du fort d'Issy.

c au 1/25000 des plans du département de la Seine, dressée
E, avec relief exécuté en 1870 par le génie militaire.

NS LE LIVRE   RUES OU ROUTES RELATÉES DANS LE LIVRE

nart. au coin de la   aa   Rue des Princes, à Meudon.
rue du Guet.   bb   Rue Royale.
                         cc   Rue Neuve.
de Clamart.   ddd Rue Hérault.
(bois de Clamart).   ce   Ruelle de Chalais.
ine.   ff   Sentier du Trou-au-Loup.
                         gg   Route de la Mare.
ocque, dite Villa   hhh Route des Vertugadins (bois de Cla-
de la rue des Prin-   mart).
                         kkk Grande rue de Clamart ou de Paris.
                         ll   Rue de Sèvres.
oute du).

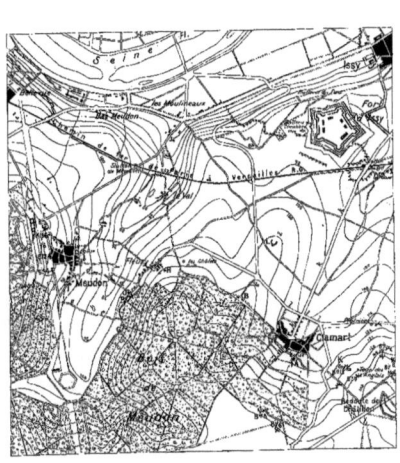

Carte des environs du fort d'Issy.

Réduction de la carte au 1/20000 des plans du département de la Seine, dressée par O. Lefevre, avec relief exécuté en 1870 par le génie militaire.

POINTS RELATÉS DANS LE LIVRE

A   Poste bavarois à Clamart, au coin de la rue du Nord et de la rue du Gast.
B   Porte de Clamart.
C   Carrefour de la porte de Clamart.
D   Barricade allemande (bois de Clamart).
E   Etoile de la Petite Plaine.
F   Porte de Fleury.
G   Carrefour de Fleury.
H   Villa Pastoret-Paskoeque, dite Villa Canrobert.
I   Barricade allemande de la rue des Princes.
J   Maison Rivrain.
K   Sablière de Clamart.
L   Moulin-de-Pierre (redoute du).

RUES OU ROUTES RELATÉES DANS LE LIVRE

aa   Rue des Princes, à Meudon.
bb   Rue Royale.
cc   Rue Neuve.
ddd Rue Hennuit.
ee   Ruelle de Chalais.
ff   Sentier du Trou-au-Loup.
gg   Route de la Marc.
hhh Route des Verlugadins (bois de Clamart).
kkk Grande rue de Clamart ou de Paris.
ll   Rue de Sèvres.

DEUXIÈME PARTIE

BOMBARDEMENT ET LUTTE D'ARTILLERIE

I

Préparatifs du bombardement.

Les quinze premières batteries allemandes. — Les batteries françaises. — Les batteries allemandes 16 et 17. — Difficultés éprouvées par les Allemands. — Les armements; avantages des Allemands.— Précautions de la dernière heure.

Dès que les Allemands eurent commencé l'investissement de la capitale, la question se posa immédiatement pour eux de savoir « s'ils se contenteraient de prolonger le blocus jusqu'à ce que la faim, le découragement, peut-être aussi les troubles intérieurs, amenassent la capitulation, ou si, au contraire, tout en maintenant le blocus, on tenterait soit un siège en règle, soit une attaque d'artillerie ». Ainsi s'exprime le major Blume, page 49.

Les gens compétents estimaient qu'avant de procéder à un siège en règle, pour amener devant Paris le matériel nécessaire, l'organiser, l'approvisionner d'une façon suffisante, il fallait au moins deux mois (1); il était vraisemblable que d'ici là la ville aurait capitulé; cependant, cela n'était pas sûr, et il fallait se tenir prêt, « le cas échéant, à recourir à l'*ultima ratio* (2), c'est-à-dire à une attaque ».

---

(1) Heyde et Frœsse : *Revue d'artillerie*.
(2) Major Blume, p. 54.

Leur plan général consista à attaquer Paris à la fois par le sud et par le nord; le bombardement des forts de l'Est ne fut qu'un incident : commencé le 27 décembre, il n'eut d'autre résultat appréciable que d'assurer l'évacuation du plateau d'Avron, mais il n'empêcha nullement les Allemands de suivre leur idée première, c'est-à-dire de chercher à bombarder Paris sur la plus grande étendue possible.

Des difficultés de toutes sortes retardèrent l'échéance des attaques sud et nord; comme l'on sait, la première ne commença que le 5 janvier 1871; la deuxième, que le 21 du même mois : de ce dernier côté, de leurs batteries du Bourget, les assiégeants purent envoyer sur la capitale une douzaine d'obus environ, qui franchirent péniblement l'enceinte pour tomber à la Chapelle et à la Villette.

Nous ne parlerons ici que du bombardement sud, qui seul a pu atteindre, à la fois, les forts, plus particulièrement ceux de Montrouge, Vanves et Issy, la partie de l'enceinte en arrière et la capitale elle-même sur presque toute la rive gauche et sur la rive droite jusqu'à Passy.

De ce côté, le plan de l'ennemi peut se résumer en ceci : établir des batteries de gros calibre pouvant, en même temps, écraser l'artillerie des forts et bombarder la ville; les faire soutenir par d'autres, ayant pour objectif chacune un des trois forts en particulier, et, pour porter ses coups plus loin au cœur de la cité, s'emparer, s'il était possible, de Vanves et d'Issy, en commençant par Issy.

Les Allemands occupaient toutes les hauteurs qui dominent le sud de Paris de plus de 100 mètres, dont les crêtes l'entourent d'une ceinture irrégulière distante de 3.000 à 4.600 mètres, depuis Saint-Cloud jusqu'à la rivière de Bièvre.

L'étendue de leur ligne d'attaque, limitée à l'ouest par le mont Valérien, se trouvait encore, depuis le 22 septembre, resserré à l'est par la redoute des Hautes-Bruyères; construite avant l'investissement, cette redoute, si maladroitement abandonnée le 19, avait été, en effet, fort heureusement reprise par nos troupes.

C'est dans ces circonstances que, le 22 octobre, commença la construction des quinze premières batteries dites *d'attaque principale* et qui, par la suite, s'élèveront à vingt-quatre.

Passons d'abord en revue ces quinze batteries d'attaque principale; la description des autres trouvera naturellement sa place dans le cours du récit; nous leur conserverons le numérotage adopté par l'état-major allemand (1).

Nous aurons, dans le cours du récit, à parler de trois batteries *d'attaque secondaire* et de bien d'autres emplacements relevés après le siège : pour faciliter la lecture sur la carte, nous nous bornerons à numéroter les trois batteries d'attaque secondaire en les désignant : batterie 01, batterie 02, batterie 03.

Les quinze batteries d'attaque principale primitivement construites furent, en commençant par la gauche des positions ennemies :

La batterie 1 dite du Pavillon de Breteuil, située à mi-côte de Saint-Cloud, au-dessus de la manufacture de Sèvres, à la prudente distance de 4.600 mètres du mont Valérien, et protégée de ses vues directes par les hauteurs de Montretout. Elle répondit au triple but de lutter contre le Point-du-Jour à 3.000 mètres, de battre la Seine et de menacer au besoin à 3.675 mètres le front ouest du fort d'Issy;

Les batteries 2, 3, 4, installées sur la terrasse de Meudon : la batterie 2 battant également la Seine et le Point-du-Jour à 3.700 mètres, la batterie 3 destinée à enfiler le bastion 3 et une partie de la courtine du front ouest du fort d'Issy à 2.700 et, au besoin à 4.300 mètres, à entrer aussi en lutte avec l'en-

---

(1) Voir à la fin de la 3e partie la carte du bombardement et aux appendices le tableau officiel des batteries allemandes.

ceinte, enfin la batterie 4 dirigée exclusivement sur Issy, à 2.750 mètres ;

Les batteries 5, 6, 7, 8, 9, 10, sur le plateau au-dessus de Clamart et de Châtillon : les batteries 5 et 7 dirigées contre le front sud-ouest du fort d'Issy, à 2.475 et 2.150 mètres, et menaçant ainsi son front sud-est ; la batterie 8, située à 3.800 mètres de l'enceinte, ayant pour mission plus spéciale de bombarder la ville, mais visant aussi, à 1.700 mètres, à démonter l'artillerie de Vanves sur son front sud, et enfin les batteries 6, 9, 10 ayant toutes trois pour objectif le même fort de Vanves, la batterie 6 pour son front sud à 2.900 mèt., les batteries 9 et 10 pour son front ouest à 1.800 mètres. La batterie 10, qui, comme la batterie 8, se trouvait à 3.800 mètres de l'enceinte, pouvait en outre fort utilement bombarder la ville ;

Les batteries 11 et 12, à Fontenay-aux-Roses, battant le front ouest Montrouge à 2.700 et 2.850 mètres, la batterie 12, de même que la batterie 8, ayant très probablement et surtout pour but de bombarder Paris. La batterie 12, formidablement armée de 8 pièces de 15, était, il est vrai, éloignée de 4.050 mètres de l'enceinte, mais, là comme du côté de Saint-Cloud, la prudence s'était imposée, et, en attendant mieux (la batterie 18 devait les en rapprocher à 3.350 mèt.), les Allemands l'avaient installée à 4.000 mètres des Hautes-Bruyères, admirablement protégée contre les coups d'écharpe de cette redoute par un épais rideau d'arbres et de maisons, échappant en même temps aux vues directes de tous les forts, même de Montrouge, sur lequel elle ne pouvait tirer elle-même que par un tir indirect.

Enfin 3 batteries destinées à recevoir des mortiers rayés de 21 cent., pièces d'un modèle tout nouveau et spécialement disposées pour le tir vertical, eurent chacune pour objectif unique : la batterie 13, sur la butte de Châtillon, Issy ; la batterie 14, sur la même butte, Vanves ; la batterie 15, près du clocher de Bagneux, Montrouge.

Au résumé, sur les 15 batteries dont les Allemands avaient tout d'abord entrepris la construction, 2 batteries seulement étaient chargées de bombarder la ville; les autres étaient avant tout des batteries de combat destinées à entrer en lutte avec les divers éléments de la défense.

Prises dans leur ensemble, ces batteries, sauf la batterie 2, visant uniquement l'enceinte, se répartissaient sur les trois forts de la façon suivante : 6 sur Issy, 5 sur Vannes, 3 sur Montrouge.

De ce dernier côté l'attaque était donc assez faible, et cela d'autant plus que, malgré les précautions prises, en réunissant leurs feux, la redoute des Hautes-Bruyères et le fort de Montrouge pouvaient devenir menaçants. Cet inconvénient était en partie évité par l'existence de trois emplacements, destinés à recevoir des pièces de petits calibres, organisés au-dessus du tunnel du chemin de fer à Bourg-la-Reine, en avant et en arrière de la route menant au clocher de Sceaux, à 3.400 mètres environ de Montrouge; ils avaient surtout pour but de défendre la vallée de Bièvre, mais de là on pouvait diriger les pièces contre le fort et le cribler d'obus.

Cependant, les Allemands finirent par se rendre compte que ces dispositions modifiaient peu la situation; quelques jours avant de commencer l'attaque générale, dans la journée du 1er au 4 janvier, ils se hâtèrent de construire deux nouvelles batteries de siège à Chevilly et, à La Rue, les batteries 01 et 02. Ces batteries, dites « d'attaque secondaire », furent armées exclusivement de pièces de 12 et spécialement dirigées sur la redoute des Hautes-Bruyères, aux distances d'environ 1.900 et 2.400 mètres.

Après ce court examen, le plan de l'ennemi apparaît clairement: le fort d'Issy, entouré d'un cercle de feu d'un périmètre d'environ 7 kilomètres, l'enserrant sur 122° de circonférence, menacé sur trois de ses cinq fronts, allait pouvoir être réduit au silence ; ce premier résultat obtenu, l'ennemi s'en rapprocherait, essaierait d'y faire brèche et de s'en emparer.

Le fort de Vanves seul pouvait utilement le défendre : avec les batteries éloignées, on tiendrait ses artilleurs en respect ; avec les plus proches, on démonterait ses pièces.

Quant au fort de Montrouge, comme l'on ne pouvait mieux faire, on se bornerait à le combattre et à l'empêcher de nuire.

Bien avant cette date du 22 octobre, divers travaux avaient été exécutés sur les hauteurs ; des forts il était bien difficile de se rendre compte de leur but, mais, grâce aux renseignements d'ensemble fournis par les divers observatoires de la capitale, jusqu'aux premiers jours d'octobre, on les avait jugés, avec raison, purement défensifs ; la reconnaissance du 13 octobre sur Châtillon, qui avait montré jusqu'à quel point les Allemands étaient fortifiés dans ce village, n'avait fait que confirmer cette opinion ; la continuation des travaux, qui, à juste titre, paraissaient plus que suffisants, commença à éveiller les soupçons, mais les précautions prises par les assiégeants pour éviter d'attirer l'attention étaient telles, ils avaient su si habilement tirer parti des divers rideaux d'arbres et autres obstacles naturels qu'à cette même époque on était encore fort incertain.

Dans les premiers jours de novembre, on décida néanmoins la construction d'une série de batteries intermédiaires destinées à compléter la ligne de défense des forts et, si, comme tout le faisait supposer, c'était bien à des batteries que travaillait l'ennemi, à s'opposer à une concentration de feux qui s'annonçait comme devant être surtout préjudiciable aux forts de Vanves et d'Issy.

C'est dans cet ordre d'idées que furent construites, à la droite du fort d'Issy, deux batteries, la batterie du parc et la batterie du cimetière, l'une battant à tout hasard la terrasse de

Meudon et Brimborion (c'est derrière cette hauteur qu'allait se trouver la batterie de Breteuil), l'autre battant Châtillon ; à sa gauche, entre Issy et Vanves, deux autres batteries : la batterie de la gare de Clamart, dépendant d'Issy, et la batterie dite « à crémaillère », dépendant de Vanves ; enfin, entre Vanves et Montrouge, trois autres batteries, ces cinq batteries ayant toutes également vue sur Châtillon et sur Bagneux.

Par la même occasion, on fortifia la maison Millaud, en avant et à gauche du fort de Montrouge, et on la garnit de canons ; on flanqua la redoute des Hautes-Bruyères de six batteries, une à droite, cinq à gauche ; depuis la Seine jusqu'à la gauche de Villejuif, ce fut donc une ligne non interrompue de batteries, de forts et de redoutes.

De son côté, l'ennemi, qui ne voulait rien perdre des avantages sur lesquels il avait compté en construisant ses 15 batteries, répondit à ces dispositions en complétant son attaque principale de deux nouvelles batteries, les batteries 16 et 17, la première, établie sur la terrasse de Meudon, battant les batteries du parc et du cimetière d'Issy, la deuxième, sur la butte de Châtillon, un peu en dessous et au nord-est de la batterie 7, dirigée sur la batterie de la gare de Clamart et sur la batterie dite « à crémaillère » de Vanves, établie à droite de ce fort.

Quant aux travaux exécutés à la gauche de Montrouge, comme ils ne modifiaient pas sensiblement son plan général, l'ennemi ne s'en préoccupa pas, ou plutôt, comme nous l'avons vu, ne s'en occupa que beaucoup plus tard.

Telles étaient, vers la fin de novembre, les positions respectives des deux parties belligérantes. Mais, si, du côté des Français, la plus grande partie des batteries étaient armées (au fort d'Issy, elles étaient armées le 16) et prêtes à faire feu avec un approvisionnement de munitions suffisant, que le voisinage des forts rendait en tout cas facile à remplacer, du côté des Allemands il était bien loin d'en être ainsi.

Chez eux, grâce aux nombreux bois de fascinage tirés des bois des environs, le gros œuvre avait pu être mené très rapidement : leur parc d'artillerie, placé au centre de l'attaque, sur le plateau de Châtillon, à la Villa-Coublay, près de la route de Versailles, était achevé ; les 255 pièces qu'ils avaient jugé nécessaire d'amener pour leur attaque sud étaient même arrivées au parc (1) ; et les se composaient de 40 pièces de 9, 104 de 12, 70 de 15 long, 15 de 15 court, 6 mortiers de 21, 20 mortiers lisses de 28 (de 50 livres) ; mais, pour armer leurs batteries, il leur fallait encore faire venir d'Allemagne les matériaux de plate-forme, les munitions et tous les accessoires.

Ce fut pour eux une très grande difficulté : la seule ligne ferrée utilisable depuis la capitulation de Toul (24 septembre) et de Strasbourg (28 septembre), c'est-à-dire la ligne de Strasbourg à Paris, se trouvait, par suite de la rupture du tunnel de Nanteuil-sur-Marne, interrompue à 74 kilomètres de Paris : c'était donc, pour contourner cette ville au plus court, en passant par Chelles, Gournay, Choisy-le-Roi, et arriver à leur parc, environ 90 kilomètres à parcourir par voie de terre.

Pour le matériel roulant, la besogne avait été relativement facile : les Allemands avaient emprunté les chevaux nécessaires à leurs batteries de campagne. Mais, pour le reste, il en fut tout autrement : en ne comptant que les projectiles avec leur poids exact supposés chargés, en ne comptant pour chacune des pièces arrivées au parc qu'un approvisionnement normal de 500 coups, c'était exactement 2.440.000 kilos, soit 24.400 quintaux à transporter.

(1) Le major Blume ajoute à cette énumération 20 canons à bombes de 25 livres. C'est sans doute une erreur ; en tous cas, ces pièces ne furent pas approvisionnées. (Voir Heyde et Froesse.)

Pour amener en une seule fois une pareille charge (elle fut certainement beaucoup plus considérable), il aurait fallu trouver 2.440 voitures (1) susceptibles de supporter 10 quintaux chacune, chose extrêmement difficile en France, où les voitures sont presque toutes à deux roues et sont, en général, ou trop faibles pour résister à ce poids, ou trop lourdes pour les chevaux de moyenne taille.

Les Allemands se tirèrent d'embarras en organisant des colonnes de 50 à 150 voitures chargées au maximum de leur résistance, qui faisaient le trajet en cinq ou six jours et recommençaient après un repos de quatre jours.

Entre temps, ils avaient bien rétabli la ligne jusqu'à Chelles, c'est-à-dire à 19 kilomètres de Paris; mais, comme jusque-là Nanteuil avait servi de gare de débarquement, que la gare de Chelles dut par la suite être utilisée pour les convois de troupes et de subsistance, ils ne tirèrent de cette amélioration aucun avantage appréciable pour le transport de leurs munitions.

La mauvaise volonté des conducteurs réquisitionnés, le mauvais état des chemins les obligèrent enfin à appeler d'Allemagne 24 colonnes de chacune 40 voitures à quatre roues attelées de quatre chevaux. Elles n'arrivèrent à la Villa-Coublay qu'à la fin de décembre.

C'est à partir de cette date seulement, c'est-à-dire quelques jours à peine avant le bombardement, que le service fut assuré avec régularité entre Nanteuil, tout d'abord, et ensuite Esbly et la Villa-Coublay.

Quand il cessa, le 4 février 1871, c'est-à-dire neuf jours après l'armistice, la moyenne des projectiles amenés au parc et à tirer par pièce ne dépassait pas 700 coups; seules les pièces de 15 court, peu nombreuses, eurent un approvisionne-

---

(1) Le major Blume, p. 267, parle de 5.000 voitures.

ment qui atteignit 800; en revanche, celui des mortiers de 28 n'arriva qu'à 362 (1). Il faut dire que l'on n'utilisa que 4 sur 20 de ces mortiers, qu'ils furent exclusivement dirigés contre Issy et qu'à eux quatre ils n'arrivèrent à tirer que 347 coups!

Parmi les 255 pièces amenées par les Allemands dans leur parc, toutes ne pouvaient être simultanément utilisées : il n'y eut jamais en action plus de 124 pièces de gros calibre, 52 de 12 (40 dans l'attaque principale, 12 dans l'attaque secondaire), 52 de 15 long, 10 de 15 court, 6 mortiers de 21 et 4 mortiers de 28; les autres furent prudemment mises en réserve.

Quant aux pièces légères de calibre 9, il est bien difficile de déterminer dans quelle proportion elles prirent part à la lutte : les unes furent tout d'abord affectées à trois redoutes existant sur le plateau de Châtillon, défendant l'accès de la route de Versailles, d'autres furent placées dans divers emplacements réservés aux pièces de campagne à Sceaux, Bourg-la-Reine, L'Häy, etc.; on en trouve trois dans la batterie 5 de Clamart, mélangées à du 12 et à du 15; elles furent, sans aucun doute, suivant les circonstances, fréquemment déplacées.

Pour lutter contre cette artillerie, la défense était largement pourvue : en comprenant l'armement des trois secteurs du sud de l'enceinte, les secteurs 6e, 7e, 8e, celui du Mont-Valérien, de tous les forts et batteries jusqu'à et y compris le Moulin-Saquet, on trouve un total de 926 pièces de toutes sortes (2).

Laissant de côté les canons de 16 lisses qui figuraient en grand nombre dans l'armement des forts et de l'enceinte, les obusiers de 22, les mitrailleuses, les pièces de campagne et de

---

(1) Heyde et Froesse.
(2) Sarrepont, *Bombardement de Paris*, p. 205. La Roncière, p. 19.

montagne qui, toutes, ne pouvaient être utilisées qu'en cas de défense rapprochée, nous ne citerons que les pièces réellement utilisables, mais qui certainement ne furent pas toutes utilisées dans le grand duel qui allait s'engager.

Elles se montaient à 379, dont 89 de marine (2 de 24, dont l'une la célèbre Marie-Jeanne était au Mont-Valérien, 5 de 19 et 82 de 16), 162 de place (125 de 24 et 37 de 12) et 128 de siège (30 de 24 et 98 de 12).

Si à ce chiffre on veut bien ajouter quelques pièces de 16 et de 14 marine placées sur les canonnières, qui servirent peu; quelques pièces de 7 modèle 1870, qui rendirent d'assez grands services au fort de Vanves (1); quelques mortiers de 27, que les forts utilisèrent quelquefois, quand le tir de plein fouet devenait trop dangereux; quelques mortiers de 32, que les forts d'Issy et de Vanves employèrent contre le Moulin-de-Pierre, on aura une idée assez exacte des forces d'artillerie qui, de ce côté de Paris, allaient se trouver en présence.

Au point de vue du nombre, l'artillerie française avait certainement l'avantage; c'était malheureusement le seul, car pour tous les autres il restait aux Allemands; leur matériel était plus perfectionné que le nôtre : toutes leurs pièces se chargeaient par la culasse; chez nous, c'était une exception dont bénéficiaient seules les pièces de la marine et encore pas toutes (2); le gros matériel allemand tirant à toute volée avec sa charge maxima de 3 kilos pouvait obtenir des portées de 8 kilomètres et plus; placées dans les mêmes conditions, nos meilleures pièces, c'est-à-dire nos pièces marines, avec la charge

---

(1) Les pièces de 7 étaient sensiblement supérieures aux pièces de 9 prussiennes : à 2.500 mètres elles tiraient sous l'angle de 6°30' avec angle de chute de 9°3'; les pièces prussiennes, à la même distance, exigeaient un angle de tir de 8°32' et l'angle de chute était de 11°2'.

(2) Il y avait trois modèles de pièces marine de 16 : les modèles 1849-1858 se chargeaient par la bouche; les modèles 1858-1860 et 1864-1866 se chargeaient par la culasse.

de 3 kil. 500, n'auraient guère pu dépasser 7.500 mètres (1) ; notre matériel de place et de siège, de beaucoup le plus nombreux, se chargeait par la bouche et ses projectiles ne pouvaient certainement pas atteindre 6 kilomètres, et encore ce matériel présentait-il ce gros inconvénient d'avoir des pièces placées pour la plupart sur d'anciens affûts ayant appartenu à des pièces lisses et qui limitaient leur angle de tir à peu près à la moitié de leur portée : pour tirer de l'enceinte sur les batteries d'attaque, il fallait démonter les roulettes des grands châssis de place et enterrer les crosses des affûts de siège.

Au point de vue des méthodes, l'avantage était encore aux Allemands : par un mode de repérage extrêmement précis, ils arrivaient à tirer avec autant de certitude la nuit que le jour; chez nous, pour ce genre de tir, la méthode employée donnait lieu à de telles erreurs que la plupart du temps on devait se borner à pointer de jour les pièces que l'on destinait à tirer la nuit (2) ; le tir plongeant, qui avait été chez eux l'objet de sérieuses études, n'était que très peu pratiqué en France, au moins aux grandes distances; c'est même ce qui explique, du moins en grande partie, la complète insuffisance que nous constaterons ultérieurement dans les précautions prises par le génie militaire pour l'organisation défensive intérieure des trois forts de Montrouge, Vanves et Issy.

Enfin, malgré ces causes de supériorité indiscutables,

---

(1) La Roncière, p. 12.

(2) Les Allemands avaient déjà, à cette époque, pour la plupart de leurs pièces, un appareil de *pointage indirect* permettant : 1° de maintenir avec certitude parfaite et sans nouveau pointage une ligne de visée une fois donnée; 2° de faire varier latéralement le point de chute pour toutes les distances. (Decker, *Revue d'artillerie*.)

En France, pour conserver la ligne de visée primitive, on clouait deux liteaux (tringles en bois) bien dressés, l'un près d'une roue, l'autre près de la flèche, de manière à pouvoir placer entre eux d'autres liteaux mobiles que l'on enlevait avant de faire feu. Quant à l'angle à donner à la pièce, il se mesurait à l'aide d'un mètre ou d'un niveau de pointage quand on en avait. (Règlement sur le tir de siège du 17 avril 1869.)

l'avantage qui résultait pour les Allemands de leurs positions dominantes était tel que, placée dans les mêmes conditions, l'artillerie française aurait, au bombardement près, obtenu des résultats identiques : dominant l'enceinte de plus de 100 mètres et les forts de plus de 60, l'artillerie allemande bénéficiait dans son tir d'une zone dangereuse plus considérable qu'en terrain horizontal ; tirant sur un but situé en plein midi, en même temps que très net et très étendu, ses observateurs réglaient, sur le point de chute, leur tir avec la plus grande facilité ; l'artillerie française, au contraire, située en contrebas, tirant sur des batteries ennemies qui représentaient autant de points, se trouvait pour ainsi dire réduite à jouer au tonneau à deux et quatre kilomètres, sans compter que, placée à contre-jour pour la plus grande partie de la journée, elle observait mal ses coups courts qui éclataient dans la brume (très fréquente en janvier), et ne voyait pas ses coups longs qui disparaissaient derrière les crêtes.

Si, dans ces conditions, l'artillerie de l'enceinte remporta quelques succès contre les batteries de Châtillon, ils furent dus bien plus au nombre considérable de coups que, grâce à ses grands approvisionnements, il lui fut permis de tirer sur le petit espace où celles-ci étaient resserrées, qu'à la réelle précision de son tir.

Pendant que l'ennemi, déployant une grande énergie, surmontait les plus grosses difficultés pour hâter le bombardement dont l'inutilité allait s'augmentant par chaque jour qui en reculait l'échéance, le gouvernement de la Défense nationale semblait ne vouloir se prémunir que contre une attaque de vive force qui, elle-même et pour les mêmes raisons, devenait de moins en moins probable. Les derniers jours de novembre et le mois de décembre furent presque exclusivement consacrés à des travaux de défense extérieure qui ne devaient jamais servir, à creuser des tranchées, à fortifier des petits postes, à créneler des murs, etc., etc. Les batteries nouvellement construites reçurent même l'ordre assez enfantin (pouvait-on espérer qu'elles eussent échappé au regard d'un ennemi aussi bien placé pour les voir?) de ne se démasquer qu'en cas d'attaque venant de Châtillon (1).

Par contre, rien de sérieux ne fut organisé pour préparer les forts à soutenir une lutte d'artillerie un peu prolongée : les murs intérieurs des cours furent très mal protégés contre les coups de revers, faciles à prévoir, il semble (ne suffisait-il pas de supposer un peu longs les coups destinés aux remparts?). Au fort d'Issy, des obus éclatèrent dans la cour, front 3-4, au seuil de l'ambulance, d'autres défoncèrent les magasins du génie, front 4-5. Il en fut de même des poternes des ponts-levis, mal défilés par des masques en terre insuffisamment élevés ou trop éloignés; au fort d'Issy, plusieurs obus, passant par-dessus les remparts, franchirent les masques en terre et éclatèrent près du corps de garde situé sous la poterne d'entrée; au fort de Vanves, le pont-levis lui-même fut très sérieusement endommagé.

Afin d'assurer la circulation de la garnison, aussi bien pour le service régulier que pour les besoins journaliers de la vie : communication avec les casemates d'officiers, des vivres, des ambulances, avec les latrines, etc., alors que l'on aurait dû creuser des chemins de mine sous les remparts, ou tout au moins de profondes tranchées dans la cour, on se borna à construire un certain nombre de pare-éclats (au fort d'Issy il y en eut 16) composés de gabions amoncelés, autant de décors que les obus renversèrent du premier coup.

Chose étonnante! on négligea même d'assurer la résistance des murs d'escarpe abritant les casemates dans lesquelles, de

---

(1) Vinoy, page 250.

toute nécessité, en cas de bombardement, allaient se réfugier les troupes; ces murs avaient de 1^m,20 à 1^m,30 d'épaisseur; construits en 1840, alors que l'artillerie, au delà de 1.000 à 1.200 mètres, était dépourvue de toute précision, ils n'avaient à cette époque rien à craindre des batteries qui auraient été placées sur les hauteurs; mais n'était-il pas de toute évidence que ces mêmes murs, à raison des progrès extraordinaires réalisés depuis, une fois battus par des obus qui, en frappant le but, conserveraient une force vive suffisante pour parcourir encore 2, 3 et même 4 kilomètres (nous ne parlons que de nos propres pièces), éprouveraient tout au moins de sérieux dommages?

Dès avant le siège, le gouvernement précédent, en faisant porter à 3^m,30 l'épaisseur du mur d'escarpe protégeant les magasins à poudre, avait déjà prouvé le peu de confiance que lui inspiraient ces murs; le 10 novembre, le lieutenant-colonel du génie Brunon, commandant supérieur de Vanves, quoique, aux distances prévues pour son fort, la précision de l'artillerie lui parût douteuse, se montrait cependant peu rassuré et proposait au chef d'état-major du génie l'établissement contre les murs d'escarpe de tabliers mobiles, revêtus de rails de fer que l'on aurait placés aux points plus menacés; on ne donna aucune suite à son projet (1); on prescrivit seulement de revêtir les murs intérieurs des poudrières d'un contre-mur de sacs à terre de 3 mètres d'épaisseur; elles allaient se trouver ainsi garanties par une épaisseur totale de 6^m,30, c'était bien pour la poudre, mais pour les hommes? (2).

On était dans cette situation, tous les travaux entrepris malgré les grands froids qui commencèrent le 2 décembre étaient heureusement terminés, lorsque, le 30, l'ordre inopiné

---

(1) Général Brunon, journal de Vanves, à la date du 10 novembre. « Le projet fut discuté par le comité de défense et, sur les observations des généraux Guiod et de Chabaud-Latour, il fut rejeté. » — Sarrepont, *Défense de Paris*, p. 464, en note.
(2) Voir page 168 les dessins représentant les casemates.

arriva dans les forts de renforcer les murs d'escarpe par un contre-mur de 2 mètres d'épaisseur (on rappelait en même temps que cette précaution avait dû déjà être prise pour ceux destinés aux magasins à poudre); puis, le 2 janvier, à raison de l'expérience (plus approfondie, sans doute, à la suite du bombardement des forts de l'est, commencé le 27 décembre), de les porter à 3 mètres au moins (1).

À Montrouge et à Vanves, où les précautions relatives aux poudrières avaient été prises, à Vanves notamment où l'on put utiliser les bâtiments des anciennes poudrières et certaines poternes pour loger 750 hommes, la besogne fut relativement facile; on se laissa néanmoins surprendre par le bombardement. Mais au fort d'Issy, où rien n'avait été fait (nous en verrons plus tard les fâcheuses conséquences), ce fut bien une autre affaire: en comprenant les quatre poudrières, les casemates des ambulances, des vivres, des états-majors et des officiers, c'était du coup, rien que sur les deux fronts plus particulièrement exposés, fronts 2-3 et 3-4, vingt-quatre casemates à garnir du haut en bas sur 6 mètres de large, 4 mètres de haut et 3 mètres de profondeur, à raison d'environ 60 mètres cubes par casemate voûtée, c'est-à-dire 1.440 mètres cubes de terre à trouver dans un sol que la gelée rendait plus dur que la pierre et environ 72.000 sacs à remplir et à empiler (2).

Certes, à ce moment, la garnison au fort d'Issy était plus nombreuse que dans les deux autres forts, mais le 5ᵉ bataillon de mobiles devait incessamment partir et l'on ne l'utilisa pas.

Pour comble, on n'avait pas de sacs!! Dans les journées des 31 décembre et 1ᵉʳ janvier on en reçut 60.000; il aurait fallu se

---

(1) Archives d'Issy; génie, pièces 10 et 11.
(2) Les pieds-droits avaient 1 mètre de hauteur; le rayon de la voûte, 3 mètres. Ce qui donne 20 mètres cubes pour chaque mètre d'épaisseur; les sacs à terre vides avaient 0ᵐ,65 de long sur 0ᵐ,33 de large; pleins, ficelés, couchés et entassés, ils représentaient 0ᵐ,50 de long, 0ᵐ,25 de large et 0ᵐ,18 d'épaisseur, soit environ 0ᵐᶜ,020; il fallait donc 50 sacs pour chaque mètre cube.

hâter. Malheureusement, le colonel du génie, qui, pour rester à son poste, déployait une très grande mais inutile énergie, fut obligé de s'aliter ; on dut même le transporter d'urgence à l'hôpital. Il y eut des hésitations : les 3 et 4 janvier, les deux capitaines du génie eurent beau se multiplier, se surmener pour diriger 200, puis 250 ouvriers civils et une centaine de militaires travaillant un peu partout, dans les galeries de mine que l'on se décida à commencer, dans la tranchée de la cour intérieure que l'on commença également, dans les carrières aux environs du fort, dans les fossés près du pont-levis, pendant qu'une vingtaine de tombereaux amenaient les sacs aux casemates où chaque compagnie avait la tâche de les empiler, le 5 janvier, à 8 h. 1/4 du matin, quand la pluie d'obus commença à tomber, que les ouvriers civils, épouvantés, se furent enfuis eux et leurs tombereaux, il n'y avait réellement au fort que quatre casemates de garanties, les quatre poudrières, et encore, d'après l'esprit, sinon la lettre du dernier ordre, l'étaient-elles insuffisamment par une épaisseur de 2 mètres.

Dans la plupart des autres, à peine le travail était-il ébauché.

Aussi, dans les premiers jours, la garnison d'Issy eut-elle à supporter un effort surhumain : tout le monde, officiers, sous-officiers, caporaux, clairons et soldats, tous se mirent aussitôt à l'œuvre, travaillant jour et nuit à défoncer le sol des casemates pour trouver du sable non gelé, à piocher et à empiler.

Dans certaines casemates dépourvues de troupes, celles des ambulances, des vivres et même de l'état-major, pour se mettre plus rapidement à l'abri, on dut utiliser les sacs de farine, les sacs de riz et jusqu'aux caisses à biscuits et aux boîtes de conserves.

Mais comme, en même temps, les dégâts se multipliaient, jamais la garnison ne rattrapa le retard, jamais elle ne vit la fin des travaux qu'il eût été indispensable d'exécuter afin de lui faciliter la circulation en dehors des casemates et lui permettre de satisfaire, sans courir de trop grands dangers, aux obligations journalières et multipliées du service et de la vie.

II

L'attaque d'artillerie.

Situation au 4 janvier 1871. — L'attaque : Journée du 5 janvier ; péripéties de la lutte jusqu'à 2 heures de l'après-midi. — Bombardement de Paris : son inutilité ; son irrégularité ; causes de cette irrégularité. — Batteries qui y prirent part.

Dans la nuit du 2 au 3 janvier, l'ennemi mit la dernière main à ses préparatifs d'attaque : il pressa l'achèvement de ses batteries d'attaque secondaire situées à Chevilly, fit disparaître les divers écrans formés, soit par des rideaux d'arbres, soit par d'autres obstacles, qui jusque-là avaient dissimulé ses batteries aux regards de l'assiégé ; les arbres, déjà sciés au pied depuis quelque temps, furent abattus, diverses baraques démolies, la Tour-aux-Anglais détruite à la mine ; dans la nuit du 3 au 4, il ne lui restait plus guère qu'à répartir le matériel dans ses diverses batteries : pour éviter d'être contrarié dans cette opération délicate, il eut soin de faire porter des avant-postes jusqu'à Bellevue, Fleury et le bas Clamart.

Le 4 janvier au matin, 110 pièces étaient prêtes (98 dans les 17 batteries d'attaque principale et 12 dans les 2 batteries d'attaque secondaire (1). Le brouillard seul les empêcha de commencer le feu.

Depuis quelques jours, du reste, l'assiégé considérait le bombardement comme un événement auquel il fallait s'attendre : pendant les derniers jours de décembre, les trois forts n'avaient guère cessé de tirer sur les hauteurs de Châtillon,

(1) *Guerre franco-allemande*, 18ᵉ livraison, p. 1076.

le 3, la garnison du fort d'Issy, beaucoup trop nombreuse, avait été réduite par le départ du 5ᵉ bataillon au strict nécessaire; le lendemain, l'ordre avait été donné d'évacuer les casernes situées dans la cour et d'installer les troupes dans les casemates; le 4, il n'y avait plus de doute sur les intentions de l'ennemi dont l'attitude agressive s'était nettement accentuée du côté d'Issy : ce jour-là, en effet, le lieutenant Girard et ses éclaireurs du 4ᵉ bataillon purent constater que les Allemands, profitant du brouillard, s'étaient installés au Moulin-de-Pierre; le colonel Guichard, commandant le fort, aussitôt avisé, craignant que les Allemands n'eussent exécuté là quelques travaux d'approche, s'empressa d'envoyer l'ordre au commandant Delclos, commandant le 5ᵉ bataillon, cantonné depuis la veille à Vanves-Malakoff, de pousser de ce côté une forte reconnaissance.

Elle eut lieu le lendemain, 5 janvier, dès 7 heures du matin (1); aucun travail sérieux n'avait été encore exécuté; la redoute n'était occupée que par une quarantaine d'hommes qui s'enfuirent précipitamment; on put seulement remarquer, à quelques centaines de mètres en arrière, la présence de troupes assez nombreuses : c'était cinq compagnies de pionniers allemands qui n'attendaient que le moment de se mettre à l'œuvre.

Quelques instants après, sur le signal donné par la batterie 8 de Châtillon, le bombardement commença à la fois sur les trois forts de Montrouge, Vanves et Issy; il était 8 h. 1/4.

Les batteries du plateau de Châtillon, battant Vanves et Issy, furent cependant seules à obéir avec énergie au signal qui leur était ainsi donné, celles de Fontenay-aux-Roses et de Bagneux

---

(1) Archives d'Issy, *rapport Laisant*.

battant Montrouge, gênées par la brume qui régnait dans la vallée de la Bièvre, ne purent exécuter leur tir qu'avec une grande mollesse. Quant aux batteries de Meudon et de Breteuil, battant ou pouvant battre Issy, plus gênées sans doute par le brouillard plus persistant sur la Seine, elles n'entrèrent en action qu'à 11 heures.

De ce manque d'ensemble résulta tout d'abord pour la défense un avantage assez sensible : les trois forts, en concentrant leurs feux sur le plateau de Châtillon, sur lequel les batteries ennemies étaient fort resserrées leur firent éprouver d'assez sérieuses pertes ; à la batterie 8, notamment, qui s'était révélée la première, 2 officiers, sur 3 qui la commandaient, furent blessés ; les Hautes-Bruyères purent également diriger quelques coups sur Fontenay-aux-Roses.

Malheureusement, sur les 9 heures, une éclaircie relative se produisit sur les hauteurs de la vallée de la Bièvre et la situation se modifia rapidement, tout au moins de ce côté : les batteries de Chevilly intervinrent à leur tour et tirèrent sur la redoute, puis toutes les pièces des batteries lourdes du 6° corps purent successivement entrer en ligne ; les unes s'installèrent à l'Hàÿ, d'autres à Sceaux, Bourg-la-Reine et de là dirigèrent sur Montrouge, les Hautes-Bruyères et ses batteries environnantes un feu excessivement nourri.

Montrouge souffrit peu, mais la redoute des Hautes-Bruyères, dont les embrasures, très profondes, étaient très visibles, dut instantanément cesser son feu.

Du côté de la Seine, le fort d'Issy lutta de son mieux contre les batteries de Châtillon et du bois de Clamart, et cela malgré un déluge de projectiles qui, jusqu'à 10 h. 1/2, mit hors de combat une dizaine de ses artilleurs servants ; mais, sur les 11 heures, trois des quatre batteries de la terrasse de Meudon se démasquèrent contre lui.

Ce fort, attaqué à gauche par Châtillon, en face par Clamart, à droite par ces dernières batteries, fut à son tour dans l'impossibilité de tirer (1); « conformément aux ordres du général Guiod, commandant en chef l'artillerie, le matériel fut serré contre les talus pour le tenir prêt à résister à une attaque de vive force ».

A partir de midi, heure à laquelle les forts du Sud sont particulièrement éclairés, le feu de l'ennemi devint de plus en plus précis.

Les canonnières essayèrent bien d'intervenir, mais, battues par la batterie 2 de Meudon et la batterie 1 de Breteuil, et quoique secondées par les pièces marines du 6ᵉ secteur (Point-du-Jour), elles durent battre en retraite.

Quant aux 7ᵉ et 8ᵉ secteurs, bastions 68 à 77, qui commencèrent leur tir à 1 h. 1/2 en le répartissant un peu partout, ils n'obtinrent aucun résultat appréciable.

A 2 heures, le fort d'Issy était muet; il avait déjà reçu plus de 1.500 projectiles (2); une seule de ses pièces était cependant démontée; de ses 3 batteries annexes, 2 tiraient encore quelques coups très espacés : la gare de Clamart et le Parc. Le cimetière, pris d'écharpe par Meudon, ne tirait plus.

Le fort de Vanves, menacé de plus près par un tir moins violent, mais beaucoup plus précis (de midi à 4 heures il eut 9 pièces démontées), se bornait à lancer quelques bombes.

Ses 3 batteries annexes, qui avaient peu souffert (jusqu'à la fin elles resteront difficiles à atteindre), continuaient encore sur Châtillon un feu assez suivi.

Seul le fort de Montrouge, sur lequel les 2 batteries de Fontenay et la batterie de Bagneux n'étaient pas encore parvenues à régler leur tir avec précision, soutenait la lutte avec énergie.

Mais, la preuve en était faite, l'artillerie des forts n'avait pu

---

(1) Archives d'Issy, rapport *Huot*.
(2) Diverses correspondances de gardes mobiles fixent le minimum à 2.500 de 8 heures à minuit. Ce chiffre a du reste été probablement dépassé par la suite.

en rien contrarier la régularité du tir de l'assiégeant; complètement rassuré par ces premiers résultats, celui-ci se hâta de mettre à exécution le projet qu'il caressait depuis si longtemps : bombarder Paris !

A 2 heures précises, la batterie 8, par un feu de salve de trois pièces (1) annonça aux Parisiens ébahis que le bombardement était commencé.

Depuis que la première bombe est tombée sur une ville assiégée, blessant et tuant des gens inoffensifs, on a souvent discuté de l'admissibilité et de l'opportunité du bombardement comme moyen à employer à la guerre. Disons-en quelques mots. L'opportunité est une chose qui ne se juge qu'après, au moins la plupart du temps ; l'admissibilité peut seule être discutée : le bombardement est-il, oui ou non, admissible à la guerre ? Voilà la seule, la vraie question. Si l'on ne veut pas trop philosopher, il semble qu'elle est bien facile à résoudre.

La guerre, en elle-même, est une chose épouvantable ; à la guerre, on ne poursuit qu'un but : détruire son adversaire par tous les moyens possibles. Or, tout le monde le sait, ce n'est pas en faisant du sentiment que l'on obtiendra ce résultat ; donc, à la guerre, hors celui-là, tous les moyens sont bons et lorsqu'ils tendent au but recherché, c'est-à-dire à la destruction de l'adversaire, ils ne doivent exciter ni plus ni moins d'indignation que la guerre elle-même.

Reste à savoir si le bombardement est un moyen de destruction de l'adversaire ; un moyen direct, non ! puisqu'il ne frappe, en général, que des gens sans armes ; indirect, oui ! puisque, dans certaines circonstances données, il peut faciliter l'occupation d'une position stratégique qui elle-même pourra aider à cette destruction.

---

(1) Sarrepont, *Bombardement*, p. 156.

Lors donc qu'il y aura, pour l'assiégeant, nécessité stratégique de s'emparer d'une place, qu'il aura quelques raisons de croire (ses raisons seront d'autant meilleures que son artillerie sera plus puissante) qu'en bombardant cette place il en hâtera la capitulation, on pourra par la suite critiquer l'utilité de sa manœuvre, on ne pourra condamner son acte.

A Strasbourg, le bombardement fut terrifiant ; en cinq jours, la ville seule reçut 12.000 obus, c'est-à-dire, à 2.000 ou 3.000 près, tout autant qu'en 22 jours en reçut Paris et son enceinte ; dirigé contre ceux que les Allemands appelaient par avance « leurs frères d'Alsace », il était particulièrement inopportun ; il fut même complètement inutile, puisque le général Ulrich, son gouverneur, ne céda que devant l'imminence d'un assaut ; il s'explique cependant, et l'on doit l'absoudre en tant que mesure de guerre, car personne ne peut nier de quelle importance était, pour les Allemands, la possession de cette place au début de la guerre, ni sérieusement les blâmer d'avoir conçu quelques espérances sur l'efficacité du moyen employé.

Pour Paris, c'est autre chose : il n'y avait pour l'assiégeant d'autre urgence à s'emparer de la ville que celle qui résultait pour lui de sa propre impatience à terminer une guerre qui tirait à sa fin ; le jour où commença ce bombardement, la ville, faute de vivres (c'était l'évidence même), allait capituler ; les moyens dont il disposait pour agir sur une population aussi essentiellement chauvine que les Parisiens, sur une population de 2 millions d'habitants disséminés dans un véritable océan de maisons, étaient ridiculement insuffisants. De son avis même, il ne voulait « qu'inquiéter la ville », il ne pouvait songer à l'intimider.

Le bombardement de Paris ne s'explique donc pas ; ou plutôt ne s'explique que par un sentiment de basse rancune contre une nation qui depuis longtemps occupait la première place(1), sentiment impardonnable chez un vainqueur qui, en moins de trois mois, venait de la terrasser et pouvait sans danger se montrer plus clément.

Les Français pourront un jour pardonner, mais que l'on le sache bien, qu'aucune nation civilisée ne l'oublie, que les Allemands eux-mêmes s'en souviennent : le bombardement de Paris fut un crime, une lâcheté, un acte de pur vandalisme !

Aussi, dès que les premiers obus tombèrent sur la capitale, les Parisiens, plutôt que de croire à un bombardement, supposèrent-ils tout, même l'absurde : des erreurs de pointage, une crise subite de folie furieuse qui se serait emparée de quelque officier subalterne de l'artillerie ennemie !

Mais il fallut bientôt se rendre à l'évidence : jusqu'à 4 h. 1/2, 5 heures, les coups se succédèrent lentement, mais avec régularité.

A partir de ce moment, aux quelques pièces de 15 de la batterie 8 s'en joignirent d'autres dans la batterie 12 de Fontenay, dans les batteries 7, 10 de Châtillon, dans la batterie 3 de Meudon, puis 4 pièces de 12 dans la batterie 1 de Breteuil, d'autres encore, probablement dans la batterie 2 de Meudon, qui, à raison de leur proximité de l'enceinte, purent s'offrir cette petite satisfaction.

C'était « le service de nuit » qui commençait, on tirait alors à toute volée sur Paris, « ce but difficile à manquer », comme dit, avec un esprit quelque peu teinté de houblon, le lieutenant

---

(1) Voir à cet égard Alfred Duquet, p. 32, note(1) : « Vous ne pouvez vous imaginer avec quelle joie nos soldats ont salué le bombardement, contentement général jusqu'aux soldats du train. » (Mémoires du général feld-maréchal de Roon, janvier.)

« Les Berlinois ont la folie du bombardement..... mon père reçoit une lettre de félicitations de Berlin parce que nous avons commencé le bombardement. » (La Tagebuch, Mémoires authentiques de Frédéric III, 10 janvier.)

hessois de la batterie de Breteuil, peu partisan du reste de ce genre de tir, qu'il jugeait inutile (1).

Bref, tout le monde s'attela plus ou moins à la lugubre besogne et cela sans règle bien précise : du 7 au 8, il tomba ainsi (les résultats antérieurs ne sont pas connus) 300 projectiles environ sur la capitale; mais, du 8 au 9, ce résultat s'éleva brusquement à 900.

C'était la batterie 18 qui ouvrait son feu et, comme les autres, sans doute, n'avaient pas reçu contre-ordre, elles continuaient leur petit exercice ordinaire.

Cette consommation parut probablement excessive et, comme les obus de 15 étaient particulièrement utilisables pour ce genre de tir, qu'il fallait en réserver un grand nombre pour soutenir le duel d'artillerie, que les arrivages journaliers étaient nécessairement limités, il fallut forcément la réduire : à partir du 10 janvier jusqu'au 16, le chiffre des obus tombés journellement sur la capitale oscilla entre 237 et 500.

A partir de cette date, les Allemands durent encore réduire ce chiffre pour répondre à l'artillerie de l'enceinte dont l'intervention devint de plus en plus décisive; le bombardement fut même à peu près nul, sauf à quatre reprises, notamment du 25 au 26 où il atteignit 137 et peut être du 26 au 27 où, jusqu'à minuit, le bombardement fut plus particulièrement vif ; c'était l'heure de l'armistice : les Allemands n'avaient plus à compter.

Voici comment ils procédaient :

Concurremment au duel d'artillerie, dit l'état-major allemand, et nonobstant le feu très vif de l'enceinte, une partie des pièces étaient employées à inquiéter la ville; avec un angle de 30° (on appuyait la pièce sur l'écrou retourné de la vis de pointage), la charge était de 3 kilos, réduite, à la suite de détériorations, à 2 k. 250 ; on obtenait

---

(1) Rathyen.

ainsi des portées de 7.500 à 8.000 mètres et même au delà : Pont Saint-Michel, pont Notre-Dame, Champ-de-Mars, Jardin des Plantes, Ile Saint-Louis.

Dans les premiers jours, les Allemands envoyèrent sur la capitale des obus incendiaires, mais les maisons de Paris, construites en pierre et en fer, se montrèrent très rebelles au traitement; dans les journées des 8 et 9 janvier il y eut bien, il est vrai, douze commencements d'incendies, mais tous, sans exception, furent éteints avec quelques seaux d'eau (1) ; de plus, les projectiles employés à cet usage donnèrent lieu fréquemment à des éclatements prématurés (10 p. 100) (2), c'était autant de perdu pour la ville; aussi les Allemands, gens pratiques, s'empressèrent-ils, à partir du 11 janvier, de renoncer à ce genre de tir et n'envoyèrent plus par la suite, au moins sur la capitale, que des obus ordinaires.

Les batteries qui bombardèrent plus particulièrement Paris furent la batterie 1, de Breteuil ; la batterie 3, de Meudon.

Situées à gauche, elles durent se charger des quartiers de Vaugirard, Grenelle, Champ-de-Mars, etc., avec le puits artésien et le dôme des Invalides comme points de repère.

Les batteries 8, 10, 12, situées à droite, durent bombarder Montrouge, le cimetière Montparnasse et environs, les quartiers avoisinant l'Observatoire, le Panthéon ; leur principal centre de direction paraît avoir été Notre-Dame, dont toutes trois étaient également distantes d'environ 8 kilomètres.

A partir des 10 et 11 janvier, ce furent les batteries 8 et 18 qui conservèrent plus particulièrement ce rôle jusqu'à la fin

---

(1) Sur 53 incendies officiellement constatés pendant les vingt-deux jours de bombardement, il n'y en a guère que trois qui méritent ce nom : 1° du 9 au 10, un chantier de bois à Choisy ; 2° du 17 au 18, un magasin de spiritueux à l'entrepôt ; 3° du 24 au 25, une fabrique de papier, rue de la Glacière. (Sarrepont, *Bombardement*, p. 277 et suivantes.)

(2) Heyde et Frœsse.

(les batteries 10 et 12 cessèrent en effet leurs feux à ces dates).

La batterie 18, située à l'ouest de Bagneux, était du reste fort avantageusement placée pour les remplacer ; elle s'était, en effet, rapprochée de plus de 700 mètres de Notre-Dame, dont elle n'était plus distante que de 7.350 mètres.

Ce monument ne fut cependant pas atteint, mais il ne faut pas en savoir gré aux Allemands ; les nombreuses détériorations résultant d'une charge de poudre excessive s'étaient sans doute déjà révélées, leur système de fermeture de culasse était trop faible pour supporter pareil effort, il leur fallut réduire leur charge à 2 k. 250, c'est-à-dire un peu au-dessous de la charge maxima normale admise jusque-là et calmer d'autant leur première ardeur.

La portée de 7.500 ne fut, par la suite, jamais dépassée ; nous devons cependant signaler que le pont Notre-Dame fut atteint du 15 au 16 janvier. Si l'on admet que ce coup constate une portée de 8 kilomètres, il faut nécessairement l'attribuer à la batterie 8. Nous croyons qu'il ne constate qu'une portée de 7.300 et qu'il faut l'attribuer à la batterie 18, aussi bien que le coup constaté du 16 au 17 boulevard Bourdon, à l'intersection du boulevard Henri IV, aux environs de la place de la Bastille. Une portée de 8 kilomètres pour la batterie 18 aurait dépassé de plus de 100 mètres la façade des maisons formant au sud la place de l'Hôtel-de-Ville et certainement atteint la rue du Temple.

L'état-major allemand, un correspondant militaire du *Times* qui a évidemment pris des renseignements sur place, ne reconnaissent comme batteries ayant bombardé la ville que les batteries 8 et 18 (1) ; il n'y a cependant aucun doute sur le

---

(1) L'article du journal anglais a été reproduit par le *Paris-Journal* du 16 mars 1871 et par Sarrepont, *Bombardement*, p. 136.

rôle plus ou moins accessoire de celles que nous venons de citer; les journaux des forts de Montrouge et d'Issy, les rapports militaires de Paris, la relation allemande des opérations de la batterie 1 de Breteuil sont sur ce point très affirmatifs.

En revanche, le génie allemand y ajoute la batterie 19, dite des chalets de Fleury, dont nous aurons tout à l'heure à parler.

Nous croyons que cette batterie (et ici nous restons d'accord avec l'état-major) dut se borner à tirer sur le fort d'Issy et sur l'enceinte; dans la journée, à partir des 16 et 17 janvier surtout, elle fut trop inquiétée par cette enceinte; la nuit, trop occupée à réparer les dégâts de la journée, pour avoir le loisir de bombarder la ville d'une façon suivie.

Du reste, son utilité à ce point de vue échappe complètement : sans doute, en se rapprochant d'Issy, elle se rapprochait de l'enceinte, mais elle s'éloignait aussi de Notre-Dame à 8.800 mètres; de plus, tous les coups relevés sur Paris, dans les quartiers correspondant à son champ d'action, peuvent facilement être attribués avec une portée de 7.500 mètres aux seules batteries 8 et 18; enfin les batteries 1, de Breteuil, et 3, de Meudon, avec leurs pièces de 15, auraient facilement atteint et même dépassé le Trocadéro; si elles ne le firent pas, c'est que les Allemands jugèrent inutile de jeter leurs obus sur des quartiers alors inhabités.

Le mouvement en avant prononcé par les batteries de siège, dont nous allons parler plus en détail, qui s'exécuta à partir du 10 et qui, en les rapprochant de l'enceinte, les exposa de plus en plus aux coups de l'artillerie de cette enceinte, sans leur procurer d'avantage immédiat pour le bombardement tel que l'entendaient les Allemands, ne s'explique donc dès maintenant que par la ferme volonté où ils étaient de menacer de plus près Vanves et Issy, afin de s'emparer de ces deux forts ou de l'un d'eux, et de là bombarder la capitale sur une plus grande étendue.

La suite des faits nous apprendra que c'est sur le fort d'Issy qu'allait être dirigée la principale attaque.

III

Premier mouvement en avant contre les trois forts.

Le fort d'Issy comme position de bombardement; plan d'attaque. — Précautions prises par l'ennemi dans la nuit du 5 au 6 janvier. — Premier mouvement dirigé contre les trois forts : les batteries 18, 19 et 20. — L'ennemi s'installe au Moulin-de-Pierre; les torpilles. — Journée du 6 janvier. — Nuit du 9 au 10 : coup de main contre le Moulin-de-Pierre.

Le fort d'Issy, placé à 2 kilomètres du Point-du-Jour, le dominant d'une hauteur de plus de 50 mètres, était, pour bombarder Paris, une position de premier ordre; en 1870, quelques sévères critiques affirmaient même, sans rire, que le « bon roi Louis-Philippe » l'avait construit tout exprès : de là, à la portée de 7.500 mètres, on pouvait jeter des obus jusqu'à la gare Saint-Lazare et, avec les portées extrêmes constatées plus haut, atteindre la ligne des grands boulevards, au delà de la place de la Bourse.

Maîtres de cette position, les Allemands pouvaient en outre, à l'aide de leurs batteries de Breteuil, entourer la sorte d'éperon formée par le Point-du-Jour d'un cercle de feux très redoutables.

Pour attaquer ce fort et le battre en brèche, l'idéal eût été d'installer tout de suite au Moulin-de-Pierre, c'est-à-dire à 1,100 mètres de ce fort, quelques-unes de ces fameuses pièces de 15 court, « d'une précision merveilleuse aux moyennes distances », et qui, à Strasbourg, à 850 mètres, en trois jours, avaient ouvert dans les murs d'enceinte de cette ville une brèche de 25 mètres de large; mais c'eût été aller bien vite en besogne : cette position était prise d'écharpe par le fort de Vanves ; ce fort était, il est vrai, très menacé, mais ses batteries annexes, dans la journée écoulée du 5 janvier, s'étaient montrées très vaillantes; d'un autre côté, et quoique ce jour-là (c'est l'opinion du génie allemand), à 2 heures de l'après-midi, « les assiégeants eussent déjà la certitude d'éteindre le feu des forts », ils étaient bien forcés de reconnaître que l'expérience faite contre Montrouge n'était pas très concluante; enfin, en se rapprochant d'Issy, et en supposant même qu'ils pussent faire abstraction complète de ce fort, qu'ils avaient en effet facilement accablé, ils se rapprochaient aussi de l'enceinte, dont l'intervention devait devenir plus dangereuse.

Les assiégeants renoncèrent donc à construire immédiatement une batterie au Moulin-de-Pierre, mais comme la position était bonne et qu'ils comptaient bien l'utiliser à un moment donné, ils se hâtèrent, à la nuit tombante, d'en prendre possession et de s'y fortifier.

Le plan d'attaque à diriger contre les forts avait du reste été arrêté d'avance par des reconnaissances antérieures faites sur le terrain ; aussi, les trois batteries nécessaires au premier mouvement en avant de l'ennemi, que nous allons constater, allaient-elles être exécutées presque en même temps; ce plan consista surtout, comme nous le verrons par la suite, à empêcher, autant que possible, les trois forts de se prêter un secours mutuel, et particulièrement à empêcher Vanves de prêter son concours à Issy, afin d'être plus à l'aise pour attaquer ce dernier.

Dans la nuit du 5 au 6, l'ennemi prit d'abord les mesures immédiates jugées nécessaires pour renforcer son aile gauche dans sa lutte à soutenir avec l'enceinte et le Point-du-Jour, et en même temps les précautions que pouvait justifier dans un avenir prochain le duel engagé à l'aile droite avec l'artillerie de Montrouge : les pièces de 12, dont la batterie 1, de Breteuil (1), et la batterie 2, de Meudon, étaient exclusivement armées, jugées trop faibles pour lutter contre les pièces de 16 marine de l'artillerie française, furent remplacées : à Breteuil, 3 pièces de 15 furent amenées du parc de la Villa-Coublay ; de même la batterie 2, de Meudon, troqua 4 de ses pièces de 12 contre autant de pièces de 15, qu'elle emprunta à ses deux voisines n° 3 et n° 4, dirigées sur Issy, qui restait encore très suffisamment menacé.

Les deux batteries de Chevilly, 01 et 02, de l'attaque secondaire, étaient au contraire trop fortement armées pour le rôle qu'elles avaient à remplir contre les Hautes-Bruyères ; sur 12 des pièces qui tiraient sur cette redoute, on pouvait facilement en distraire 4 et renforcer d'autant l'attaque dirigée contre Montrouge, en le menaçant au sud.

En conséquence, l'assiégeant commença à fortifier les épaulements à l'Häy, qui n'avaient servi qu'à abriter des pièces de campagne ; ce sera la batterie 03 de l'attaque secondaire ; armée le 9 janvier, elle n'ouvrira son feu que le 11.

Pour pousser contre les forts son attaque proprement dite, l'assiégeant continua la construction de la batterie 18, commencée la veille et commença en même temps celle des batteries 19 et 20.

La batterie 18, armée de six pièces de 15, à l'ouest de Bagneux, pour menacer Montrouge un peu plus à l'ouest que ne pouvait le faire la batterie 12, en tous cas, plus puissamment et de plus près que ne le faisait la batterie 11, simplement armée de pièces de 12, et cela dans le but de paralyser le tir du

---

(1) Rathyen.

front 3-4 de ce fort, plus particulièrement dirigé sur celles des batteries de Châtillon qui menaçaient Vanves. (Batteries 8, 9, 10.)

La batterie 20, également armée de pièces de 15, près de la grille du bois de Clamart, s'éloignant, il est vrai, à 2.500 mètres de Vanves, mais échappant aux vues de Montrouge et contournant à l'ouest le front 3-4 de Vanves, seul front pouvant utilement s'opposer à toute attaque rapprochée dirigée sur Issy.

Enfin, la batterie 19, la vraie batterie d'attaque, placée aux chalets de Fleury, visant la courtine 2-3 du fort d'Issy à la distance de 1.575 mètres, armée de 4 pièces de 15 court et de 4 pièces de 15 long : les 4 premières pour battre en brèche sa courtine, dont elle voyait nettement l'escarpe sur 1/5 de sa hauteur, les 4 autres pour combattre l'enceinte à 3.600 et à 4.000 mètres, et joindre leurs feux aux batteries de Breteuil et de Meudon.

Les batteries 18, 19, 20, allaient successivement ouvrir leurs feux les 8, 10 et 11 janvier, et les précautions prises par l'assiégeant pour dissimuler les travaux entrepris à leur occasion furent telles que l'assiégé ne découvrit ces batteries qu'au fur et à mesure qu'elles se démasquèrent.

Au fort d'Issy, le 5 janvier, vers les 6 heures du soir, on entendit tout à coup, dans la direction du Moulin-de-Pierre, un grand bruit paraissant occasionné par des pioches frappant la terre; il faisait un froid terrible (15° à 18°), et chaque coup de pioche résonnait comme sur de la pierre : c'étaient cinq compagnies de pionniers allemands qui se mettaient à l'œuvre (1).

Dès le début du siège, par les soins de la marine, des fourneaux de mine avaient été installés dans diverses positions environnant les forts et reliés à ceux-ci par des fils électri-

---

(1) *Guerre franco-allemande*, p. 1076.

ques (les marins appelaient cela des torpilles de terre) : le Moulin-de-Pierre était dans ce cas.

Dans la soirée, dès que le colonel Guichard crut le moment propice, il donna l'ordre de les faire sauter (1); l'effet en eût été terrible; malheureusement, la mèche était éventée : le 20 septembre (2), au lendemain de la bataille de Châtillon, le lieutenant-colonel Brunon, commandant du fort de Vanves, trop impatient d'une petite vengeance, en avait fait sauter une sur la butte de Châtillon; cette fois rien ne sauta.

Il n'y avait pas de doute : les Allemands, profitant de leur courte occupation de la veille avaient coupé le fil, car, à cette date, le courant passait encore.

Leur intention de s'installer au Moulin-de-Pierre étant dès lors évidente, dans la nuit même, le commandant d'Issy télégraphia au commandant de Vanves en le priant de faire tirer sur cette position; celui-ci lui répondit qu'il ne pouvait le faire « qu'avec un canon et une mitrailleuse », c'était peu ! De son côté, l'artillerie d'Issy fit ce qu'elle put avec quelques mortiers de 27. Peine inutile ! Le lendemain, la redoute était retournée et une longue tranchée, qui devait la contourner au nord, et la relier à Fleury, était déjà commencée.

La nuit s'acheva, pour les forts, à réparer les dégâts éprouvés dans la journée; depuis 6 heures du soir, le feu de l'ennemi s'était beaucoup ralenti (à partir de ce jour, sa plus grande violence sera, en général, de 8 heures à 10 heures du matin et de midi à 4 heures du soir); on se hâta de profiter du répit que laissait l'ennemi.

Au fort d'Issy, il n'y eut pas moins de 250 travailleurs de nuit qui se répartirent dans les parties des fossés les plus abritées pour remplir des sacs à terre, sans compter ceux qui,

---

(1) Archives d'Issy : *Journal du génie*, 5 janvier.
(2) Brunon, à la date du 20 septembre.

dans chaque casemate, se relevaient, par escouade, pour les empiler contre les murs intérieurs, parmi lesquels figuraient 230 hommes qui, toute la journée, avaient travaillé aux galeries de mine, aux casemates des ambulances, des états-majors, des vivres, etc.; sans compter les artilleurs employés à réparer les brèches des embrasures et les légères avaries éprouvées par le matériel d'artillerie; sans compter une vingtaine de sapeurs qui furent employés un peu partout.

Le lendemain, 6 janvier, le commandant d'Issy se crut assez fort pour commencer la lutte : sa grande préoccupation était naturellement le Moulin-de-Pierre.

Comptant surprendre l'ennemi, dès la pointe du jour il commença le feu sur cette redoute avec toutes ses pièces disponibles. Mais, dès 7 heures du matin, le feu de l'ennemi reprit avec la même violence que la veille; le fort essaya de résister en prenant à partie une des batteries de Châtillon avec l'aide de ses deux batteries de la gare de Clamart et du cimetière, ayant toutes deux vue sur ce point; mais la batterie du cimetière, prise d'écharpe par Meudon, fut instantanément réduite au silence; la batterie de la gare, aux prises avec la batterie de Châtillon, lutta quelque temps — le parc, qui n'avait guère à lutter que contre Meudon, résista un peu plus — mais rien ne put empêcher l'ennemi de concentrer sur le fort le feu formidable de la batterie 1 de Breteuil, des batteries 3, 4 et 16 de la terrasse de Meudon, auxquelles se joignit tout à coup une batterie de 6 ou 8 pièces de campagne qui vint s'établir en avant de la façade du château, de la batterie 5 de Clamart, des trois batteries 7, 17 et 13 de Châtillon et d'y ajouter encore quelques pièces de campagne (1).

Pendant ce temps, sur Vanves, le bombardement prit une

---

(1) Archives d'Issy, *Journal du génie*, 6 janvier : « On estime à 8 le nombre des batteries dirigés sur le fort d'Issy. »

telle violence que, non seulement ce fort ne put en rien secourir son voisin, mais qu'il alla même jusqu'à lui demander de lui venir en aide.

Heureusement, Montrouge, moins menacé (1) (de midi à 4 heures il ne reçut que 500 projectiles), put lui prêter son concours en réduisant momentanément au silence la batterie 10 de Châtillon; pour obtenir ce résultat et assurer sa propre défense il avait consommé 620 projectiles.

A 8 heures environ du matin, le fort d'Issy ne tirait plus, ses batteries annexes étaient muettes; le fort avait tiré 50 coups, la batterie du cimetière 2, la batterie du parc 20, la batterie de la gare 10 seulement et trois de ses pièces étaient atteintes (2).

Ce fort dut, ce jour-là, renoncer à toute idée de soutenir un duel isolé avec l'artillerie ennemie; il ne tirera plus de façon suivie qu'avec le concours assuré de Vanves, soit pour aider ce fort, soit qu'il fût sûr d'être aidé par lui, soit enfin qu'il voulût se joindre aux feux de l'enceinte; en dehors de ces circonstances, et à raison des dangers que présentait pour lui le tir de plein fouet, il ne fera usage, la plupart du temps, que du tir plongeant, soit avec ses mortiers de 27, soit avec quelques pièces disposées à cet effet et dont on avait masqué les embrasures (3), afin d'offrir à l'ennemi un point de mire moins précis.

Son rôle devint pour ainsi dire purement défensif et consista surtout à préserver son matériel et à le tenir prêt à servir à tout événement.

Le service régulier de l'artillerie sur les bastions consista

---

(1) La Roncière, Montrouge, 6 janvier.
(2) Ces renseignements sont extraits des minutes des rapports journaliers adressés au commandant d'artillerie Huot, par le capitaine de l'Estourbeillon et le lieutenant Batréau.
(3) Archives d'Issy, *rapport Huot*.

plus particulièrement à réparer ses dégâts de la journée, à surveiller ce qui se passait au dehors et surtout, avec une ponctualité qui évita bien des accidents, notamment pendant les heures de travail ou de corvée obligatoire, à avertir la garnison du fort des batteries ennemies qui tiraient, par des cris indiquant les trois directions principales : gare Meudon ! gare Châtillon ! gare Clamart !

L'artillerie de Vanves et d'Issy n'ayant pu empêcher l'ennemi d'occuper le Moulin-de-Pierre, il fallait chercher d'autres moyens ; c'est dans ces conditions que, de son initiative, le général Corréard, commandant la 1re division du corps d'armée de la rive gauche (général en chef Blanchard), qui occupait les positions entre Montrouge et la Seine, crut devoir diriger contre cette redoute une expédition destinée à détruire les travaux ennemis ; peut-être aurait-il mieux fait d'attendre qu'elle fût armée, afin de détruire en même temps le matériel, mais il savait la position faiblement occupée et il y avait lieu de craindre que pareille occasion ne se représentât pas à l'avenir.

Aussitôt prise, la décision fut exécutée. Prévenu dans la journée du 9, le contre-amiral Pothuau, dont le quartier général était à Bicêtre, mit immédiatement à la disposition du général Corréard deux compagnies de fusiliers marins, cantonnées à Vitry-sur-Seine et commandées par les lieutenants de vaisseau Gervais et Roustan.

Dans la nuit du 9 au 10, tout était organisé ; à 1 heure du matin, il ne manquait que des outils : 120 pelles et 120 pioches furent empruntées au fort d'Issy et confiées à 300 travailleurs appartenant au 101e et au 41e bataillon de la garde nationale, sous la direction du capitaine du génie de Saint-Vincent, récemment attaché au fort d'Issy.

La colonne, commandée par le colonel Porion, de la 1re brigade, se composait des 300 fusiliers marins, de gardiens de la paix, de mobiles du 5e bataillon de la Seine et des 3e et 5e bataillons de la Somme, environ 1.200 hommes plus les travailleurs ; la concentration se fit avec la plus grande rapidité, tout le monde fut exact au rendez-vous.

Sur les 3 heures du matin, on partit de la gare de Clamart ; les mobiles de la Somme longèrent la tranchée du chemin de fer, les gardiens de la paix et le 5e bataillon de la Seine, commandés par le commandant Delclos, se dirigèrent par la grande rue, dispersèrent successivement les petits postes ennemis qui l'occupaient et s'installèrent derrière les barricades abandonnées.

Le lieutenant Gervais, à la tête des marins, suivis des travailleurs, par un mouvement offensif très rapide tourna la redoute par la route de Clamart à Fleury et la cerna complètement ; elle était occupée par un peloton de 20 à 25 hommes de la 8e compagnie du 6e régiment bavarois, commandé par le lieutenant Wesphal ; en un clin d'œil la petite troupe, écrasée dans un cercle de baïonnettes, fut obligée de se rendre ; à peine dans l'affaire avait-on tiré dix coups de fusil ; quant aux marins, ils n'avaient pas usé une seule cartouche.

On se mit immédiatement à l'œuvre ; malheureusement un certain nombre de travailleurs du 101e (1) (les futurs héros du 22 janvier) avaient déjà disparu ; malgré cette regrettable défection et grâce à ceux qui restaient, grâce surtout au 41e bataillon, d'ancienne formation et animé du meilleur esprit, on put néanmoins détruire environ 200 mètres de gabionnage.

Le résultat pratique était peu important ; ce hardi coup de main fut néanmoins un réel succès ; les garnisons de Vanves et d'Issy surtout s'empressèrent de l'enregistrer comme

---

(1) Brigade Porion, pages 15 et suivantes. Ce fut ce bataillon qui, le 22 janvier, voulut s'emparer de l'Hôtel-de-Ville.

l'heureux présage d'un meilleur avenir et cela au moment même où elles allaient avoir le plus à souffrir.

L'expédition elle-même ne reçut cependant pas l'approbation du général gouverneur : celui-ci lui reprochait d'avoir donné inutilement l'éveil à l'ennemi ; mais, par une étrange contradiction, alors qu'elle allait devenir plus hasardeuse sans être plus nécessaire, deux jours après, il ordonnait de la recommencer.

IV

Attaque d'artillerie contre Vanves et Issy.

Distribution, au 10 janvier, des batteries ennemies contre les trois forts. — Attaque des 10 et 11 janvier contre Vanves et Issy. — Nuit du 13 au 14 janvier : Nouvelle expédition au Moulin-de-Pierre. — Tir en brèche contre Issy. — Les deux poudrières menacées. — Déménagement précipité.

Le 10 janvier au matin, jour où l'ennemi se décida à démasquer son attaque contre les forts de Vanves et d'Issy, voici comment se répartissaient, sur les trois forts du sud et sur les Hautes-Bruyères, les diverses batteries ennemies : 2 pouvaient tirer sur la redoute, les batteries 01 et 02 de Chevilly de l'attaque secondaire ; 8 sur Montrouge : 4 de l'attaque principale, les batteries 11, 12, 15 et 18 ; la batterie 12 allait désarmer le lendemain ; la batterie 03 de l'Häy était armée mais ne tirait pas encore ; enfin trois batteries de pièces de campagne installées à Sceaux-Bourg-la-Reine.

4 sur Vanves, les batteries 8, 9, 10 et 14 ; la batterie 6 avait désarmé la veille ; la batterie 10, très gênée par le tir de Montrouge, allait désarmer le soir même.

6 contre Issy, les batteries 1, 16, 3, 5, 7 et 13 ; la batterie 4 avait désarmé, sans doute pour contribuer à l'armement de la batterie 19.

Enfin, une sur les batteries intermédiaires de Vanves et d'Issy, la batterie 17.

Depuis la veille, 9 janvier, le feu de l'ennemi s'était assez sérieusement ralenti, surtout sur Vanves qui, dans cette journée-là, n'avait reçu que quelques projectiles de gros calibre, à raison de un par quart d'heure. L'ennemi se recueillait sans doute pour achever plus à l'aise les batteries 19 et 20, qui jusque-là étaient restées invisibles et que personne n'inquiétait.

Le petit succès remporté au Moulin-de-Pierre, en lui prouvant que l'assiégé veillait, sembla avoir été comme un coup de fouet qui le réveilla : il comprit son imprudence, donna immédiatement des ordres pour que la redoute fût plus sérieusement occupée à l'avenir, et du même coup se décida à précipiter l'attaque.

Le 10 janvier, dès 11 heures du matin, le feu des batteries ennemies se déchaîna avec violence sur la batterie à crémaillère, à droite de Vanves; de midi à 3 heures il se généralisa et devint bientôt extrêmement violent sur le fort et ses trois batteries annexes.

Au fort d'Issy, on ne tarda pas à avoir l'explication de cette brusque reprise : à midi et demi, deux batteries de campagne de six pièces chacune vinrent s'établirent au bas de la côte de Fleury, entre le grand et le petit Chalet, à 1.600 mètres de ce dernier fort, et engagèrent immédiatement la lutte avec lui.

Celui-ci, ne pouvant compter sur Vanves qu'il voyait très menacé ni sur sa batterie de la gare qui ne voyait pas ce point, essaya malgré tout de riposter avec une mitrailleuse et quelques pièces ayant vue, mais au bout de quelques instants il fut complètement paralysé par le feu concentrique de toutes les batteries ennemies et ne put s'opposer en rien aux travaux de l'ennemi, ni à la construction d'une tranchée qui, à 4 heures de l'après-midi, couvrait complètement les travailleurs ennemis.

Seuls le Point-du-Jour et le Mont-Valérien purent lui venir en aide en battant Breteuil.

Le lendemain 11, les 2 batteries de siège 19 et 20, armées l'une de 4 canons de 15 longs et 4 canons de 15 courts, l'autre de 6 canons de 15 longs, étaient prêtes, la première à battre en brèche le fort d'Issy, la deuxième à démonter l'artillerie de Vanves sur son front 3-4, c'est-à-dire sur le front qui mettait le plus en péril les positions du Moulin-de-Pierre.

Dès 8 heures du matin elles ouvrirent simultanément contre les deux forts, en même temps que les autres batteries, un feu terrible qui ne prit fin qu'à 5 heures.

Ce fut pour les deux forts une de leurs plus pénibles journées; la batterie de la grille du bois de Clamart, n° 20, surtout, causa de grands dommages au matériel de Vanves.

Pour venir à son aide, Montrouge dirigea ses efforts vers les batteries de Châtillon qui (1) « furent très tourmentées par son feu », mais il ne put rien faire contre la batterie 20 qu'il ne voyait pas.

Le fort d'Issy était, il est vrai, assez rapproché (1.600), mais lui-même n'était plus qu'une cible. Sur quatre de ses casernes, deux étaient en flammes, sans que l'on pût, faute d'eau, songer à les sauver; c'eût été du reste bien inutile. Sa courtine 2-3 était hachée; les casemates 2 et 17 de ce front étaient percées et les sacs à terre à découvert.

Pour le secourir, le 6ᵉ secteur qui, comme d'habitude, bombardait Breteuil et Meudon, et qui voyait parfaitement la nouvelle batterie 19, n'aurait pas demandé mieux que d'augmenter son concours en tirant sur elle, mais précisément il avait reçu l'ordre de ménager ses munitions (2).

Les 7ᵉ et 8ᵉ secteurs (bastions 70 à 77) prirent également

---

(1) Heyde et Frœsse.
(2) La Roncière, p. 316.

part à la bataille, mais tout comme Montrouge ils concentrèrent surtout leurs feux sur les batteries de Châtillon.

Utilisant ces diverses circonstances, l'ennemi avait rapidement poussé une tranchée qui, partant du Moulin-de-Pierre, reliait cette redoute à ses postes avancés de Clamart et de Fleury, à la batterie elle-même et allait peu à peu arriver à 200 mètres environ de la tranchée du chemin de fer, qui elle-même, très encaissée, passait à environ 100 mètres du saillant du bastion 2.

L'intention de l'ennemi paraissant évidente, le colonel Guichard demanda un renfort de mitrailleuses que l'on lui envoya le soir même et se mit immédiatement en mesure d'assurer le ravitaillement en mitraille des pièces qui défendaient les fossés et les abords du fort.

La nuit même, près de la gare de Clamart, on commença une batterie destinée à recevoir 6 mortiers de 32, pour contrebattre le Moulin-de-Pierre, dans le cas, qui ne pouvait faire doute, où l'ennemi y établirait une batterie; malheureusement, là encore on se laissera devancer par l'ennemi.

Cependant, le jour était arrivé qu'avait prévu le général Trochu pour diriger sur cette position une nouvelle expédition.

Le 13 janvier, à 9 heures du matin, il réitéra au général Vinoy, commandant la 3ᵉ armée, l'ordre à lui précédemment donné et qui, la veille, avait fait de la part de ce général l'objet de quelques objections.

Le but de l'expédition consistait à détruire complètement les travaux de l'ennemi, à enclouer et à briser « les pièces qu'il pourrait avoir établies » dans la redoute (1).

Le général Javain, du génie, était chargé « en personne » de diriger cette partie de l'opération.

---

(1) Vinoy, aux appendices, pièces LXXIII et LXXIV.

L'entreprise devait être aussi plus solidement « constituée » que la précédente, enfin l'heure du départ était indiquée comme devant avoir lieu, non à 3 heures du matin, mais autant que possible entre 8 et 9 heures du soir, « afin que les hommes fussent plus reposés et pussent rentrer plus tôt à leurs stationnements respectifs ».

6 ou 7.000 hommes prirent part à l'expédition; parmi eux figuraient 2 ou 3 compagnies de gardiens de la paix, 4 ou 5 compagnies du 5ᵉ bataillon de la Seine, 2 bataillons de la Somme de la brigade Porion, 2 ou 3 bataillons de l'Ain et de la Vienne de la brigade d'André, 4 ou 500 marins de la brigade Salmon, enfin, sur le désir formel exprimé par le général Trochu, 2 ou 3 bataillons de la garde nationale mobilisée, plus ou moins au complet.

Le plan adopté par le général Blanchard, commandant la reconnaissance, différait peu de celui qui avait si bien réussi dans la nuit du 9 au 10 : le point de concentration était le même, la gare de Clamart; les troupes devaient former trois colonnes; la première composée de gardiens de la paix et du 5ᵉ bataillon de la Seine, auxquels devait s'adjoindre un bataillon de gardes nationaux, était chargée de remonter la grande rue et d'occuper le village; la deuxième, composée des bataillons de la Somme et d'une partie de la brigade d'André, avait mission d'occuper le terrain en avant de la ligne du chemin de fer; enfin la colonne d'attaque proprement dite était, comme la première fois, composée par les marins, appuyés par un bataillon de gardes mobiles et suivis des travailleurs.

Seulement, la première fois, le départ des têtes de colonne s'était effectué simultanément, et dans la nuit du 13 au 14, à raison du plus grand nombre de troupes engagées, il ne pou-

---

(1) Vinoy, aux appendices, pièces LXXIII et LXXIV.

vait avoir lieu que successivement; cette disposition présentait dès l'abord un sérieux inconvénient qu'il eût été facile d'éviter.

La concentration de toutes ces troupes, composées d'éléments si divers, se fit, en outre, avec une lenteur inconcevable, et il semble que l'exemple soit parti de haut, car les généraux Blanchard et Corréard eux-mêmes, qui commandaient l'expédition, ne furent convoqués au quartier général du général Vinoy que pour 9 heures.

Les premiers arrivants, suivant l'ordre, commencèrent à se masser à 8 heures; les derniers, les bataillons de la brigade du capitaine de frégate d'André, prévenus sans doute trop tard, inutilement chargés de deux jours de vivres, n'arrivèrent qu'à 11 h. 3/4, sacs au dos, après une étape précipitée de 6 kilomètres, éreintés et moulus.

La température était, cette nuit-là encore, extrêmement rigoureuse (le dégel ne se manifesta que le surlendemain, 15 janvier); ce fut donc, pour la plupart des hommes, deux ou trois heures de cruelle attente pendant lesquelles il leur fut absolument impossible de conserver l'immobilité qu'il eût été si désirable d'obtenir d'eux pour assurer le succès de l'expédition : bien avant que les têtes de colonne ne se fussent ébranlées, l'ennemi, qui n'était qu'à un kilomètre du point de concentration, était déjà sur ses gardes : deux bataillons du 15e bavarois et la 8e compagnie du 14e s'étaient répartis dans les tranchées récemment établies et attendaient (1).

A minuit, on se mit en marche; mais des trois mouvements prévus les deux premiers seuls purent s'exécuter, et en partie seulement : à peine les têtes de colonne eurent-elles commencé à s'avancer qu'elles se virent presque aussitôt entourées d'un immense cercle de feu, depuis la ligne du chemin de

---

(1) *Guerre franco-allemande*, p. 1079.

fer jusqu'au village même de Clamart; plusieurs hommes tombèrent.

Surpris et effrayés, les mobiles des départements se jetèrent en masse dans la tranchée du chemin de fer, les gardiens de la paix s'arrêtèrent, les mobiles du 5e bataillon se débandèrent en se repliant précipitamment sur les gardes nationaux, qui, eux-mêmes, accentuant la panique, tombèrent sur les marins.

Ce fut en un instant, au milieu de l'obscurité, un désordre irrémédiable que vint encore augmenter la chute de nombreux obus, auxquels la plus grande partie des troupes engagées étaient peu accoutumées. Le général du génie Javain, à pied, absolument inconnu des troupes, qui voulut s'opposer à la déroute, fut renversé et piétiné par la foule inconsciente.

Seul, le commandant Delclos put rétablir un peu d'ordre : à sa voix, bien connue de ses hommes, une centaine de mobiles du 5e bataillon se rallièrent et, se joignant aux gardiens de la paix, ripostèrent au feu de l'ennemi « pendant une heure environ », dit l'état-major allemand, « par un feu nourri, mais sans effet ».

L'intervention d'une compagnie ennemie, qui déboucha dans la grande rue en poussant des hurrahs frénétiques, sans doute pour faire croire à la présence de troupes plus nombreuses, décida de la retraite définitive (1).

L'ennemi s'avança alors jusqu'à 2 ou 300 mètres de la gare de Clamart.

L'attaque avait échoué; c'était fatal! Peut-être, mieux conduite, avec beaucoup moins de troupes, mais plus disciplinées ou tout au moins plus homogènes, aurait-elle pu réussir; ce fut en tous cas l'opinion de l'ennemi, qui, quelques jours après, pour parer à tout événement, commença près de

---

(1) *Brigade Porion*, p. 33.

la station de Meudon la construction d'une nouvelle batterie chargée de battre les routes qui, par deux fois déjà, avaient servi de point de concentration.

Au fort d'Issy, l'alerte fut naturellement très vive; quatre compagnies du 4ᵉ bataillon sortirent précipitamment pour renforcer les postes extérieurs; elle n'eut aucune suite : à 2 heures du matin, l'ennemi se retira sur ses avant-postes.

La veille même, à midi et demi, le commandant supérieur d'Issy avait télégraphié au général Corréard :

> Je suis intimement convaincu que nous n'avons pas assez de troupes à Clamart..... L'ennemi cherche à faire brèche depuis cette nuit. Je crois qu'il serait utile que vous signaliez *vous-même* la gravité de la situation au gouverneur (1).

Certes, en agissant ainsi, le colonel Guichard s'était sans doute plus préoccupé du lendemain que du moment même : dans le mur d'escarpe 2-3, correspondant à la casemate 17, une brèche faite le 11 janvier, d'abord peu sensible, avait, il est vrai, à ce moment, 4 mètres de large, commençant à 3^m,50 au-dessus du fossé; un talus existait même (2), formé de matériaux écroulés et d'une partie des sacs, mais les clefs de voûtes étaient intactes et c'était bien plutôt un grand trou qu'une véritable brèche; enfin les murs de contrescarpe n'avaient subi aucun dommage, et les fossés pouvaient être battus par l'artillerie de flanc des bastions. En portant à 5 mètres d'épaisseur le contre-mur en sacs à terre de la casemate menacée (ce que l'on fit), on devait parer à tout danger résultant, non seulement d'une augmentation de la brèche, mais on évitait encore l'écroulement de la voûte.

Cependant, sous les coups répétés et très précis des mor-

---

(1) Vinoy, aux appendices LXXVI.
(2) Voir le dessin page 231.

Coupe longitudinale d'une casemate.
La casemate 8 du front 2-3 servant de poudrière.

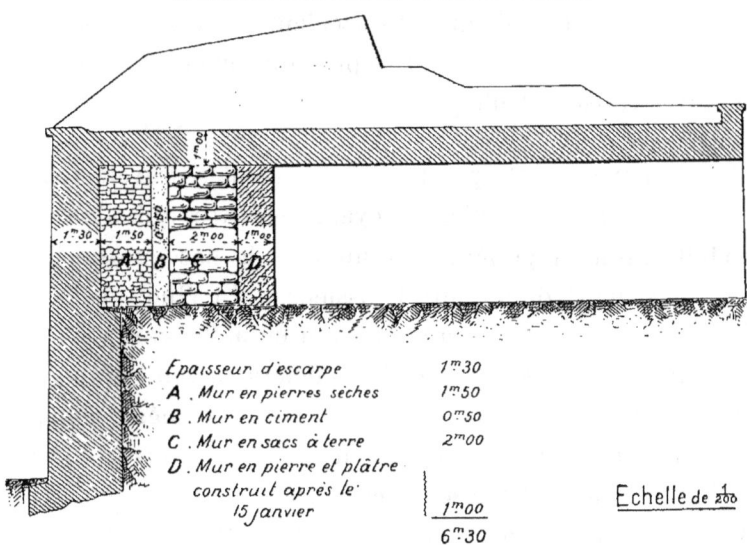

Épaisseur d'escarpe	1ᵐ30
A . Mur en pierres sèches	1ᵐ50
B . Mur en ciment	0ᵐ50
C . Mur en sacs à terre	2ᵐ00
D . Mur en pierre et plâtre construit après le 15 janvier	1ᵐ00
	6ᵐ30

Echelle de 1/200

Coupe transversale d'une casemate.
La casemate 5 du front 2-3.

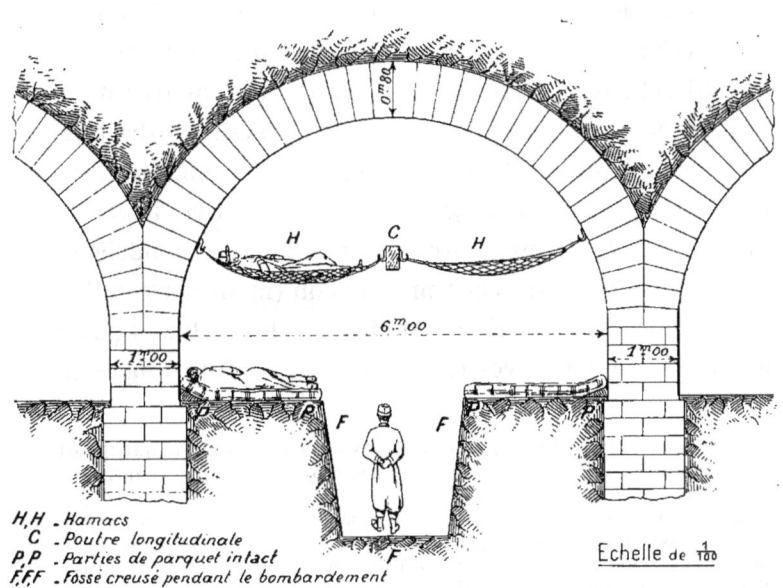

H,H . Hamacs
C . Poutre longitudinale
P,P . Parties de parquet intact
F,F,F . Fossé creusé pendant le bombardement

Echelle de 1/100

tiers de 21, sous le choc des obus pleins des pièces de 15 court de la batterie 19 de Fleury, un accident quelconque pouvait se produire et l'assaut devait se présenter comme un événement très vraisemblable (1).

Le 15 janvier, cette possibilité d'accident se révéla tout à coup sous l'apparence d'un effroyable désastre, qui, s'il se fût produit, aurait singulièrement simplifié la besogne de l'ennemi et « aurait donné aux Prussiens », dit Vinoy, « l'occasion, unique en cette guerre, de tenter enfin l'assaut » :

En inspectant les escarpes, les officiers du génie s'aperçurent que la casemate 16 était à peu près dans le même état que sa voisine immédiate, n° 17 ; or, tout à côté était la poudrière n° 15, contenant 8.000 projectiles chargés ; certes, le mur d'escarpe de $1^m,30$, qui avait été surépaissi de 2 mètres de pierre et de ciment avant l'investissement et atteignait par conséquent $3^m,30$, était encore renforcé de 2 mètres de sacs ; mais l'épaisseur de $3^m,30$ avait déjà fait preuve de son insuffisance : le 5 janvier, un obus partant de Meudon, à 2.700 mètres, avait franchi cet obstacle ($1^m,30$ de maçonnerie, 2 mètres de sacs) à la casemate 9 du front 3-4 ; si bien que, depuis l'ordre très net du 2 janvier qui avait prescrit de porter à 3 mètres au moins le matelas protecteur, le génie, de son initiative, l'avait porté jusqu'à 4 mètres ; malheureusement, pour les poudrières on avait oublié de suivre cette progression (2), de sorte qu'à part la différence des matériaux employés, elles n'étaient pas plus garanties que les autres casemates. Il y avait lieu de craindre

---

(1) Archives d'Issy, *Journal du génie*, 13 janvier : « Aujourd'hui, il est évident pour nous que l'ennemi tire avec des projectiles pleins pour démolir la maçonnerie. »

(2) Cet oubli eut certainement pour cause les fréquentes mutations qui se produisirent dans la direction du génie, par suite de la maladie du colonel de Bovet : le 2 janvier il dut quitter le fort ; le 6 il fut remplacé par le colonel Gras ; le 9 il reprit le commandement ; enfin, le 21, il fut définitivement remplacé par le chef de bataillon de Bussy.

que cela ne fût insuffisant et cela d'autant plus que, depuis quatre jours, l'ennemi, par sa batterie 19, s'était rapproché à 1.575 mètres de la courtine; si, cherchant à compléter par une brèche horizontale la brèche verticale existant à la casemate 16, l'ennemi s'acharnait sur la poudrière et qu'un obus vînt à y pénétrer, le danger d'explosion, sans être absolu (les fusées percutantes ne sont dangereuses que lorsqu'elles sont armées, ce qui n'a lieu qu'au moment du choc résultant de la projection de l'obus en dehors du canon), était néanmoins extraordinairement sérieux (1).

A cette découverte, l'émotion du génie fut très vive; ce fut de l'angoisse quand, continuant leur inspection (elle n'était pas commode cette inspection du front 2-3, perpétuellement battu par les obus), les officiers constatèrent que l'escarpe, dans la partie correspondante à la poudrière 8, était trouée! jusqu'à quelle profondeur? il était difficile de s'en rendre compte. Une série de coups heureux, le reste de l'obstacle pouvait être franchi et l'obus éclatait au milieu de 160 barils de poudre de 50 kilogr. chacun, et là, il n'y avait pas de doute : l'explosion était fatale, la courtine 2-3 sautait presque tout entière, et avec elle cinq ou six compagnies de gardes mobiles (2)!!

On télégraphia immédiatement à Paris; on se hâta, dès la nuit tombante, de déménager les barils de poudre et de les placer provisoirement dans les galeries de mine sous le bastion 3, en attendant leur évacuation. Dès 7 heures du soir,

---

(1) Le 18 janvier, un projectile de 24 traversa la voûte en maçonnerie du magasin à munitions du bastion 3 et éclata sans accident au milieu de 150 à 200 projectiles.

(2) « La casemate 8 contenait 8.000 kilogr. de poudre à canon dans 160 barils de 50 kilogr.; 158 bombes de 27, 600 obus oblongs de 16, 880 obus pour canons de 24, dans 33 barils de 50 kilogr.; 260 obus de canon de 16 dans 20 caisses. » (Pièce manuscrite appartenant au commandant Huot.)

4.000 hommes, empruntés à la division Corréard, s'organisèrent en formant la chaîne depuis le fort jusqu'au parc des aliénés d'Issy; pour les projectiles, l'opération commença immédiatement; elle ne put, cependant pas, à cause du verglas qui tomba subitement être complètement achevée. Restaient un ou deux milliers d'obus et les 160 barils de poudre; cette besogne fut remise à la nuit suivante : elle échut au 101e de garde nationale.

Ce célèbre bataillon, qui ne cessait de hurler la *Marseillaise* et de demander la guerre à outrance, avait sans doute juré, avant de tirer le 22 janvier sur les sentinelles inoffensives de l'Hôtel de Ville, de se distinguer encore une fois devant l'ennemi : un bon quart de ses hommes étaient ivres; ils menèrent tel tapage, malgré toutes les observations que l'on put leur faire, que l'ennemi, sans doute mis en éveil, dirigea sur la cour quelques obus de plus que de coutume : tous s'enfuirent.

Le lendemain au jour on découvrit un peu partout treize barils de poudre et quelques douzaines d'obus qu'ils avaient abandonnés, et il fallut, au prix des plus grands dangers, les réintégrer dans les galeries souterraines d'où ils ne furent évacués que plus tard.

Ce déménagement, on le comprend, avait excité dans la garnison un certain étonnement mêlé d'inquiétude; on essaya bien de lui donner le change en faisant courir le bruit que ces munitions étaient destinées à une batterie alors en construction au lycée de Vanves qui devait, disait-on, contre-battre Châtillon; mais, si bien gardé qu'ait été le secret, un bruit vague n'en subsista pas moins que l'on venait d'échapper à un grand danger et que le fort (on ne savait trop pourquoi) avait failli sauter. Pour la tranquilliser complètement il fallut même faire mine de procéder à des recherches dans les carrières environnant le fort qui, bien entendu, avaient toujours été jusque-là l'objet de la plus étroite surveillance.

V

Deuxième mouvement en avant contre Vanves et Issy.

Situation du 10 au 15 janvier. — Construction des deux dernières batteries d'approche : Batterie 21 contre Vanves, batterie 23 contre Issy. — Batterie de mortiers d'Issy. — Attaque d'artillerie du 19 et 20 janvier. — Utile intervention de l'enceinte et du fort de Vanves : les poudrières des batteries 23 et 21 font explosion. — Énergique défense de Montrouge.

Tout marchait au gré de l'ennemi; jusque-là l'intervention de l'enceinte 6e, 7e, 8e secteurs, malgré « son feu très vif », n'avait pas eu d'influence bien sensible sur les résultats du duel engagé entre les forts et les batteries d'attaque, la seule conséquence bien établie avait été de le contraindre à diriger, de ces batteries contre l'enceinte, une partie des pièces de gros calibre qu'il eût préféré diriger contre les forts.

La batterie 1 de Breteuil, il est vrai, sous le feu extraordinairement nourri du 6e secteur et du Mont-Valérien ne supportait la lutte qu'au prix des plus grands efforts; quelques-unes de ses pièces avaient même été démontées, mais, comme on les avait rapidement remplacées, l'assiégé ne s'en était pas aperçu et, depuis le 12 janvier, son tir sur cette batterie s'était sérieusement ralenti.

La batterie 17 de Châtillon avait également beaucoup souffert, surtout dans son personnel; à deux reprises, des obus venant de l'enceinte et traversant les abris avaient occasionné des pertes d'hommes « considérables »; le 13 janvier, lors d'un grand effort tenté pour se dégager par les forts de Vanves et d'Issy, avec le concours de Montrouge et de l'enceinte, elle avait dû même suspendre son feu (1).

---

(1) Archives d'Issy, *rapport Huot*.

Mais cette batterie, dirigée plus particulièrement sur les batteries intermédiaires entre Issy et Vanves, était facile à remplacer; déjà, de la batterie 19, à l'aide de ses pièces de 15 court, il maîtrisait d'autant plus facilement la batterie de la gare de Clamart, lorsque cela était nécessaire, que celle-ci ne la voyait pas.

Somme toute, les feux réunis des trois forts de Montrouge, de Vanves et d'Issy n'avaient pu faire obstacle au bombardement de la ville, qui continuait toujours; enfin, et c'était-là l'essentiel, malgré le petit succès remporté le 13, l'impuissance des forts de Vanves et d'Issy à se prêter un secours mutuel s'accentuait de plus en plus; en forçant l'attaque contre Vanves, l'ennemi pouvait donc avoir la certitude d'isoler complètement Issy.

Montrouge, il est vrai, aidé quelque peu par le fort de Bicêtre et la redoute des Hautes-Bruyères, résistait encore, et cela malgré l'intervention, depuis le 8, de la batterie 18 de Fontenay, depuis le 11, de la batterie de l'Hay 03 qui le menaçaient de deux côtés à la fois, et, depuis le 13, d'une nouvelle batterie, la batterie 22, armée de six pièces de 12, qui s'en était rapprochée à 2.300 mètres. Mais, du côté de Montrouge, tout se résumait pour les Allemands à soutenir un duel d'artillerie dont ils avaient à se préoccuper, sans doute, mais qui ne compromettait pas sensiblement l'exécution de leur plan, dont l'effort se portait à gauche. Le fort de Bicêtre, qui, depuis le 11, secondait Montrouge, était peu gênant; ce fort ne voyait, en effet, ni la batterie 03 de l'Hay (1), ni la batterie 18 de Fontenay, et ne pouvait tirer sur elles que par un tir indirect; celles-ci n'avaient qu'à l'imiter; et, vu la supériorité des mé-

---

(1) Le 11 janvier, La Roncière, p. 314, signale cependant que ce fort réussit à éteindre le feu de cette batterie.

Ce fut un accident heureux; car la batterie de l'Hay fit par la suite beaucoup de mal à Montrouge.

thodes allemandes dans ce genre de tir, l'avantage devait leur rester. Pour agir contre les Hautes-Bruyères, le moyen était trouvé : en entretenant sur les profondes embrasures de cette redoute un feu lent et régulier, on paralysait son tir.

Dans ces conditions, l'ennemi crut devoir payer d'audace : d'un bond il allait se porter par sa batterie 21 armée de six pièces de 15 court à 1.450 mètres de Vanves et installer au Moulin-de-Pierre à 1.150 mètres d'Issy sa batterie 23, armée de quatre mortiers lisses de 28 ; ses pièces de 15 court pour foudroyer l'artillerie de Vanves et ses batteries annexes et achever ainsi l'isolement du fort d'Issy, les quatre mortiers de 28 ayant pour mission, en joignant leur tir aux mortiers de 24 de la batterie 13, d'écraser les voûtes de ce dernier et d'achever par le haut, à l'aide du tir vertical, l'œuvre que la batterie 19 avait entreprise par le bas, à l'aide du tir plongeant.

La batterie 21 fut construite du 13 au 17, la batterie 23 du 15 au 20.

L'emplacement de la 1re faisant face au milieu de la courtine 2-3 du fort de Vanves était fort bien choisi pour contrebattre ce fort et ses batteries annexes, mais la réciproque était tout aussi vraie ; de plus Issy, de son front 1-2, la voyait elle-même d'écharpe à 2.100 mètres, et si, à un moment donné, Montrouge d'accord avec l'enceinte parvenait à paralyser Châtillon, la concentration sur elle des feux de Vanves et d'Issy pouvait devenir très dangereuse ; elle eût même été décisive.

Ne voulant rien livrer au hasard, au moins pendant la période de construction, l'ennemi installa tout d'abord dans les jardins de Châtillon, dans un endroit légèrement encaissé et absolument invisible de tous les forts (batterie 24), 2 des pièces de 15 court destinées à sa batterie 21, à 2.650 mètres du fort de Montrouge, le contournant fortement à l'ouest (plus (que la batterie 22) et pouvant le contrebattre assez utilement par un tir indirect.

Du côté d'Issy (ce fort était tellement accablé que la précaution était surabondante), il menaça le front 1-2 par des pièces de campagne qu'il installa près d'une plâtrière en arrière de la route de Clamart à Châtillon.

Tout en prenant ses précautions, l'ennemi ne s'endormit pas, et, pour pousser aussi activement que possible la construction de sa batterie 21, il se hâta de profiter des brumes assez fréquentes et très favorables à l'assiégeant, qui, à ce moment, environnaient les forts ; il était trop près cependant et, dès le début, il fut découvert; de vigoureuses canonnades s'engagèrent les 14, 15, 16 et 17 entre Montrouge, Vanves, les 7e, 8e secteurs, d'une part, pour arrêter les travaux, et les batteries ennemies, d'autre part, afin de pouvoir les continuer.

Pendant ce long duel à l'aveuglette (ce n'est pas une critique !), la journée du 15 janvier fut particulièrement remarquable : Vanves crut pouvoir, un instant, se flatter, avec 4 modestes pièces de 7, d'avoir éteint la batterie 20, formidablement armée de 6 pièces de 15 ; Montrouge crut que les pièces de 15 court installées provisoirement dans la batterie 24 tiraient sur Vanves, alors qu'elles tiraient sur lui (1); pendant plusieurs heures, le 7e secteur eut son tir trop court de 200 mètres ; enfin, le fort d'Issy enregistra philosophiquement une batterie de siège de plus tirant sur lui; lui seul avait vu à peu près clair, mais aussi lui seul n'avait pas tiré (2).

---

(1) Cette confusion de la part de Montrouge est très compréhensible, la batterie 21 et la batterie 24 étaient pour lui dans la même ligne de visée. Or, le matin, la batterie 21 tira un coup sur Vanves puis se tut ; l'après-midi, la batterie 24 ayant tiré sur lui, il crut que c'était la batterie 21 qui reprenait son tir sur Vanves. (Voir à cette date Brunon et La Roncière.)

(2) *Archives d'Issy*, journal du génie, 15 janvier :

« L'ennemi a démasqué une nouvelle batterie qui est située à côté et à gauche de la plâtrière qui se trouve en arrière et à gauche de Clamart. Cette batterie voit un peu à revers la courtine 3-4. La circulation devant les casemates de cette courtine devient dangereuse. »

Le 15 janvier, la batterie 21 était armée de 4 pièces, le 17, elle était complètement armée de ses 6 pièces prêtes à faire feu ; pour entrer en action, il ne lui restait plus qu'à attendre de connaître le jour où la batterie 23 pourrait commencer son feu contre Issy, afin qu'elle-même, prenant l'avance, pût tout d'abord accomplir son œuvre : écraser l'artillerie de Vanves.

Toutes les batteries dirigées sur Vanves imitèrent son silence et attendirent.

Dès le 16 janvier, dans l'après-midi (le temps était très clair à ce moment), l'observatoire de Paris avait signalé à Issy que d'importants travaux s'exécutaient au Moulin-de-Pierre ; de ce fort il était bien difficile de se rendre compte, et cela d'autant plus que l'ennemi, parfaitement dissimulé par les épaulements préexistants, et par tout un système de gabionnage commencé dès le 8, n'avait guère cessé d'y travailler.

D'ailleurs, que pouvait-il faire ? Il avait bien sur ce point : 18 de ses pièces (2 de 16 marine, 4 de 24, 8 de 12, 3 de 16 lisse, 1 obusier de 22), c'est-à-dire, à raison de la courte distance, de quoi bouleverser en moins d'une heure tous les travaux ennemis ; mais cette petite heure il ne l'eut jamais, s'il l'eut ce fut tout à fait exceptionnel ou aux heures de nuit, où il ne pouvait utilement tirer : du 5 au 20 janvier, que le temps fût clair, qu'il fût brumeux, le bombardement, sans cesser un seul instant, subit, en effet, toujours les mêmes alternatives : de minuit à la pointe du jour relativement calme, de 8 heures du matin à 4 heures du soir, heures de grande lumière, plus ou moins violent, à raison de 2, 3, rarement 4 obus par minute, quelquefois 5 et même 6, soit 360 à l'heure ! De la nuit tombante, à minuit, se ralentissant jusqu'à ne plus fournir quelquefois qu'un coup toutes les 5 ou 15 minutes.

Depuis l'effort commun tenté par les trois forts le 13 janvier, Vanves, habitué à compter de plus en plus sur le concours de Montrouge, son voisin de gauche (pendant les vingt-deux jours de bombardement, ce dernier, sur les 4 ou 500 coups qu'il tira par jour, en envoya toujours de 30 à 100 sur les batteries de Châtillon), s'était complètement désintéressé de son malheureux voisin de droite qui ne pouvait lui être d'aucun secours ; seule l'enceinte intervenait, mais son tir sur les batteries rapprochées était encore mal réglé et en général beaucoup trop court (1) ; à partir du 16, son intervention se fit cependant assez sérieusement sentir : les 6e et 7e secteurs, le Point-du-Jour, particulièrement, dont l'armement « venait d'être augmenté » (2), combattirent la batterie 19 de Fleury et attirèrent sur eux le feu des batteries des hauteurs et aussi les pièces de 15 long de cette dernière batterie ; avec ses pièces de 15 court, il est vrai, celle-ci n'en continuait pas moins son œuvre de démolition, mais son tir était moins précis et aussi moins suivi.

Il y eut donc pour ce fort des moments d'accalmie ; néanmoins, la tactique de l'ennemi était telle, le moindre coup de canon que tirait ce fort déchaînait sur lui un tel déluge que lorsqu'il tirait une soixantaine de coups, en y comprenant ses mortiers de 27, dont il fit fréquent usage, et les pièces de ses trois batteries annexes, c'était pour lui un très gros effort dont il pouvait à l'avance escompter la complète inutilité.

Pendant ce temps, la batterie 23 s'achevait sans encombre.

Du reste, au fort l'événement était depuis longtemps prévu : depuis les premiers jours du bombardement, l'emplacement, très bien choisi, situé quelque peu à gauche de la batterie de la gare de Clamart, à l'endroit où la voie forme remblai, avait été arrêté d'accord avec le génie et l'artillerie du

---

(1) Le lieutenant Batréau, commandant la batterie du parc d'Issy et du cimetière, s'exprime ainsi dans son rapport du 15 janvier : « De la batterie du cimetière on voit très bien les coups des fortifications de Paris. Ils sont, en général, beaucoup trop courts. »
(2) Voir à la 3e partie de cet ouvrage le sommaire du 16 janvier.

fort, pour la construction d'une batterie de 6 mortiers de 32 chargée de contrebattre toute batterie ennemie qui viendrait s'établir au Moulin-de-Pierre : le 11 janvier, un jeune sous-lieutenant « élève de l'École polytechnique », faisant partie d'un corps spécial d'ingénieurs des ponts et chaussées (1), était même venu avec deux sous-officiers pour en commencer la construction ; malheureusement, les hommes de corvée, les gardes nationaux de la division Corréard, n'étaient pas venus ; une autre fois ce fut l'inverse qui se produisit : en moins de deux jours une centaine de sapeurs auraient facilement terminé la besogne, mais le sapeur était rare et depuis quatre mois d'investissement on n'avait fait aucun effort ni aucun essai pour le multiplier.

Bref, malgré le capitaine d'artillerie de marine commandant la gare de Clamart et très impatient de voir terminer sa batterie de mortiers, malgré le chef d'escadron commandant l'artillerie du fort, malgré le colonel, devenu général, commandant supérieur de ce fort, la batterie n'avançait qu'avec la plus majestueuse lenteur. En fait, ce fut l'artillerie et le génie du fort qui la terminèrent.

Le 19 janvier, la batterie 23 du Moulin-de-Pierre était prête, mais, à son tour, comme la batterie 21, elle attendit son heure.

Ce jour-là, pendant que se livrait la bataille de Montretout-Buzenval, dernier et inutile effort de nos armes, l'heure sonna pour Issy et Vanves.

Sur Issy, dès 7 heures du matin, « le feu très vif de l'ennemi, moins violent cependant que les premiers jours, se déchaîna contre lui, dit le journal du génie ; pendant la journée, il retrouva même à deux ou trois reprises, et à certains moments,

---

(1) Probablement, du moins ; le corps des ponts et chaussées prêta, en effet, son concours au génie et à l'artillerie. (La Roncière, p. 12.)

toute l'activité des plus BEAUX jours »; le Point-du-Jour, absorbé par la grande bataille engagée du côté du Mont-Valérien, l'avait complètement oublié.

Sur Vanves, à 9 h. 1/4, un feu d'une violence inaccoutumée s'ouvrit tout à coup pour ne cesser qu'à 5 heures. A certains moments « on compta », dit La Roncière (1), « jusqu'à 240 obus à l'heure, parmi lesquels des projectiles de $0^m,15$ de diamètre et de $0^m,37$ de long (2) ». C'était la batterie 21 qui, se joignant aux autres, venait de se démasquer; « les coups de l'ennemi devinrent d'une précision extrême et les coups d'embrasure furent fréquents ».

Sous cette formidable avalanche, Vanves ne put qu'« abriter ses pièces derrière les épaulements, en les mettant en travers »; grâce à cette précaution, il arriva à ce résultat inespéré qu'aucune ne fut atteinte, mais le haut de son escarpe 2-3 était très endommagé, sa maçonnerie fortement atteinte, les parapets s'éboulaient en partie.

Le but poursuivi par l'ennemi n'était donc pas complètement atteint, mais pour réparer ses brèches, Vanves en avait pour plus de vingt-quatre heures.

Le lendemain, 20 janvier, à 8 heures du matin, pendant que la garnison du fort d'Issy, l'esprit encore occupé de la terrible canonnade occasionnée par la grande sortie de la veille, cherchait en vain à s'expliquer le subit silence qui régnait autour du Mont-Valérien, les premières bombes de 28 tombèrent sur le fort.

La batterie de mortiers de 32 n'était pas prête : les six mortiers de 32, amenés le 18, n'avaient pas encore été installés; il fallut donc recommencer l'expérience qui tant de fois n'avait pas réussi : l'artillerie du fort fit feu de toutes ses

---

(1) La Roncière, p. 349.
(2) Les pièces de 15 court lançaient des obus dits allongés d'une longueur de 2 calibres et demi, soit $15 + 15 + 7 = 37$ cent.

pièces ayant vue sur ce point, mais « tout aussitôt, dit le rapport d'artillerie, les batteries ennemies garnissant les crêtes concentrèrent leurs feux sur le fort avec une rapidité telle que l'on dut croire qu'elles étaient reliées entre elles par un fil électrique ». C'était vrai ! Encore une fois il lui fallut renoncer à la lutte. Fort heureusement, le corps de place et le Point-du-Jour engagèrent la lutte avec les batteries rapprochées, et réussirent ainsi à attirer sur eux une grande partie du feu.

Quant au fort de Vanves, comme l'ennemi prit ce jour-là la précaution de ne pas l'inquiéter, que lui-même se souciait peu d'attirer l'attention, il resta impassible.

Le général commandant le fort d'Issy s'empressa d'avertir le général Corréard et d'insister auprès du 6ᵉ secteur : l'intention de l'ennemi était évidente car ses coups étaient dirigés sur le haut de l'escarpe correspondant à la brèche.

Son cri d'alarme fut entendu et l'on peut dire qu'à partir de ce jour, et pour la première fois, peut-être, on sent qu'un plan d'ensemble, ou bien plutôt (car de plan d'ensemble, de direction véritable, il semble qu'il n'y en ait jamais eu) on sent qu'un certain accord de bonnes volontés préside enfin à la défense : toutes les forces vont en effet tendre au même but, défendre le fort d'Issy et aider Vanves qui le soutient.

Dans l'après-midi même, tout en continuant avec Breteuil et Meudon son duel quotidien, le 6ᵉ secteur *à la demande d'Issy* (1) dirigea une partie de ses coups sur le Moulin-de-Pierre et sur la batterie de Fleury ; *à la demande du général Corréard*, le commandant du fort de Vanves (2) mit à la disposition d'Issy cinq pièces de 7, seules pièces qu'il eût de disposées pour tirer sur le Moulin-de-Pierre.

Le succès ne couronna pas leurs efforts : jusqu'à 4 ou 5 heures

---

(1) La Roncière, p. 352.
(2) Brunon, à cette date.

le Moulin-de-Pierre put continuer son tir; à la fin de la journée, les résultats obtenus par l'ennemi étaient appréciables ; « les murs d'escarpe au-dessus des voûtes étaient démolis, mais les voûtes résistaient toujours bien ; du reste, conclut le journal du génie, il n'y avait pas encore de danger, la brèche aurait été impraticable pour un ennemi parvenu dans les fossés du fort ». Néanmoins la situation était assez grave.

Le lendemain 21, Vanves, vigoureusement soutenu par ses trois batteries extérieures de droite et de gauche, recommença et dirigea sur le Moulin-de-Pierre « le feu continu de ses mortiers de 32 qu'il avait pu disposer la veille ». Montrouge, selon son habitude, le soutint à gauche. L'ennemi répondit néanmoins à Vanves de sa batterie 14 de mortiers, de sa batterie 20 de 15 long de la grille du bois de Clamart et de sa batterie 21 avec ses pièces de 15 court, « toutes pièces de gros calibre; un de leurs projectiles vint briser le pont levis et ses chaînes d'attache ».

Montrouge ne voyait pas la batterie 20, ni la batterie 21; mais le 7ᵉ secteur, de son bastion 73 placé quelque peu à droite de Vanves, voyait très bien cette dernière batterie ; « le lieutenant de vaisseau Gourguen s'essaya sur elle avec succès »; celle-ci, avec ses canons de 15 court (1) destinés au tir plongeant, était trop loin (3.550 mètres) pour lui répondre efficacement. La batterie 20 fut donc obligée de la soutenir avec ses pièces de 15 long, Vanves fut soulagé d'autant et le duel d'artillerie se généralisa.

De son côté, le Point-du-Jour, malgré Breteuil, malgré Meudon, qui essayaient de faire diversion, imita Vanves et dirigea sur le Moulin-de-Pierre ses pièces de 16 marine; son tir, rectifié la veille par les observations d'Issy, devint bientôt

(1) Les pièces de 15 court étaient plus légères et plus courtes que les pièces de 15 long. L'âme avait $2^m,15$ de long au lieu de $3^m,04$; leur charge maxima était de 1.500 grammes au lieu de 3 kilogrammes. Enfin, les projectiles qu'elles envoyaient étaient sensiblement plus lourds.

très précis : sur les 3 heures, atteinte par un de ses projectiles, la poudrière du Moulin-de-Pierre fit explosion.

Il s'en dégagea une telle colonne de fumée qu'à Paris, où l'on n'était pas sans inquiétude au sujet d'Issy, on crut tout d'abord que c'était le fort lui-même qui venait de sauter : le commandant du fort s'empressa de tranquilliser le gouverneur et de remercier le commandant du 6ᵉ secteur de l'excellent concours qu'il lui avait prêté.

Cependant l'ennemi s'entêta et le lendemain 22, après avoir réparé tant bien que mal les dégâts éprouvés la veille, il recommença dès 8 heures son feu sur le fort avec ses mortiers de 28.

Mais la batterie de 6 mortiers de 32 était prête enfin ; le capitaine de L'Estourbeillon, de l'artillerie de marine, qui avait bien pris ses mesures, prit bien son temps et, après quelques tâtonnements, l'écrasa par un premier feu de salve de quatre de ses mortiers de 32 ; à 9 heures, le Moulin-de-Pierre cessa encore une fois son feu, pendant que successivement la batterie lui envoya plus de 60 bombes.

L'ennemi, qui ne savait d'où lui venait cette grêle de projectiles, prit alors très vivement à partie le fort de Vanves, qui, la veille, lui en avait envoyé de semblables, et déchaîna sur lui « un feu excessivement violent » ; de sa batterie 21, il lui démonta même une pièce de 16 marine ; ce dernier, avec le concours de ses batteries extérieures toujours très vaillantes, et « puissamment aidé par les canons de l'enceinte dont le tir était excessivement juste », se défendit énergiquement ; à 2 h. 1/2, la batterie 21 dut cesser son feu et le commandant de Vanves, enthousiasmé, télégraphia à l'amiral commandant le 7ᵉ secteur : « Votre tir est vraiment merveilleux et nous permet de respirer ! »

L'ennemi s'adressa encore à la batterie de pièces de 24 de la gare de Clamart : de sa batterie 19, il lui envoya 120 projectiles ; ses coups, beaucoup trop longs, avaient pour but d'atteindre la batterie de mortiers qu'il croyait située en arrière. La chute régulière des bombes sur le Moulin-de-Pierre lui fit comprendre qu'il faisait fausse route ; de ses batteries hautes il dirigea alors sur cette même batterie un tir de plein fouet, des plus énergiques; peine inutile ! le coup était prévu, le matériel à l'abri; il bouleversa les terrassements extérieurs, détruisit une ou deux embrasures et ce fut tout.

Le 23, même jeu sur le fort de Vanves, mais il abandonna la batterie de 24 de la gare, et, cherchant toujours, finit par s'acharner, mais en vain, sur le bastion 4 du fort d'Issy (1).

Ce ne fut que le 25 janvier, c'est-à-dire cinq jours après, que l'ennemi sembla avoir découvert le véritable emplacement de la batterie de mortiers : elle reçut en effet, ce jour-là, « quelques obus Krupp (de 21) et quelques bombes du Moulin-de-Pierre, mais, grâce aux guetteurs qu'elle avait installés, elle n'éprouva aucune perte », et envoya sur la redoute son contingent ordinaire de 20 bombes (2).

Contre Vanves, l'ennemi ne fut pas plus heureux. Très satisfait de son succès de la veille, le 23 janvier, dès 8 heures du matin, le commandant de Vanves fit ouvrir le feu contre les batteries ennemies qui le menaçaient le plus : « la batterie de la plâtrière de gauche (batterie 21), la batterie de la Renommée de la Galette, armée de 8 pièces de 12 (batterie 9), et la batterie de la Grille des bois de Clamart (batterie 20) ». Dans le duel qui s'engagea, il eut encore, il est vrai, une pièce marine de démontée; mais à son tour, sous les feux réunis du fort de ses batteries extérieures et du 7e secteur, il vit avec satisfaction le magasin à poudre de la batterie 21 sauter en l'air (3).

---

(1) Cette erreur de l'ennemi paraît grossière; cependant il est difficile de s'expliquer autrement la modification subite du tir de l'ennemi, qui, dans la journée du 23, fut dirigé en grande partie sur l'angle d'épaule du bastion 4, jusque-là à peu près respecté.
(2) Rapport journalier du capitaine de l'Estourbeillon au commandant Huot.
(3) Brunon, à cette date; La Roncière, p. 362.

Pendant ce temps, le fort de Montrouge était entièrement livré à lui-même et sa position défensive était loin de s'améliorer ; à droite, battu par la batterie 22 armée de 6 pièces de 12, par la batterie 18 armée de 6 pièces de 15, qui divisait son feu sur lui et la capitale, par la batterie 15 qui lui envoyait journellement 40 à 50 de ses obus de mortier 21, en face, par les batteries de Sceaux qui visaient surtout les postes avancés de la maison Millaud et de la grange Ory, il était encore fortement menacé à gauche par la batterie 03 de l'Häy qui avait fini par prendre à revers son bastion 4 ; les hautes casernes qui se trouvaient dans la cour et avaient, jusque-là, garanti ce point des feux de cette batterie, étaient alors démolies, et sur ce front, la manœuvre des pièces, pour ses canonniers, devenait de plus en plus périlleuse.

Le tir que le 8e secteur de l'enceinte, situé en arrière de Montrouge, pouvait diriger sur les batteries de Fontenay, était fort incertain à raison de la position de ces batteries qui, placées sur une étroite langue de terre, n'offraient qu'un but très difficile à atteindre, surtout à la distance de 3.500 mètres.

Le 7e secteur, bastion 73, qui prenait ces batteries quelque peu d'écharpe, s'en éloignait encore de plus de 200 mètres.

Le fort de Bicêtre et les Hautes-Bruyères faisaient bien tout leur possible pour l'aider, mais, nous l'avons dit, de ces deux positions l'on ne voyait ni les batteries de l'Häy, ni celles de Fontenay, et, quoique leur tir pût être assez facilement rectifié par les signaux sémaphoriques de Montrouge, il ne produisait que bien rarement des résultats utiles ; du reste, aussitôt que le tir des Hautes-Bruyères devenait tant soit peu précis sur la batterie de l'Häy, dont elle était très rapprochée, cette dernière, aidée des batteries de Chevilly et des batteries de campagne, s'acharnait immédiatement sur la redoute et paralysait son tir.

Enfin le manque d'ensemble, le manque d'unité dans la direction de la défense, continuait de ce côté à se faire plus vivement sentir que du côté de Vanves et d'Issy : Montrouge dépendait de « la marine », les batteries qui l'avoisinaient dépendaient de « la guerre »; la batterie Millaud, plus puissamment armée (elle n'était armée que de deux pièces), aurait pu plus facilement contre-battre l'Häy et paralyser en même temps les pièces de campagne de Sceaux. Cette modification, quoique désirée par Montrouge, ne fut pas réalisée; la batterie de 6 pièces de 24 qui flanquait Montrouge à droite et n'avait vue tout d'abord que sur Châtillon, sur les instances du commandant de Montrouge, avait bien remanié quelques-unes de ses embrasures et pouvait contre-battre la batterie 18 de Fontenay; mais l'intervention de cette batterie n'était pas toujours opportune et quelquefois aussi, quand il eût été nécessaire qu'elle vînt au secours du fort, elle ne tirait pas.

Chaque jour, dit La Roncière à la date du 22 janvier, les choses se passaient à peu près ainsi : le fort de Vanves ouvrait, dès le matin, un feu nourri; la canonnade s'engageait violemment, Montrouge venait en aide à Vanves et bientôt Fontenay (batteries 22, 18 et 15) se mettait de la partie. Puis Vanves se taisait ou à peu près et Montrouge se trouvait seul aux prises avec l'ennemi.

Heureusement cette situation, qui rendait fort pénible « la tâche de Montrouge », ne compromettait en rien la défense générale : du côté de Montrouge, l'attaque de l'ennemi était, en effet, arrivée à son apogée; elle ne pouvait s'aggraver qu'à la condition de se rapprocher; or, se rapprocher, c'était abandonner des positions de premier ordre pour descendre la colline de Bagneux et s'exposer non seulement aux coups plus rapprochés des 7e et 8e secteurs, mais encore s'offrir bénévolement au tir d'écharpe de Bicêtre et au tir de revers des Hautes-Bruyères. C'eût été plus que de l'imprudence !

En supposant que l'idée en fût venue à l'ennemi, l'attitude de la garnison de Montrouge, exclusivement composée de marins et de canonniers de la marine, « l'élite de la défense », était peu faite pour l'encourager à la mettre à exécution : jusqu'au dernier jour le fort de Montrouge eut toujours 18 de ses pièces en batterie sur les différents points qu'il était chargé de battre ; si, le 25 janvier, il ne tira que 94 coups, ce fut bien moins par nécessité que par obéissance : le général commandant en chef l'artillerie lui avait en effet envoyé l'ordre de ménager ses munitions ; vingt-quatre heures après Paris capitulait!

L'insistance que mit l'ennemi à tirer sur Montrouge jusqu'au dernier jour s'explique difficilement : depuis le 21 janvier, son grand effort s'était porté du côté de Saint-Denis; depuis le 22, l'attaque était virtuellement abandonnée ; les travaux de la tranchée entreprise par l'ennemi pour marcher du Moulin-de-Pierre vers la tranchée du chemin de fer étaient arrêtés, la brèche commencée à Issy aux casemates 16 et 17 ne recevait plus que de très rares projectiles; dans la journée du 24 et du 25, le tir sur Vanves et sur Issy était devenu « excessivement mou » ; le 26, il retrouvera sur Vanves « une certaine vivacité », sur Issy « une très grande violence », mais sans direction, sans but bien déterminé. Il ne fut qu'un simple tir de bombardement par lequel les artilleurs allemands semblent avoir voulu se venger sur un ennemi définitivement vaincu, mais que la faim seule allait forcer de capituler.

VI

Résultats de la lutte d'artillerie.

Au résumé, l'attaque d'artillerie avait complètement échoué : les Allemands avaient tenté de s'emparer du fort d'Issy ; ils avaient dû y renoncer.

Le bastion 4 de Montrouge n'était plus, il est vrai, qu'une ruine, ses deux casernes étaient détruites ; le fort de Vanves avait eu une douzaine de pièces démontées, beaucoup de ses embrasures avaient souffert, sept étaient détruites et le haut de ses parapets très endommagé. Au fort d'Issy, sur quatre de ses casernes, trois, détruites par les incendies, n'existaient plus; sur dix-neuf de ses casemates du front attaqué, cinq étaient absolument défoncées ; mais l'artillerie défendant les fossés dans les trois forts n'avait pas souffert, leurs murs de contrescarpe étaient absolument intacts.

A la fin du bombardement, dit le génie allemand, leurs murs étaient encore susceptibles de faire une bonne résistance, particulièrement celui de Montrouge dont la garnison avait fait preuve d'une grande énergie. Les assiégeants n'auraient donc pu s'en emparer qu'au moyen d'une attaque régulière ; aussi, prévoyant le cas où une semblable opération deviendrait nécessaire, ils avaient, dès le milieu de janvier, commencé à construire, à 1.000 mètres de de Vanves et d'Issy, une tranchée pouvant faire l'office de première parallèle.

Pour obtenir contre Vanves et Issy des résultats plus décisifs, dit le major Blume, « il aurait fallu procéder à une attaque en règle, attaque à laquelle on n'avait JAMAIS SONGÉ ».

Au résumé, dit l'état-major allemand, les forts n'auraient opposé à un siège en règle qu'une faible résistance ; la résistance de l'artillerie tirait à sa fin.

Comme l'on voit, l'attaque d'artillerie n'avait servi à rien ou à peu de chose, car, malgré les affirmations de l'état-major, il est bien certain que la résistance de l'artillerie était loin de toucher à sa fin.

Les forts avaient souffert, mais pouvaient encore résister: la batterie de la gare de Clamart était à peu près détruite, sans doute; la batterie du cimetière d'Issy inutilisable, c'est vrai, mais les autres batteries annexes n'avaient éprouvé que des dommages insignifiants; la batterie du parc n'avait pas eu une seule pièce de démontée, la batterie de mortiers de 32 n'avait pas interrompu un seul instant son feu ; « par sa position », dit le rapport du génie allemand, « elle avait échappé complètement aux vues et aux coups de l'assiégeant ».

Les trois batteries de Vanves « n'avaient jamais été sérieusement atteintes, dit le commandant de Vanves ; sur douze pièces de 24 dont elles étaient armées, une seule avait été mise hors de service ».

Enfin, l'enceinte était à peu près intacte : se développant presque en ligne droite sur une étendue de 8 kilomètres, elle avait sur les batteries rapprochées de l'ennemi cet avantage indéniable de pouvoir concentrer son feu sur elles sans être exposée au même danger.

Aussi, dans la dernière période, son tir sur les dernières batteries 19, 21, 23 était-il devenu de plus en plus efficace.

Le tir des 6ᵉ, 7ᵉ et 8ᵉ secteurs, dit le rapport d'artillerie d'Issy, très vite réglé, d'une justesse étonnante à d'aussi grandes distances, n'avait pas tardé à les rendre inhabitables ; la batterie des Chalets (batterie 19) fut obligée de suspendre son feu pendant vingt-quatre heures et ne le recommença par la suite qu'avec trois ou quatre de ses pièces et assez mollement.

Le feu du 6ᵉ secteur a complètement éteint la batterie des Chalets. (Rapport militaire du 18 janvier.)

Les assiégeants, dit le génie allemand, ne purent réduire au silence ni les batteries annexes ni l'enceinte, dont le tir fut jusqu'à la fin très redoutable pour les batteries allemandes sur lesquelles elles avaient des vues.

De l'aveu de l'état-major, les batteries 19 et 21, « canonnées avec persistance par le corps de place, avaient été très éprouvées ». La batterie 23 se trouva réellement dans l'impossibilité de tirer d'une façon suivie ; sur 7.239 bombes de 28 qui formaient l'approvisionnement de la Villa-Coublay en projectiles de ce genre, elle ne put en envoyer sur le fort que 347 !!

Enfin, la batterie 1 de Breteuil, qui battait le Point-du-Jour et était pour l'assiégeant d'une très grande importance, et

« dans laquelle petit à petit étaient arrivées 6 pièces de 15 et 7 pièces de 12, n'avait plus, à la fin du siège, que 2 pièces de 15 et 4 de 12 en état de servir », c'est-à-dire en réalité 2 pièces de 15, car dès le début le 12 avait fait preuve de son insuffisance pour lutter contre des pièces de 16 marine : 5 de ces pièces avaient été mises hors de service par le tir de l'assiégé, 2 par leur propre tir.

On voit par là que si la force de résistance de l'assiégé était affaiblie, la puissance de l'attaque devait être aussi singulièrement réduite.

Si, dans de pareilles conditions, l'ennemi avait cru pouvoir entreprendre un siège en règle contre les forts et que la capitale eût pu être ravitaillée, il y aurait encore eu pour les Parisiens de bien beaux jours de lutte et même de bien longs mois ; mais les Allemands « n'y avaient jamais songé » ; le major Blume le dit, nous le croyons sans peine et nous voulons même bien croire que s'ils avaient prévu que leur attaque d'artillerie, tant au point de vue matériel qu'au point de vue « psychologique », produirait d'aussi minces résultats, ils se seraient donné beaucoup moins de mal, auraient usé moins de poudre, et se seraient montrés plus humains.

Dans leur attaque principale, pour leurs 23 batteries, les Allemands reconnaissent avoir usé 53.527 projectiles. Dans ce nombre, 13.000 à 15.000 tombèrent sur Paris ; 17.500 à 18.000 sur Issy ; 13.500 à 14.000 sur Vanves ; 7.500 à 8.500 sur Montrouge (1).

Si à ce chiffre on ajoute environ 6.000 projectiles de 12 pour le tir de 12 pièces armant les trois batteries d'attaque secondaire de l'Häy et de Chevilly, dirigées sur Montrouge, les Hautes-Bruyères et quelque peu sur Bicêtre, environ 20.000

---

(1) Voir, à cet égard, aux appendices, le tableau officiel des batteries allemandes et sa note explicative.

de calibre 9 dirigés (1) un peu sur tous les forts par les pièces de campagne de positions plus ou moins fixes (sans compter la consommation des batteries de campagne proprement dites sur laquelle on n'a aucun renseignement), on arrive à un total très certainement minimum de 80.000 projectiles dépensés en pure perte.

---

(1) Sur ce point on n'a d'autres renseignements que ceux-ci : pour les 40 pièces de calibre 9 devant servir aux batteries de siège, il était arrivé au parc de la Villa-Coublay 27.253 projectiles, soit une moyenne de 681 coups par pièce. (Heyde et Froesse.)

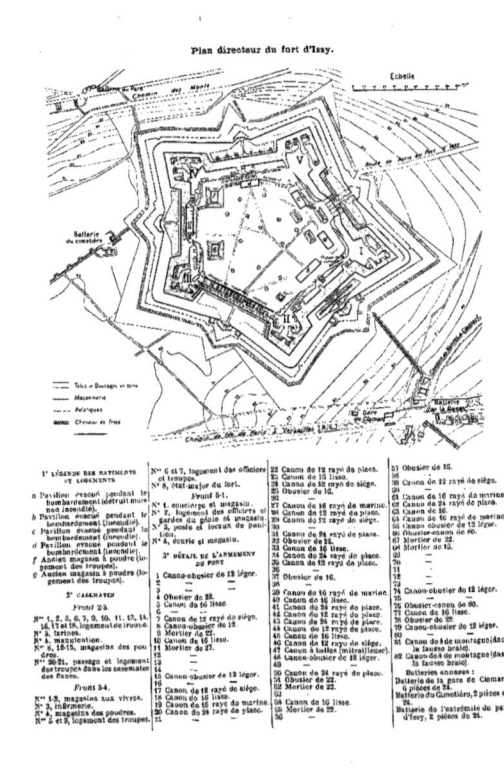

Plan directeur du fort d'Issy.

TROISIÈME PARTIE

CORRESPONDANCE DES GARDES MOBILES

Dimanche 1ᵉʳ janvier 1871.

Lettre du caporal G... (1), de la 8ᵉ compagnie, à son père.

. . . .

Tu sais si j'ai jamais été enthousiasmé du droit que l'on nous a donné de choisir nos officiers, mais je ne m'attendais guère à être quelque peu victime de l'énergie tardive manifestée par le général Trochu.

Il y a quinze jours, j'avais en poche mes galons de sergent : un nommé Serbonne, sergent à la 6ᵉ compagnie, venait d'être élu sous-lieutenant par sa compagnie ; ce choix n'était certainement pas des plus heureux, car, en général, on n'accorde à ce singulier type d'autre valeur que celle qu'il doit à sa capote de troupe entièrement doublée d'hermine — c'est tout ; mais, en fait d'élections, nous en avions vu d'autres, et sans doute cette dernière aurait pu passer si le colonel n'était monté sur ses grands chevaux. Il en a assez de tout cela le « vieux mâle ! »

En tous cas, profitant de l'occasion, notre ancien fourrier Collard, maintenant dégringolé simple sergent, auquel on rendait ici la vie impossible (on l'avait surnommé La Coule), s'était empressé de demander son changement pour être versé à la 6ᵉ.

Tout marchait à merveille : le capitaine avait accepté la combinaison et me proposait pour remplacer Collard.

Patatras ! Noël a renversé tout cela : j'ai appris, le 25 décembre, que, par décision du 20 (2), le gouverneur avait annulé l'élec-

---

(1) Le caporal G..., c'est l'auteur de cet ouvrage. (*Note de l'éditeur.*)
(2) C'est la date du décret qui a retiré définitivement à la troupe le droit d'élire ses officiers.

tion de notre imbécile, et, comme au fort on ne savait trop qu'en faire....., on l'a nommé à ma place !

Mais ce monsieur ne revient pas ; il reste à Paris, drapé dans son hermine ; il ne reviendra pas ! Pourquoi reviendrait-il ? Nul ne l'y force ! En attendant, je remplis ses fonctions et me voilà sergent avec la certitude de rester caporal, en remplacement d'un sergent qui se prétend lieutenant ; c'est idiot !

Je me suis néanmoins hâté de tirer parti de ma nouvelle situation : j'ai quitté sans regret la casemate vraiment trop encombrée et je suis venu m'installer avec les sergents dans la caserne de l'Horloge.

Depuis deux jours je suis dans une grande salle où les « ceux » de la 8e, c'est-à-dire les « Glands », cohabitent avec les « ceusses » de la 7e, c'est-à-dire les « Vessies ».

Il y a huit lits ; j'ai pour voisin de nuit le bon vieux sergent Gervoise, qui me souffle au nez son haleine d'ivrogne ; de plus, quand il a bu, il est triste, quand il est triste, il pleure, et quand il pleure, il faut qu'il embrasse quelqu'un : la nuit dernière, j'ai dû me retourner précipitamment du côté du respectable Bernier ; Gervoise a alors entrepris Morda, mais celui-ci, qui le connaît, s'est borné à lui présenter un quart d'eau fraîche et tout est rentré dans l'ordre.

Nous avons pour nous quatre deux ordonnances : Canny, le fruitier de la rue des Deux-Ponts, et un grand diable de breton nommé Durif, qui nous font la popote.

Le soir, après l'appel de 8 heures, on fait la partie de lansquenet sur une grande table de milieu que l'on garnit d'une couverture en guise de tapis vert ; les amateurs sont nombreux et appartiennent à toutes les compagnies, peut-être un peu à toutes les sociétés ; l'adjudant Michaut (il doit remplacer Serbonne) et notre vieux « mexicain » Bernier sont des plus enragés. On joue assez gros jeu : hier, pour mon début, j'ai perdu 25 francs ; en revanche, un jeune gamin de Paris, de la classe 1870, nommé Gabert, que ses camarades appellent familièrement la « bonne du major », a gagné 100 francs avec 100 sous que je lui ai prêtés ; il m'a rendu mes 5 francs et a fait aussitôt *Charlemagne*.

Bref, la vie est possible ; j'ai malheureusement l'idée que je ne jouirai pas longtemps de ce bien être relatif et je crains bien d'être obligé de déménager avec mes nouveaux camarades pour retourner à la casemate : il y a du bombardement dans l'air.

Ce matin, à 9 heures, j'ai été faire un tour sur les remparts; j'y ai rencontré l'ami Labussière, tout fier d'être depuis hier artilleur auxiliaire et tout heureux d'avoir réalisé le doux rêve qu'il caressait : « embêter les Prussiens sans se déranger ». Il était en grande conférence avec Deturck (autre artilleur auxiliaire), que nous appelons « la belle tête », et le sage Tiphaine, muni de son plan des environs de Paris. (Tiphaine a toujours son plan ; c'est celui de Trochu que je voudrais voir !)

Ces trois messieurs, à l'aide d'une jumelle, inspectaient l'horizon : le temps très clair nous permit de voir l'ennemi travailler activement sur la butte de Châtillon et rejeter en avant des pelletées de terre ; pendant que nous étions là, nos quatre mortiers de 27 ne cessaient de tirer pour entraver le travail, sans obtenir de résultat appréciable.

Nous discutions sur ce grave sujet, lorsque est survenu un jeune lieutenant d'artillerie, M. de L'Estourbeillon (1) ; son avis est que nous serons très probablement bombardés par Châtillon, sûrement par une batterie qui doit exister au château de Meudon, et peut-être bien encore d'une hauteur boisée qu'il nous montra, en hochant la tête, au-dessus de Clamart, bref, à peu près de tous les côtés ; nous n'avions qu'à nous incliner. Quel drôle de type que ce Labussière ! Sur ce renseignement qui en lui-même peut être contestable, mais n'a rien de gai, il s'est écrié : « Ah zut ! alors ! C'est insensé ! Je me mets dans l'artillerie pour envoyer des obus, et c'est moi qui vais en recevoir ! »

Le lieutenant, un moment surpris, s'est mis à éclater comme un pétard ; nous avons fait chorus.

Mais pourquoi bombarder si ce n'est pour tenter l'assaut ? Qu'ils bombardent d'abord ! nous verrons après. C'est du reste un peu l'opinion des camarades qui sont au fort, et surtout, très probablement, de ceux qui aujourd'hui n'y sont pas, et ils sont nombreux ! Peut-être, sans le moindre remords, me serais-je joint à eux, si je n'avais dû prendre hier (j'ai toutes les veines !) mon service de pseudo-sergent de semaine.

---

(1) Ce jeune officier, très estimé et très aimé de ses camarades de la garde mobile, était couramment appelé par eux « l'Écouvillon ». Il périt en 1876 en surveillant une expérience de dynamite.

Lundi 2 janvier.

Rapport de la place : MM. les officiers de garde aux chemins couverts indiqueront à leurs hommes les endroits les mieux défilés, où les hommes seraient le plus à l'abri des projectiles venant soit de Châtillon soit de Meudon (1).

Mardi 3 janvier.

Rapport de la place : Le 5ᵉ bataillon devant quitter le fort aujourd'hui, le service aux chemins couverts sera fourni par le 4ᵉ bataillon ; le front 1-2 occupé par l'infanterie. Les quatre autres fronts seront fournis par une section, autrement dit une compagnie occupera deux fronts.

Mardi 3 janvier.

Lettre de Georges Tiphaine, garde à la 8ᵉ, à son frère Ernest, officier de garde mobile non réélu, garde au 10ᵉ bataillon de la garde nationale.

Notre grand'garde de lundi à mardi a été sinon émouvante (nous commençons à nous blaser), du moins assez mouvementée. La route qui passe devant la villa Canrobert, partant du Val-Fleury pour aller à la porte du bois de Clamart et où ont eu lieu nos dernières reconnaissances de décembre, paraît, aujourd'hui, sérieusement occupée par l'ennemi ; dans la journée d'hier, les éclaireurs du lieutenant Girard ont été accueillis par une vive fusillade qui nous a tenus un instant en haleine.

A 6 heures du soir, trois fusées d'artifice précédées d'un jet de lumière électrique ont été tirées de l'Arc-de-Triomphe et nous ont paru être le signal d'une forte canonnade à laquelle ont pris successivement part le Mont-Valérien, le bastion de l'enceinte et du Point-du-Jour, les forts d'Issy et de Vanves.

Sur la terre gelée, on entendait très bien le bruit des lourdes voitures portant le matériel de l'ennemi, semblant se diriger de droite à gauche. Les obus que l'on leur envoyait devaient certainement contrarier leurs mouvements sans les empêcher toutefois, car après chaque décharge on entendait distinctement les équipages s'arrêter court pour repartir un instant après au triple galop.

A 2 heures du matin, une reconnaissance prussienne s'est avan-

---

(1) Tous les sommaires dans le genre de celui-ci que l'on verra à l'avenir figurer en tête de chaque journée sont extraits du registre d'ordre du 4ᵉ bataillon, du livre-journal du génie et du rapport d'artillerie.

cée assez près du poste de la gare de Clamart, occupée par l'infanterie : une vingtaine de coups de fusils ont été échangés.

Croyant à une attaque, nous sommes sortis de nos *cabanes à lapins* avec promptitude mais sans précipitation pour aller nous ranger derrière nos palanques.

Malgré cet acte d'inqualifiable audace, je persiste à croire que les Prussiens ne peuvent songer sérieusement à nous attaquer; je pense bien plutôt que, s'ils se sont avancés jusqu'à nos avant-postes, c'était surtout pour protéger leurs convois.

Ce matin à 11 h. 1/2, nous avons été relevés par une demi-compagnie; chaque compagnie aura dorénavant double tâche, à raison du départ du 5e bataillon qui quitte le fort aujourd'hui; le 4e bataillon reste ici avec trois compagnies d'infanterie, avec l'artillerie et un détachement du génie.

Le corps du génie s'occupe activement à remplir les sacs à terre que l'on nous envoie de Paris; on prend la terre à droite de l'entrée près du pont-levis; de notre côté, nous avons déjà commencé à capitonner le mur de notre casemate avec des sacs sur 2 mètres d'épaisseur.

Nos murs d'escarpe ont cependant $1^m,20$; jusqu'ici cela m'avait semblé plus que suffisant; il paraît que non! Comment se fait-il alors qu'on ait été si longtemps avant de s'en apercevoir?

P.-S.— Le 5e bataillon ne part pas : il y a contre-ordre; ordre! contre-ordre! désordre!

Mercredi 4 janvier.

Rapport de la place : Les quatre compagnies du 4e bataillon qui sont encore dans les casernes s'installeront dans les casemates le plus vite possible.

Mercredi, 4 janvier.

Lettre de Cottin, garde à la 8e compagnie, au docteur de X......,
à l'ambulance de la Presse.

. . . .

Nous élevons un contre-mur de sacs à terre de deux mètres d'épaisseur au fond de notre casemate, sous la direction d'un sous-officier du génie et de notre caporal Guigardet, détaché au génie, qui fait procéder à ce travail non sans crier et tempêter, c'est là son moindre défaut à ce brave *Cambronne!*

Hier matin, pendant que nous étions encore à la grand'garde, le colonel, dans un discours court mais bien senti, a fait ses adieux au 5e bataillon devant les deux bataillons rangés en bataille : « Soldats du 4e bataillon, je reste avec vous! là est le danger!! » Merci! La cérémonie s'est terminée par les commandements réglementaires : « Portez armes! Présentez armes! » Je tiens ces détails d'un canonnier auxiliaire (Labussière) qui me les a narrés, encore tout ému.

Le 5e bataillon part donc ou doit partir; puis il ne part plus..... il y a contre-ordre! enfin, il repart; il est parti! Hier au soir, sur les 8 heures, quelques minutes après l'appel, nous prenions nos dispositions et..... nos costumes de nuit, lorsque se firent entendre des appels successifs de clairon aux sergents-majors, aux sergents, aux caporaux; on mit le nez à la porte, vu que les fenêtres des casemates n'ont jamais été faites pour être ouvertes et l'on apprit qu'un officier d'état-major venait d'arriver ayant l'ordre d'emmener immédiatement le 5e bataillon à Malakoff.

Dans de pareilles conditions, le rassemblement ne pouvait qu'être fort pénible; il le fut : naturellement, beaucoup manquaient à l'appel, le reste se bousculait, criait et beuglait, pendant que le commandant Delclos, monté sur son petit bidet, trottinait de droite à gauche, furieux et grondant.

Ce spectacle, éclairé par un magnifique clair de lune, finit par nous intéresser vivement et voilà bientôt tout le 4e bataillon debout dans la cour, en bonnets de coton et coiffures de nuit plus ou moins fantaisistes. La plupart d'entre nous s'étaient munis de bougies entourées de papier de différentes couleurs; le départ de nos camarades se changeait ainsi (casque à mèche à part) en une brillante retraite aux flambeaux.

A 9 heures du soir, le portier-consigne fit abaisser le pont-levis : « En avant, marche! » cria le commandant Delclos. « Oh! hisse! Oh! hisse! » reprit le portier qui commandait la manœuvre aux hommes de police. « Oh! hisse! Oh! hisse! » reprit en chœur tout le 4e bataillon en agitant ses lanternes en cadence.

Tels furent nos pathétiques adieux à nos braves camarades du 5e bataillon! « *Secum saxa fini* », a dit..... je crois, Virgile.

Tiphaine à son frère.

4 janvier.

..... Dans un temps très court nous serons parés à tout événement ; notre mur de sacs à terre s'élève déjà à 1^m,50 du sol ; sous voûte, la casemate n'a que quatre mètres de hauteur, encore deux ou trois jours et nous aurons terminé.

Dans la cour du fort on travaille en même temps à établir une tranchée destinée à faciliter la circulation intérieure, de grands et épais madriers sont à notre portée dans le chantier du génie ; on doit prochainement les dresser contre les portes de nos casemates en guise de pare-éclats et faciliter ainsi l'accès à nos cuisines qui vont être installées dans les anciennes poudrières ; celles-ci sont déjà protégées par d'épais madriers recouverts de terre.

Les nouvelles de provinces semblent bonnes (1). Hé ! hé ! pourquoi la chance ne tournerait-elle pas ? J'offre deux sous pour voir la tête que feraient Guillaume et Bismark.

Jeudi 5 janvier.

Première journée de bombardement.

De 8 heures à 4 heures, le feu de l'ennemi a été inégalement vif. De 8 à 11 il a été très violent.

A 11 heures, les batteries de Meudon ont ouvert leur feu ; à partir de ce moment, il a été excessivement violent jusqu'à 4 heures.

De 4 à 6 heures il s'est beaucoup ralenti, a été très faible de 6 heures à 11 h. 1/2 du soir, heure à laquelle il a repris beaucoup d'intensité (2).

Tués, 3. — Blessés, 24, dont un gardien de la paix étranger au fort.

5 janvier, midi.

Caporal G..... à son père.

Me revoilà dans la casemate ! et qui me l'eût dit ! j'en suis content !! Je t'écris ces quelques mots en hâte, espérant que mon messager (3) te les fera parvenir avant que tu sois inquiet. C'est au milieu d'un

---

(1) Allusion aux bruits favorables qui couraient alors sur les opérations de l'armée de la Loire.
(2) Les indications relatives aux feux ont été puisées dans le *livre journal du génie* du fort d'Issy.
(3) Un des rares ouvriers civils restés au fort.

vacarme effroyable et du haut d'un hamac dont je viens de prendre possession que je t'écris. Hier au soir, grande noce dans la chambre des sergents à l'occasion de la nomination de Michaut au grade de sous-lieutenant; gigantesque partie de lansquenet pendant laquelle Gervoise, qui s'était couché, n'a cessé de geindre en disant que s'il n'y avait pas eu de brouillard nous aurions déjà été bombardés. On a cru à ses paroles comme à un serment d'ivrogne, et, cependant, il avait le flair le vieux truqueur. A 8 heures du matin, à peine venait-il d'ouvrir une de nos fenêtres donnant sur Châtillon pour vider une certaine gamelle *dans laquelle on ne mange pas*, qu'un obus, lui passant au-dessus de la tête, traversa notre chambre pour aller éclater je ne sais où. Presque au même moment, un autre arriva dans le mur contre le râtelier d'armes qui fut décroché; le malheureux, qui venait instinctivement de s'y réfugier, disparut en un instant sous les pierres et les chassepots.

Tout le monde était couché; en un clin d'œil chacun fut à bas du lit pour se précipiter sur ses bottes, s'emparer de ses effets, pantalons, sacs, fusils, matelas, couvertures, etc., et déménager au plus vite.

Nous avons traversé la cour en courant, non sans piquer de nombreux plats-ventres, et nous voilà sains et saufs.

5 janvier.

Le garde Labussière, artilleur auxiliaire, à Joséphine X.....
au tir Cujas, 20, rue Cujas.

Tu te plains de ne plus me voir : je néglige le pistolet, me dis-tu. Il s'agit bien de pistolet! Je suis artilleur, ma chère, depuis huit jours; mille pétards! Quel début! c'est insensé! on n'a pas idée de ça en province. A 8 heures du matin, je venais de prendre mon service au bastion lorsqu'un obus, arrivant de Châtillon, passa au-dessus de nos pièces et éclata dans notre batterie; en même temps, deux autres tombèrent dans les grand'gardes et dans la cour; on sonna immédiatement aux artilleurs. Cinq minutes après, nous commencions à tirer avec une pièce marine et une pièce de 24.

Pendant près de trois heures nous fîmes feu sur Châtillon, nous terrant à chaque décharge en attendant la réponse, mais bientôt Meudon se mit de la partie; ce fut alors un véritable déluge rendant toute manœuvre impossible; une grosse pièce voisine de nous est tombée dans la cour. On se terra avec ensemble. Nous n'avons que deux blessés; c'est extraordinaire.

A ce moment apparurent les autorités : le commandant du fort, notre colonel, le commandant d'artillerie. Comment sont-ils arrivés là vivants? Je n'y comprends rien. Ils donnèrent l'ordre de mettre les pièces à l'abri. Quant à moi je dus courir à la batterie du cimetière lui porter l'ordre de commencer le feu (1). Sale voyage! j'aurais préféré télégraphier! Enfin, j'en suis revenu; il ne manque rien. Ah! chaleur! Quand te reverrai-je? Dans ce moment il pleut trop. A la première éclaircie, je repique ma pointe. Méfie-toi! je tomberai comme une bombe!!

Vendredi matin, 6 janvier.

Cottin à de X.....

Quelle fichue journée et quelle terrible soirée nous avons passées hier, cher ami, sans compter que la journée d'aujourd'hui s'annonce mal; on va démolir le parquet de notre casemate! mais n'anticipons pas.

Hier matin à 8 heures, un énorme obus est venu s'écraser dans la cour avec fracas; vite, de notre chef, nous nous sommes précipités au chantier du génie pour prendre les madriers destinés à garnir le devant de nos casemates; naturellement, l'ordre est arrivé après.

Les sergents qui, jusque-là étaient restés fièrement isolés dans leur caserne, ont rappliqué presque aussitôt portant et traînant tout leur fourniment; leur entrée a été parfaitement piteuse et peut-être aurions-nous ri si le bombardement n'avait pris subitement des proportions terrifiantes.

Les officiers ont déménagé avec la même hâte de la caserne Sassus, et sans beaucoup plus de dignité! L'un d'eux, cependant, par sa folle et audacieuse témérité, a excité plus que notre étonnement : un excellent type de Gascon, le capitaine Dalleau, que nous appelons « Higne! mon bon! », n'a-t-il pas eu l'idée de remonter à sa chambre pour en redescendre avec quoi? je te le donne en mille! une cage à serin! Il est vrai que c'est un célibataire endurci, pas le serin, le capitaine; ne rions pas, c'est un lapin!

---

(1) Parmi les trois batteries auxiliaires, celle de la gare de Clamart était la seule qui fut reliée au fort par un fil télégraphique; ce fil, enterré à 0^m,40, fut coupé le 7 janvier par un obus et rétabli le lendemain.

Cette journée nous a coûté 27 hommes tués ou blessés, dont 6 artilleurs surpris par un obus qui a percé leur casemate située sur le front, maintenant habitée par les officiers.

La 8ᵉ a, pour son compte, trois blessés légèrement : Berthelot qui a reçu une grosse pierre sur la tête et est tombé comme une masse à l'entrée de la casemate (on l'a cru mort ; il est hors de danger), et deux étudiants en médecine employés à l'ambulance Demont-Porcelet et Arluison.

Une des premières victimes est un charmant garçon, le sergent Desnoyers, un ingénieur détaché au génie ; il a eu le ventre ouvert et la cuisse emportée sur le front 2-3, il est passé devant nous sous les madriers, porté sur un brancard ; sa blessure était horrible à voir. D'autres suivaient moins gravement atteints.

Pendant que défilait ce lugubre cortège, le bombardement faisait rage ; le fort, pris en écharpe par Châtillon à gauche, par Meudon à droite, enfilé par Clamart, était devenu silencieux. Il y eut un moment de cruelle angoisse pendant lequel nous n'entendions plus que les obus qui sifflaient et éclataient et le bruit de ceux qui venaient heurter notre mur de fond.

Fort heureusement nos batteries auxiliaires, moins exposées sans doute, se chargèrent de répondre (au cimetière il y a 2 pièces, il y en a 6 à la gare de Clamart). Que leur grosse voix nous parut douce et harmonieuse ! Il faut recevoir des obus comme nous en recevons pour comprendre le plaisir que l'on a d'en envoyer !

Dans l'après-midi, notre grand chef, le général Trochu, a eu la bonne idée de venir nous rendre visite sans se faire annoncer. Il a été reçu par le capitaine Higne, soit Dalleau, l'adjudant de place, qui se trouvait au poste de police et l'a conduit à la casemate du *col. com. sup.* (1).

Le général, accompagné d'un officier d'ordonnance, a traversé la cour du fort avec un calme et un sang-froid admirables : à un moment donné il a dû sauter fort à propos pour éviter un énorme culot qui arrivait en roulant furieusement et alla, cent mètres plus loin, se loger sur les remparts ; sa visite, dans un pareil moment, a produit sur le moral de la garnison un excellent effet.

Le général, dans son court entretien avec le capitaine, a eu cependant un mot assez singulier, simple plaisanterie probablement : le capitaine Higne demandait des sacs à terre, dont nous

---

(1) Colonel commandant supérieur.

faisons ici très grande consommation : « Ai-je eu besoin de sacs à terre pour venir jusqu'ici ? » s'écria à très haute voix le général en s'arrêtant tout net (note que les obus pleuvaient). Le capitaine l'a paraît-il regardé d'un air absolument stupéfié. Evidemment, il n'a pas compris. Peut-être bien que s'il n'avait pas été retenu par le respect il aurait répondu : « Higne ! té ! mon bon ! ni moi non plus ! »

Avons-nous encore suffisamment de sacs ? en tous cas, ça manque de terre; à 7 heures du soir, l'ordre nous est arrivé d'aller en chercher dans les fossés faisant face à Châtillon et à Meudon. Tu vois notre joie; je t'assure que les sergents ont dû plus d'une fois crier l'ordre.

Après avoir franchi la poterne (front 2-3), nous nous sommes répartis dans les fossés, armés de pelles, de pioches et de sacs ; le bombardement, un moment ralenti, nous a permis tout d'abord de travailler sérieusement pendant quelques heures; malheureusement nos coups de pioche, résonnant comme autant de coups de baguette sur un tambour, attirèrent vraisemblablement l'attention de l'ennemi, et les obus vinrent bientôt effleurer la crête d'une butte qui règne dans la longueur du fossé et derrière laquelle nous étions entassés pour être défilés, nous gênant les uns les autres ; en quelques minutes deux ou trois camarades furent presque enterrés par des débris de toute sorte que les obus décrochaient, en éclatant; soit de la butte, soit du mur d'escarpe; deux obus vinrent successivement s'écraser sur le haut de la poterne, crevant la maçonnerie et mettant la porte en miettes (1). Chose inouie! personne ne fut atteint.

Tout travail devenant néanmoins impossible, le capitaine donna l'ordre de rappliquer et ce mouvement s'exécuta avec un noble ensemble ; on transporta à la casemate les sacs déjà faits et on les empila jusqu'à 2 heures du matin.

Le génie a sans doute trouvé peu géniale sa première idée de nous faire piocher dans les fossés ; en tous cas, la nuit a porté conseil : ce matin nous venons de voir arriver à la casemate un sergent de ce corps savant (les officiers sont, paraît-il, éreintés), accompagné de notre capitaine Réveilhac et du susdit capitaine Higne : « Vous allez enlever le parquet et me creuser sur toute la longueur un fossé

---

(1) Le journal du génie place ce fait à la date du 6 janvier ; il eut lieu effectivement dans la nuit du 5 au 6, entre 11 heures et minuit.

de 2m,50 de large », déclara celui-ci en s'adressant au caporal Cambronne. « Mais, mon capitaine, s'exclama ce dernier, qui a 1m,80 de taille, il nous restera de chaque côté 1m,75 à peine pour nous étendre ! » « — Higne ! té ! mon bon ! je le sais bien ; les jambes pendront ! » Et voilà ! Le branle-bas est commencé. Fort heureusement, comme nous disons ici, *j'ai z'un n'hamac*.

Des obus passent au-dessus du fort, à destination de Paris. Des bastions de Paris on répond vigoureusement.

Vendredi 6 janvier.

2e journée de bombardement.

M. le colonel du génie Gras, chef d'état-major du 4e arrondissement du génie, prend le commandement par intérim du génie du fort.

De minuit à 4 heures, le feu a été assez faible ; de 4 à 7 heures, assez vif. Une batterie de 6 ou 8 pièces de campagne, établie sur la grande terrasse en avant de la façade du château, canonne le fort.

De 7 à 10 heures le feu est très violent, de 10 heures à midi assez vif, de midi à 4 heures très violent. Il se ralentit de 4 à 6 heures, et est très faible jusqu'à minuit.

Tué, 0. — Blessés, 9.

Vendredi soir, 6 janvier.

Tiphaine à son frère.

..... Une partie du mur de notre casemate s'est écroulée avec fracas dans les fossés. Nous n'en travaillons qu'avec plus d'énergie à l'établissement de notre contre-mur de blindage.

Nous creusons maintenant le sol de notre casemate, ce qui nous permet, sans danger, d'avoir de la terre en quantité suffisante. Depuis 7 heures du matin, sergents, caporaux, tout le monde pioche à qui mieux mieux, remplit des sacs et empile. Pour monter notre mur jusqu'au haut, nous devrons certainement passer la nuit à travailler.

Le bombardement (environ 3.000 obus reçus hier d'après un officier d'artillerie) continue et se régularise ; quant au fort, il s'abstient de répondre ; les batteries extérieures de Clamart, du Cimetière, du Parc et le Mont-Valérien, suffisent paraît-il à cette tâche.

Les seuls coups que nous tirions sont dirigés sur le Moulin-de-Pierre, où les Prussiens s'établissent. Cette redoute est, du reste, minée ; il paraît que, sur quatre fils, deux reçoivent encore la secousse ; cela suffit pour la faire sauter quand on le jugera utile.

Des guetteurs fournis par le service d'artillerie sont installés sur les bastions ; ils sont chargés de surveiller le feu des pièces ennemies et d'avertir la garnison ; à chaque instant on entend ces cris sinistres : Gare Meudon ! Gare Châtillon ! Gare Clamart !

Ce n'est pas d'une gaieté folle ; pour se distraire on chante, je dirai même on beugle.

P.-S. — Ne compte plus, si tu as quelque commission à me faire parvenir, sur ceux que tu appelles les irréguliers : à la 8e, il n'y a plus de *francs-fileurs !* Cependant si tu as quelque saucisson de n'importe quoi, garde-m'en un peu, mais surtout ne viens pas ; cela ne peu durer longtemps comme ça.

Samedi 7 janvier.
3e journée de bombardement.

La pompe principale du fort est défoncée par un obus de 21.

De minuit à 7 heures le feu augmente d'intensité, reste assez modéré cependant : la circulation dans le fort et sur les remparts est encore facile. De 7 à 11 heures, il est très violent. Se ralentit sensiblement de 11 à 5 heures : une partie des coups vont sur Paris. De 5 heures à minuit le tir de l'ennemi est à intervalles assez éloignés.

Tué, 0. — Blessé, 1.

Samedi, 7 janvier, midi 5.

Le caporal G...... à son père.

Je quitte à l'instant mon service de semaine pour le passer à Gervoise, locataire de la paillasse du dessous. Quel chien de métier ! Depuis ma dernière lettre, je n'ai pas déragé ; vu l'absence du sergent-major, j'ai été accommodé à toutes les sauces : il m'a fallu assurer le service des cuisines maintenant installées dans les poudrières, organiser les escouades de travailleurs, etc., etc., et, chose particulièrement délicate, conduire le matin les malades à la visite, et le soir aller rendre l'appel au capitaine.

C'est un bien terrible passage que celui qui mène de notre front au front des ambulances et des officiers (1) ; les obus viennent s'y

---

(1) Voici comment s'exprime à cette date le *Journal du génie* : « Le tir de l'ennemi rend très dangereuse la circulation de la rue du Rempart, entre les casemates du front 2-3 et celles du front 3-4. »

Les Défenseurs du fort d'Issy (1870-1871).

La rue des Remparts. — Les deux anciennes poudrières. — Montage d'une pièce sur la rampe du bastion 3.

abattre de tous côtés, Meudon et Clamart surtout, et il ne fait pas bon y flâner.

Vraiment, avant de semer dans la cour une douzaine de joujoux intitulés pare-éclats, que les premiers obus ont renversés, ces messieurs du génie auraient bien fait, ce me semble, d'établir là quelques travaux d'art.

Ce matin, grâce à ce manque de précaution, grâce aussi à un affreux poltron nommé Arnoux qui, se prétendant malade, avait refusé d'aller à la corvée d'eau, j'ai bien cru un instant laisser ma peau dans ce passage maudit : pendant que je menais mon gaillard à l'ambulance (et telle était sa frousse que pendant plus de la moitié du chemin j'avais dû le traîner), deux obus arrivant coup sur coup ne me laissèrent que le temps de le lâcher et de me précipiter à terre ; je me relevai tout étourdi, et ne voyant plus mon malade, je le crus au moins mort, tombé dans quelque coin ; il était arrivé et pas malade du tout !

Le docteur Beaumanoir m'a heureusement vengé : en voilà un vieux loup de mer qui ne pousse pas à la visite !!

Enfin, c'est fini ! Je vais maintenant me reposer et chercher le calme. Oh ! le calme ! dans l'horrible pétaudière où nous vivons, le trouverai-je jamais ?

As-tu déjà bouleversé un nid de fourmis ? Hé bien ! recommence, mets-toi à ma place : je suis dans le nid.

Ajoute à cela que l'air est ici remplacé par un épais nuage de fumée de tabac, que la lumière ne nous arrive plus qu'à travers un rideau formé de madriers en sapin, qu'à l'intérieur de la casemate, où chacun s'efforce de dominer le bruit général, on n'arrive pas à s'entendre hurler, tu auras, au point de vue psychologique, une idée à peu près exacte sur le bien-être dont nous jouissons depuis le bombardement.

Quant à l'installation purement matérielle, elle dépasse l'imagination la plus pessimiste ; à l'aide de quelques chiffres, j'arriverai cependant à t'en donner une idée : la casemate que nous habitons a été construite pour 32 hommes ; tout d'abord elle se composait d'un long boyau voûté de 20 mètres de long sur 6 mètres de large, admirablement parqueté en chêne.

Mais par suite de la construction du mur de sacs appuyé sur le fond (2 mètres $\times$ 6), du large fossé que nous creusons pour prendre de la terre (3 mètres $\times$ 20), la surface habitable, primitivement de 180 mètres, est aujourd'hui réduite à 118 mètres.

Pour 32 hommes, la vie serait, à la rigueur, possible; chaque être vivant aurait ainsi environ 3 mètres pour se mouvoir; réfléchis bien : nous sommes 110.

Nous vivons maintenant entassés sur trois étages : le rez-de-chaussée, c'est le fossé qui déjà a près de 1 mètre de profondeur ; là, sont les piocheurs et les pelleteurs, remplisseurs de sacs, au milieu desquels s'aventurent quelques rares et audacieux piétons. Au premier étage, sur les parties du parquet restées intactes, se trouvent les paillasses; là vivent accroupis une soixantaine de malheureux qui ont environ 1m,50 pour s'étendre et certainement un peu moins pour se tenir debout, car, au-dessus de leurs têtes, un long plafond s'allonge mouvant et grouillant, composé de hamacs et de leurs habitants.

C'est de ces hauteurs que je plane, et je ne m'en plains pas, car si mes dessous restent encore exposés à de cruels coups de béliers, au moins il ne me tombe rien sur la tête.

Seulement, si, las d'habiter l'Olympe, je veux descendre, si je veux prendre pied, je ne puis le faire qu'en écrasant un ou deux camarades; je passe sur les cruels orages que déchaîne la moindre tentative.

Quelle existence, bon Dieu! Au Jardin des Plantes, avant d'être mangés, les singes étaient plus heureux !

P. S. — Toute la compagnie prend la grand'garde ce soir ; je ne sais encore trop où. Ce ne sera certainement pas à notre poste ordinaire qui serait intenable.

Le sergent de semaine est seul dispensé de la grand'garde, et comme je quitte la semaine et que Gervoise la prend, c'est ce sacré veinard qui va se reposer à ma place!

Dimanche, 8 janvier.

Cottin à de X.....

Toute notre journée de samedi, depuis 6 heures, s'est passée à piocher et à empiler à tour de rôle (20 par 20).

Pour se reposer, la 8e a pris la grand'garde le soir à 6 heures; six escouades ont été s'établir dans la poterne 10 pour surveiller Châtillon-Meudon, les deux autres, la 1re et la 2e, sous le commandement du sous-lieutenant Bouissounouse et du sergent Bernier, ont été prendre possession d'un escalier intérieur situé au-dessus d'un pas de souris communiquant avec le fossé côté Paris (front 4-5).

Cette poterne a ceci de particulier qu'on ne peut s'y coucher : « il vaut mieux être assis que debout, couché qu'assis, mort que vivant », dit un proverbe oriental.

Ne pouvant nous coucher, ne voulant pas mourir, nous nous contentâmes de nous asseoir, deux chaque marche, chacun ayant ainsi la jouissance de deux marches, l'une pour les pieds, l'autre pour..... le siège, et le fusil entre les jambes..... Sur le haut du palier, près d'une grille donnant sur les remparts, s'installèrent le sous-lieutenant et le sergent. En bas, près de la porte donnant sur le fossé, le caporal Montillet, chargé de placer les sentinelles. Une malheureuse bougie, qu'un courant d'air effroyable éteignait chaque fois que l'on entr'ouvrait la porte, éclairait le tableau.

A 7 heures du soir, suivant l'usage, le portier-consigne est venu nous *boucler*, c'est-à-dire fermer la grille. Il va sans dire que le bombardement n'avait en rien ralenti de sa fureur. Mais l'on s'habitue à tout et c'était là notre moindre souci. On se sentit bientôt envahir par un froid intense; pendant quelque temps, on grelotta en silence en se serrant les uns contre les autres. « Oh mince ! s'écria tout à coup l'un de nous, ce que l'on rigole ici ! »

Ce fut comme le signal d'un feu roulant de plaisanteries. On s'avisa, tout d'abord (c'était logique !), de chercher la lettre la plus chaude de l'alphabet. Un artiste nommé Lepère, les pieds profondément enfoncés sous les vastes proportions d'un gros gars nommé Picard, affirma sans hésiter que c'était le Q. D'autres lettres furent cependant très sérieusement examinées ; mais passons. Enfin il fut décidé que la lettre la plus chaude était indiscutablement le J... quand il est de flanelle (gilet de flanelle), je crois que ma parenthèse n'est pas de trop.

On amputa bientôt, au milieu d'applaudissements frénétiques, un Bonaparte d'un bras — pour s'en faire un *bon appartemanchot;* enfin, on décora le petit Badinguet, par hypothèse bien entendu ! parce que (ici nous sommes dans le domaine des faits historiques, mais ne cherche pas !) parce que..... mon Dieu ! tout simplement parce que pendant neuf mois il était resté *dans le corps du Génie !*

Voilà où nous en sommes ! Pardonne-nous, cher ami.

Ce mot à double détente (à tort ou raison, ce pauvre génie est ici fort maltraité) fut en tous cas accueilli par de tels hurlements, de tels piétinements accompagnés de coups de crosse, que le lieutenant dut nous calmer en nous disant d'un ton sévère (c'est le mot de la fin) : « Si vous continuez comme cela, je n'entendrai plus tomber les obus! »

L'heure arriva de rentrer à la casemate; on n'en était pas autrement fâché ; on était gelé ; mais l'affaire était délicate; tout d'abord on suivit dans les fossés le mur d'escarpe qui, sur ce front regardant Paris, n'est jamais touché par les obus; on passa sur le pont-levis jusqu'au parados; à partir de ce moment, on dut prendre de très sérieuses précautions; certes! l'on tient à se coucher, mais surtout, malgré le proverbe, à rentrer vivant.

— Gare Châtillon! crie un guetteur.

On se précipite derrière les anciennes poudrières ; un obus éclata.

— Gare Meudon!

On courut vers la casemate des officiers : autres obus!

Encore 25 ou 30 mètres pour gagner les madriers qui protègent le front de nos casemates.

— Gare Clamart !

Dans la position où nous nous trouvions, ce cri sinistre équivalait presque à un arrêt de mort: impossible de se garer, le temps manquait; on se fit tout petit, on se coucha. L'obus passa en sifflant au-dessus de nos têtes et alla éclater 5 ou 6 mètres derrière nous. Je ne te dis que ça !

Oh, bien heureuse casemate, nous y voilà enfin! nous allons pouvoir nous étaler : être vivants et couchés, voilà notre rêve, à nous pauvres chrétiens; et dans un local qui n'a rien de commun avec ton paradis, ô Mahomet! (ça manque de femmes!), mais qui ressemble bien plus à l'enfer, à l'enfer vrai..... que tu n'as pu qu'insuffisamment décrire, ô Dante ! car tu n'as pu connaître la casemate de la 8e du 4e du 2 !

Pendant que je t'écris, on chante en chœur :

> Non! non! les Glands n' sont pas morts (bis),
> Car ils vivent encore (bis).

Dimanche 8 janvier.

4e journée de bombardement.

De minuit à 5 heures, le bombardement est assez faible — plus vif cependant que pendant la première partie de la nuit — de 5 heures à 8 heures, il augmente d'intensité et devient très violent de 8 heures à midi, puis se ralentit un peu jusqu'à 4 heures (l'ennemi tire en même temps sur Paris), diminue beaucoup de 4 heures à 10 heures et redevient intense de 10 heures à minuit.

Tués, 2. — Blessés, 2.

Dimanche, après-midi.

Tiphaine à son frère.

Notre première grand'garde, depuis le bombardement, s'est passée sans incident : de 6 heures à minuit, nous sommes restés à grelotter dans une poterne côté Châtillon-Meudon, et de minuit à 6 heures, dans les fossés, à battre la semelle contre les murs de contrescarpe.

Depuis ce matin le bombardement, qui pendant la nuit s'était sérieusement ralenti, a repris avec une nouvelle énergie; j'ai passé mes heures de repos à en contempler les terribles effets sur les casernes du fort.

Par moment, nous envoyons des bordées à tout casser, mais la réponse ne se fait pas attendre et, pour 2 ou ou 3 obus que nous envoyons, nous en recevons plus de 100.

La journée est bien longue dans nos casemates d'où l'on ne peut sortir qu'en cas d'absolue nécessité; oh! crois-moi! *il ne faut pas avoir la colique!* La plus dure des privations est l'immobilité presque absolue à laquelle nous sommes condamnés, sans cependant, par suite de l'entassement prodigieux dans lequel nous vivons, pouvoir jouir d'un complet repos.

Heureusement (il faut être philosophe) le maniement de la pelle et de la pioche constitue pour nous un exercice salutaire sinon agréable.

Depuis midi, nous avons commencé à travailler à tour de rôle à la confection de nos sacs à terre; l'épaisseur de notre contre-mur doit être maintenant portée à 4^m; l'ordre nous en a été donné par un très vieux monsieur de 70 ans (le colonel Gras). Il est apparu dans la casemate vêtu en bourgeois et coiffé d'un képi de colonel. C'est en effet, nous dit-on, un ancien colonel du génie qui, par pur dévouement, est venu offrir son concours au commandant du fort. Il nous a adressé quelques bonnes paroles pour nous encourager à terminer notre blindage, en nous déclarant que les officiers eux-mêmes donnaient le bon exemple.

Nous étions assez disposés, je dois le dire, à admirer sans réserve leur énergique attitude : « Chacun pour soi et Dieu pour tous! » Nous a-t-il devinés? Toujours est-il qu'il nous a réédité une sorte d'apologie des membres et de l'estomac renouvelée des Grecs ou tout au moins des Latins que j'ai, pour ma part, trouvée fort à propos; nous aurons donc à fournir des hommes de corvée afin d'aider les soldats et auxiliaires du génie, qui sont insuffisants pour blinder MM. les officiers, les états-majors, les ambulances, les vivres, etc.

P.-S. — Ma santé est bonne, mais quelle drôle d'existence dans nos terriers!

Dimanche soir.

Caporal G..... à son père.

On s'embête tellement à la casemate quand on ne pioche pas (et ma foi! je ne pioche plus, j'ai assez trimé ces jours derniers) que malgré bombardement, chambardement, etc., j'étais allé à l'ambulance sous l'honnête prétexte de me faire panser une petite écorniflure que j'ai au pied, voir le camarade Demont-Porcelet, avec l'idée bien arrêtée de faire avec lui une partie d'échecs.

Je suis très mal tombé, l'ambulance était sens dessus dessous; il y avait de la journée 3 ou 4 blessés, l'un d'eux venait de mourir, un pauvre lignard que l'on avait installé dans la tente des morts, près de son camarade tué dans l'après-midi.

Notre batterie de Clamart a été aujourd'hui très éprouvée (nos batteries auxiliaires ont été construites bien plus pour résister à une attaque de vive force qu'à un combat régulier). L'aide-major Chatin, un vieux camarade du lycée Saint-Louis, a passé une rude journée; sur l'appel désespéré du capitaine d'infanterie commandant le poste de soutien, le colonel Guichard l'a envoyé, avec quelques sapeurs du génie, afin de panser les blessés et pourvoir aux nécessités les plus urgentes de la défense. Chemin faisant, en passant par la poterne de cavalerie, dont le front (1-2) est terriblement battu par les obus, il a retrouvé deux sur trois des envoyés du capitaine (le télégraphe souterrain a été coupé par un obus), l'un grièvement blessé (celui qui vient de mourir), l'autre tué; la baraque d'infanterie était effondrée, et bon nombre de malheureux étaient enterrés dessous.

Le lieutenant de L'Estourbeillon, qui commande la batterie de Clamart, a été, paraît-il, admirable de sang-froid; quoique ses épaulements fussent abattus, ses plates-formes défoncées, quatre de ses pièces démontées, il n'a cessé de tirer avec les deux pièces qui lui restaient.

Oh! les salots! les salots! quand donc se décideront-ils à nous montrer leur grouin?

Lundi 9 janvier.

5ᵉ journée de bombardement.

Le lieutenant-colonel Bovet, sorti de l'ambulance, reprend le commandement du génie du fort. Le colonel du génie Gras retourne à son poste.

Le colonel Rambaud passe dans les casemates et donne lecture de la dépêche reçue du gouverneur et adressée la veille au commandant du fort : « Je vous félicite de votre attitude et vous demande la continuation de vos efforts. Continuez à m'adresser vos propositions. Excellentes nouvelles de province à l'instant. »

De minuit à 7 heures, le bombardement a été régulier, mais pas très vif ; très violent de 7 à 10 heures ; de 10 heures à 2 heures, très modéré ; il a repris beaucoup d'intensité de 2 heures à 4 h. 1/2, l'ennemi a tiré en même temps sur Paris. Les coups sont rares de 4 h. 1/2 à 11 heures ; à partir de ce moment, ils deviennent plus fréquents.

Tué, 1. — Blessé, 1.

Lundi soir.

Caporal G..... à son père.

Aujourd'hui, sans cesser complètement de faire des sacs dans la casemate, la compagnie a été de travail un peu partout : aux ambulances, aux vivres, etc. Je rentre à l'instant avec quelques hommes, quittant la tranchée, où nous avons travaillé de 5 à 8 heures du soir. Comme on est presque perpétuellement dérangé par les obus, ce travail avance très lentement. Du reste, l'utilité de cette tranchée est maintenant contestable, alors que nous commençons à acquérir une certaine expérience de l'art d'éviter les obus : ainsi, aujourd'hui, personne n'a été touché dans le fort.

Le bombardement s'est du reste un peu ralenti pendant cette journée ; nous en avons profité pour rendre aux Prussiens la monnaie de *leurs pièces*, tout compte fait, nous restons encore de beaucoup leurs débiteurs.

Le rapport de ce matin nous apprend qu'un certain nombre de nos camarades ont obtenu la médaille militaire. La 8ᵉ vient en tête avec ses deux vieux sergents déjà trois fois médaillés, Bernier et

Gervoise. Cette récompense a été encore accordée au sergent Levrain, de la 5e, qui a fait un prisonnier dans notre reconnaissance du 26 décembre, au caporal clairon Zuyterliter, notre ancien clairon de Châlons; à Bernardin de Saint-Pierre et à Zudre, ces trois derniers ont été blessés très grièvement dans cette même affaire, et il est bien douteux qu'ils se rétablissent; quant à notre pauvre Zuyterliter, il agonise à l'ambulance du Châtelet.

Dans la journée, le colonel, après nous avoir félicités au nom du gouverneur, nous a annoncé par quelques mots sobres et énergiques, comme il sait les trouver, la victoire du général Faidherbe, à Bapaume.

Nous sommes tous de joyeuse humeur; on essaierait bien d'un entrechat; mais le terrain, dans la casemate, est décidément trop accidenté.

Mardi 10 janvier.

6e journée de bombardement.

A 3 heures du matin, le colonel Porion et le lieutenant de vaisseau Gervais, avec des marins, attaquent le Moulin-de-Pierre. Le capitaine du génie de Saint-Vincent accompagne la colonne avec 120 pelles et 120 pioches.

Le feu de l'ennemi a été relativement modéré de minuit à 7 heures, est devenu plus vif jusqu'à 10 heures, puis s'est calmé.

A midi et demi environ, 12 pièces de campagne viennent occuper le terrain en avant du fort, à côté et à gauche du grand chalet de Fleury.

Le feu devient alors très violent jusqu'à 5 heures; de 5 à 11, l'ennemi a très peu tiré, un peu plus de 11 à minuit.

Tué, 0. — Blessés, 6, plus un garde mobile de la Somme.

Mardi, 10 janvier.

Tiphaine à son frère.

Encore une bonne nouvelle : hier, Bapaume, aujourd'hui brillante reconnaissance au Moulin-de-Pierre. Nous ne sommes pas habitués à tant de bonheur, espérons que cela durera.

Pendant toute la journée, le bombardement a redoublé d'intensité; nous attribuons cette fureur de nos ennemis au succès de l'expédition qui a eu lieu cette nuit, sous les ordres du colonel Porion, avec des marins, le 5e bataillon et les mobiles de la Somme : la redoute a été entourée, on a enlevé le poste, une trentaine d'hommes, dont l'officier, et renversé 2 ou 300 mètres de gabionnage; quatre gardiens de la paix ont été délivrés par la même occasion.

Malheureusement, on a battu en retraite un peu trop tôt; autrement on aurait pu faire beaucoup plus de mal à l'ennemi.

Attendons! Trinquera bien qui trinquera le dernier. Gervoise n'attend pas, lui; il est pompette et veut embrasser son vieil ami Bernier, qui, la moustache hérissée, l'œil furieux, lui crie « à bas les pattes ». Tous deux viennent d'être médaillés.

Mercredi matin, 5 heures du soir.

Caporal G..... à son père.

Le succès de notre expédition au Moulin-de-Pierre, le redoublement du bombardement dans la journée d'hier, tout faisait présager un retour offensif de la part des Prussiens.

Pour cette raison ou pour *toute* autre, nous avons monté, la nuit dernière, dans la tranchée, pour renforcer le poste de Clamart et attendre ces messieurs, une longue et bien dangereuse faction, de 9 heures du soir à 7 heures du matin, les pieds dans la neige, par un froid très âpre.

Pendant dix mortelles heures, notre temps s'est passé à surveiller les batteries ennemies (Châtillon, Clamart, Meudon), et à crier suivant la circonstance : « Vlan! pour Vanves; vlan pour le fort; vlan! pour Paris!» ou encore: « oh! m....., pour nous! », à nous plaquer dans la neige (nous appelons cela faire notre portrait), à rire et à plaisanter sur le peu de solidité des produits Krupp — « ça se casse en arrivant », — sur la façon de se laisser enkrupper, etc., etc., j'en passe.

Les bombes (1) nous laissaient beaucoup moins calmes : quatre ou cinq qui nous sont tombées du ciel et ont éclaté près de la tranchée nous ont vivement impressionnés. Je t'assure que nous n'avons pas été voir si elles avaient des mèches!

Enfin, tant de tués que de blessés, personne de mort.

Les Prussiens ne sont pas venus.

---

(1) Il s'agit ici non de bombes armées de fusées *fusantes*, mais d'obus de mortiers 21 à fusées *percutantes*, que les Allemands tiraient en bombes, c'est-à-dire sous les plus grands angles.
De la part des gardes mobiles, la confusion est facile à comprendre.

Nous allons nous reposer jusqu'à la soupe ; nous ferons quelques sacs à terre pour parer aux événements imprévus, et, pour changer, à 6 heures du soir, nous prendrons la grand'garde.

Mercredi 11 janvier.

7ᵉ journée de bombardement.

Le feu est mis par des projectiles incendiaires aux bâtiments B et D ; on ne peut songer à éteindre ces incendies ; le danger serait trop grand et l'eau manquerait.

On prête à l'artillerie des cadres de mine pour faire le magasin à munitions d'une batterie de mortiers de 32, à établir derrière le remblai du chemin de fer.

Le bombardement est très vif de minuit à 4 heures et se ralentit de 4 à 8.

De 8 heures du matin à 5 heures du soir, l'ennemi tire sur le fort de toutes ses batteries depuis Châtillon jusqu'à Brimborion (Breteuil). La batterie des Chalets qui a maintenant un bon épaulement, prend part à la lutte. Pendant cette période, le feu a été plus violent que jamais, plus violent que le 5 janvier, jour de l'ouverture du feu. De 5 à 6, il se ralentit beaucoup et devient très calme jusqu'à minuit : un coup toutes les quinze ou dix-huit minutes ; souvent deux coups à la fois.

Tué, 1. — Blessés, 8.

Mercredi soir.

Tiphaine à son frère.

..... Les Prussiens nous ont bombardés toute la journée avec une frénésie qui me paraît friser l'idiotisme. Pourquoi cette rage ? Ils ont mis le feu à deux de nos casernes. Pourquoi ? Nous croient-ils assez naïfs pour les habiter ? Est-ce nous qu'ils veulent effrayer ou les Parisiens ?

Nos grands chefs paraissent cependant redouter une attaque de vive force, à laquelle nous ne croyons guère.

On vient de nous amener deux mitrailleuses ; elles nous coûtent déjà 1 tué, 2 blessés et 2 chevaux éventrés (les chevaux, ça n'est rien, on les mangera) (1).

---

(1) Archives d'Issy. Le journal du génie nous donne sur ce fait les renseignements suivants : « A 6 h. 1/2 du soir, un projectile, rasant la crête du masque de la porte d'entrée, est venu éclater dans le passage voûté ; il y avait là des artilleurs avec leurs attelages, qui amenaient au fort des mitrailleuses. Il y a eu 1 homme tué et 3 blessés, plus 3 chevaux tués. »

Pendant que le convoi était sous la poterne du pont-levis et qu'un brigadier d'artillerie du fort s'avançait pour le conduire et le diriger, un obus rasant le haut de la butte qui doit censément protéger la porte, est venu éclater dans la poterne même, sous les pieds des chevaux, fracassant les jambes du brigadier, blessant deux conducteurs et brisant la lanterne que le portier-consigne tenait à la main (il paraît que cette lanterne est la cause de tout le mal); il s'ensuivit dans ce long boyau devenu subitement obscur, un épouvantable désordre pendant lequel les chevaux se montaient les uns sur les autres, renversant leurs cavaliers, s'empêtrant dans leurs traits.

La garde de police, dans le premier moment d'ahurissement, avait prudemment quitté la poterne, laissant les artilleurs se dépêtrer; le lieutenant qui commandait et qui, lui non plus, ne voulait pas rester là, mais ne savait où mettre son convoi, jurait comme un templier : « Sale cambuse! sale cambuse! »

Enfin on est venu à son aide, il a fallu néanmoins appeler les artilleurs, car la besogne était délicate, et on alla placer le matériel derrière les trois masques de la porte d'entrée.

Valentin, notre sergent-major, est venu aujourd'hui reprendre son service interrompu par une courte maladie; il a traversé la cour tout comme Trochu ; on lui a fait une ovation. Quel changement il a trouvé dans la casemate, il en est resté baba. Il comptait naïvement habiter sa petite mansarde du bâtiment de l'horloge ; il a fallu en rabattre : elle brûle sa petite mansarde d'antan. Pour ses débuts il a pris la grand'garde ce soir avec toute la compagnie.

Quant à moi, je suis ici pour cette nuit à la pâte de guimauve et au réglisse, ce ne sera rien je l'espère. Nous sommes quatre dans la casemate : deux de nos artilleurs auxiliaires (Labussière, Deturck) et le caporal Guigardet, détaché au génie (il travaillait précisément près de la poterne lorsque l'accident est arrivé), et ton serviteur qui serait complètement heureux s'il n'avait très mal à la tête.

Jeudi matin.

Cottin à de X.....

Hier au soir, à 6 heures, pendant qu'une partie de la compagnie allait se prélasser (tout est relatif!) dans la gare de Clamart pour renforcer le poste d'infanterie, l'autre (*quorum pars fui*) passa douze heures de nuit, soit à grelotter dans une poterne, soit à manier la pelle et la pioche pour reconstruire le talus qui protège ou plutôt protégeait la casemate des lignards qui occupent la batterie du cimetière, et réparer la susdite.

Nos batteries auxiliaires nous rendent, je crois, de grands services, mais elles paient cher le droit qu'elles prennent de dialoguer avec l'ennemi.

Nos vieux lignards (1) m'ont paru aussi démontés que leurs abris et tout en les remontant (les abris) nous avons dû aussi leur remonter le moral. Sans reculer devant un jeu de mots, je dirai : « beaucoup de rappelés, peu d'élus ».

La batterie de Meudon nous a gênés quelque peu dans notre travail, mais les coups de l'ennemi, dirigés plus particulièrement sur le fort, passaient pour la plupart au-dessus de notre tête.

De notre poste, le fort présentait cette nuit un aspect bizarre et fantastique ; la toiture de nos deux bâtiments en flammes éclairait le ciel comme une gigantesque aurore boréale et pendant que les obus, ravivant la flamme, faisaient jaillir d'immenses étincelles en s'engouffrant dans la fournaise, le fort avec ses remparts noirs et immobiles semblait dire : « Eh bien, après ? Je suis là ! »

En rentrant de la grand'garde, nous avons trouvé nos artilleurs auxiliaires contemplant ce spectacle d'un air indigné : « Ils nous envoient du pétrole, ces cochons-là », nous n'avions guère envie de discuter, nous sommes éreintés et encore plus gelés. Nous leur avons dit bonsoir ou plutôt bonjour, ma foi ! je ne sais plus. Sur ce, je prie Dieu qu'il t'ait en sa sainte et digne garde et..... moi aussi.

Jeudi 12 janvier.

8ᵉ journée de bombardement.

L'artillerie travaille à sa batterie de mortiers. On envoie un sapeur pour aider à la construction des abris de munitions.

Le feu de l'ennemi a été régulier de minuit à 3 heures, et plus vif que pendant la première moitié de la nuit ; il s'est calmé de 3 à 8 heures et a été très violent jusqu'à 4 heures (moins cependant que la veille) ; de 4 heures à 9 h. 1/2, le calme a été relatif.

De 9 h. 1/2 à minuit, la batterie située derrière Clamart, dans la direc-

---

(1) La plus grande partie des soldats de ligne et d'artillerie se composait d'hommes de 30 à 35 ans que l'on avait rappelés sous les drapeaux.

tion de la porte de Châtillon (batterie 13), envoie des bombes à intervalles assez réguliers et rapprochés.
Tués, 1, plus 1 brigadier d'artillerie étranger au fort. — Blessé, 1.

Jeudi, après-midi.

Tiphaine à son frère.

Nous allons jouir aujourd'hui, si rien ne vient nous déranger, d'un repos bien gagné, après la vie que nous menons depuis le bombardement et les deux nuits que nous venons de passer; nous sommes de piquet.

Depuis deux jours, le bombardement a pris des proportions phénoménales et telles que nous n'avons jamais rien vu de pareil. Aujourd'hui nous avons, à un moment, compté jusqu'à 7 obus par minute! Nous recevons ce déluge avec la plus parfaite philosophie et le fort n'y répond que par le silence du mépris.

Nos deux bâtiments continuent à brûler sans qu'il en résulte pour nous autre chose qu'une distraction. Malheureusement, l'eau se fait rare et, en dehors des heures où le bombardement se ralentit, il est presque impossible de s'en procurer, la pompe, quoique réparée, fonctionnant encore très mal.

Une gamelle pleine d'eau a été payée cent sous! Certes, ce n'est pas gai; on rit cependant, on plaisante. De quoi ne rit-on pas? Connais-tu le moyen de te rincer *la dalle* sans eau, sans rien payer et avec diligence? c'est de prendre celle de *Reims et Sedan* (1); je t'assure qu'il n'est pas de moi.

On m'affirme que des obus sont tombés dans l'île Saint-Louis. Est-ce possible?

Jeudi.

Caporal G..... à son père.

Quand on a parié un litre, est-ce un litre de vin, d'eau, ou de cognac? voilà la question que les trois jurisconsultes de la casemate ont eu à trancher aujourd'hui :

L'ingénieur caporal Marteau (de son nom Monnier) a émis l'avis que le fort devait recevoir aujourd'hui 10.000 obus. Le caporal

---

(1) Pour comprendre ce singulier rapprochement, il faut rappeler que les gardes mobiles, peu entraînés à la marche, avaient fait leur début le 17 août, dans une étapes de plus de 30 kil., du camp de Châlons à Reims, par une chaleur torride.

L'Enfilé (Escarré) l'a traité d'idiot ; sur ce, pari gagné par l'ingénieur qui, à plusieurs reprises, a compté 7 obus par minute, soit $7 \times 60 \times 24 = 10.080$. C. Q. F. D.

Comme à ce moment il n'y a plus de vin à la cantine Sassus, L'Enfilé a refusé de payer. Marteau réclamait soit un litre de cognac, soit un litre d'eau. L'eau est précieuse à l'heure qu'il est.

Consulté le premier, un de mes collègues, clerc d'avoué, le sévère Bourgoin, a déclaré que tout jeu ou pari étant formellement interdit par la loi, L'Enfilé ferait ce qu'il voudrait ; jugeant en équité, j'ai opté pour l'eau-de-vie ; le caporal Gonflé (Montillet), après en avoir délibéré conformément à loi (pour un futur notaire ce n'est pas mal), a décidé que L'Enfilé devait 1/2 litre d'eau et 1/2 litre d'eau-de-vie et serait tenu de verser le tout *ès-mains* du tribunal, qui s'en ferait un grog.

L'exécution du jugement est remise aux calendes..... vu que Marteau n'insiste pas.

Par ce simple récit tu comprends que nous sommes de repos, j'ai profité de la circonstance pour faire avec Bourgoin deux parties d'échecs soignées ; à mon grand étonnement et à ma grande joie, j'ai trouvé un véritable adversaire.

Veux-tu avoir une idée de ce qui se passe dans notre intérieur pendant que je t'écris et qu'en dehors le bombardement fait rage ?

Notre basse-taille Picard, en face de moi, de l'autre côté du fossé, chante : « Meunier, meunier, tu es..... » ; une partie de la casemate reprend en chœur : « Eh ! ru ! Eh ! ru dondaine ! » ; à gauche, au fond de la casemate, Syvan, baryton un peu rauque, beugle : « O Neptune, dieu des eaux » ; une autre partie hurle en chœur : « Protège nos vaisseaux ! »

Quelle admirable cacophonie ! Pendant ce temps, Aubry sourit aux contes drolatiques de Balzac (il a lâché son Victor Hugo), Cottin rédige son journal, nos trois artistes Leidenfrost, Deturck et Lepère, installés dans le fossé, croquent le fort et les deux bâtiments qui continuent à brûler. Au-dessous de moi, couché sur sa paillasse, Gervoise me lance des bouffées de fumée de cigarette en faisant des ronds. Bernier, debout dans le fossé, frise sa moustache, maintenant tombante : le malheureux n'a plus de cire ! Le fourrier Hénon baille. Le sergent-major Valentin, son sac sur les genoux, un papier rempli de petites colonnes sur son sac, fait des additions ; le bruit paraît l'impatienter ; le sergent Morda..... Allons, bien ! « A vos rangs, fixe!! » C'est une façon de politesse absolument inexécutable. Le colonel.....

5 heures.

. . . .

6 heures.

Je reprends ma lettre : le colonel venait nous dire que le fort était attaqué; nous avons été voir, nous n'avons rien vu et nous sommes revenus.

Sur son ordre, nous sommes partis au pas gymnastique nous installer dans la poterne du front des officiers (3-4), côté Meudon. Du côté du bas Meudon, une vive fusillade paraissait engagée; le bombardement sur le fort, quoique sérieusement ralenti, était encore assez vif pour que le capitaine Réveilhac ait jugé inutile de nous faire sortir tous sans nécessité. Il a envoyé en avant Morda et quelques hommes pour voir ce qui se passait.

Ils ont poussé une reconnaissance jusqu'au cimetière et sont revenus au bout d'une demi-heure pour nous apprendre que c'étaient les gardes nationaux qui, installés sur la route allant d'Issy à la batterie, tiraient sur qui? Sur Morda et les sergents de ville de la batterie du cimetière!

Que le diable emporte tous ces étourneaux!

P.-S. — Est-il vrai que des obus soient tombés dans l'île Saint-Louis et devant chez nous, quai de Béthune?

Vendredi 13 janvier.

9ᵉ journée de bombardement.

A 7 heures du matin le fort et les batteries annexes ont ouvert le feu avec toutes les pièces disponibles. Le fort de Vanves avait annoncé qu'il essaierait d'engager la lutte à ce moment et nous avait demandé d'y prendre part. Au bout de trois quarts d'heure, Issy et Vanves cessaient de tirer, l'artillerie ennemie étant trop supérieure.

De ce moment à 7 heures, le feu de l'ennemi a été régulier sans être trop vif; de 7 heures à 4 h. 1/2, il a été plus vif que dans la journée précédente, relativement calme jusqu'à 11 heures; de 11 heures à minuit, moins vif que dans la journée.

Tué, 1. — Blessés, 2.

Clamart, 13 janvier 1871.

Le capitaine de L'Estourbeillon, commandant la batterie de la gare, au commandant Huot, commandant l'artillerie du Fort (1).

Mon Commandant, j'ai l'honneur de vous rendre compte que la batterie de Clamart a ouvert ce matin le feu en même temps que Vanves. On nous a répondu immédiatement de Châtillon, de la Tour-aux-Anglais et des bois de Clamart. Nous avons soutenu le feu pendant une demi-heure et tiré soixante-douze coups pour la plupart très bien tombés.

Mais les dégâts causés à la batterie nous ont forcés de suspendre le feu : les embrasures sont renversées, sauf celle de la première pièce, une partie du revêtement intérieur est renversée en avant de la deuxième pièce ; la roue gauche de la troisième pièce est brisée ; la quatrième pièce a reçu un coup dans l'entretoise de devant des flasques, mais je ne crois pas l'affût hors de service ; la cinquième pièce a été aussi atteinte, une anse a été cassée et le guidon enlevé. En un mot, s'il fallait faire feu, nous n'aurions plus que la première pièce de disponible (qui n'a vue que sur Clamart).

Personne n'a été blessé grâce au service des guetteurs que nous avons placés en observation.

Je n'ai qu'à me louer de mes hommes qui sont tous accourus pour ouvrir le feu. Personne n'a songé à quitter son poste. Le feu a continué sur nous avec vigueur jusque vers 3 heures.

Le travail à faire à la batterie demandera du temps.

Je suis avec respect, mon Commandant, votre très obéissant et très dévoué serviteur.

H. DE L'ESTOURBEILLON.

Vendredi soir.

Tiphaine à son frère.

Me voilà complètement rétabli après deux nuits calmes et tranquilles. Ma maladie se composait d'un peu de rhume assaisonné de beaucoup de fatigue.

Je me suis laissé dire, ce matin, que, depuis 4 heures jusqu'à

---

(1) Cette lettre, intéressante à plus d'un titre, est extraite des rapports journaliers envoyés au commandant Huot.

8 h. 1/2, la moitié de la compagnie avait rempli et poussé des tonneaux pour le service de la boulangerie et les autres travaux du fort, trimballé des fagots, des sacs de farine, etc. Quant à moi, je ne me suis réveillé qu'à 7 heures.

Encore a-t-il fallu, pour obtenir ce résultat, que nos quatre mortiers de 27, toutes les pièces du fort et nos batteries voisines se donnassent le mot. Dieu du ciel, quel tintamarre! J'ai cru un instant que le fort sautait. Il n'en est rien heureusement et jamais notre artillerie n'a été plus vaillante.

Personnellement, j'ai passé ma journée sous terre à faire le métier de mineur dans un passage qui nous permettra de communiquer plus facilement avec l'ambulance; après quoi j'ai dévoré un excellent rata lard-riz-julienne, additionné d'un bon centimètre cube de viande de cheval (de la mitrailleuse, sans doute; je l'avais dit que j'en mangerais!). Bref, je vais bien.

La circulation est vraiment bien dangereuse dans notre fort et il est décidément bien difficile d'y introduire du matériel : hier matin, le brigadier qui avait amené la mitrailleuse a été mortellement frappé sur la rampe du bastion 3, pendant qu'il gravissait cette rampe avec ses hommes.

Il paraît que c'est un parent de Floquet (1). Dans la soirée, ce radical citoyen et son radical chapeau, l'un couvrant l'autre, sont arrivés au fort dans une voiture d'ambulance de la Presse.

Malgré le bombardement, qui était assez fort, Floquet voulait absolument emmener le blessé. Le Dr Beaumanoir et le général Guichard s'y sont opposés. Le pauvre brigadier est mort dans la nuit.

Mais Dieu de Dieu, quel charivari toute cette journée!

Samedi 14 janvier.

10e journée de bombardement.

Le général commandant supérieur reçoit la dépêche suivante : « Donnez-moi de vos nouvelles. Avez-vous quelques besoins que je puisse satisfaire? Vous pourrez faire des propositions, s'il y a lieu, pour le relèvement partiel ou total de votre garnison, en la réduisant au strict nécessaire. Mes compliments par continuation aux vaillants défenseurs du fort. »

---

(1) Brigadier Etcheverry.

A 1 heure du matin, une fusillade très vive éclate près du fort, du côté du Moulin-de-Pierre. C'est la division Corréard qui a dirigé une sortie de ce côté. Le capitaine de Saint-Vincent en fait partie. La fusillade se rapprochant du fort, la garnison se porte vivement aux parapets.

Le bombardement, sauf une légère interruption, de 1 heure du matin à 2 h. 1/2, a eu les mêmes alternatives que d'habitude. Il a été cependant moins violent que les autres jours.

Tué, 1. — Blessé, 1.

Samedi.

Cottin à de X.....

..... Il est 1 heure du matin, dans la casemate tout le monde dort, du rez-de-chaussée au sous-sol. On entend comme dans un rêve les obus qui viennent de temps en temps frapper le fond de notre casemate.

— Aux armes ! crie tout à coup une voix haletante.

Est-ce un cauchemar ? Quelques bougies s'allument.

— Aux armes ! ! ! crie la voix, de plus en plus essoufflée.

— Tiens ! mais c'est notre capitaine !

Quel *Réveil-ha* !

On ne lui offre pas de chaise.

Le major et le sergent Morda disparaissent au fond de la casemate en hurlant : « Aux armes ! » En dix minutes, tout le monde est prêt tant bien que mal, on n'oublie pas son fusil ; on se range sous les madriers. Au dehors la fusillade est vive et semble venir de tous côtés ; cela devient sérieux : « Ah ! messieurs les Prussiens attaquent le fort, cette fois ! La 8e est là ! »

Le « Vieux-Mâle » passe (toujours là le Vieux-Mâle quand il y a du pétard), puis le général Guichard :

— Rejoignez le poste de Clamart par la tranchée !

— On y va, messieurs !

On enfile la poterne des gogueneaux sans trop s'apercevoir que le bombardement s'est très ralenti et que tout l'effort de l'ennemi paraît se porter sur la gare ; on escalade avec entrain les petits escaliers mobiles des grand'gardes ; on voit clair comme dans un four ; le sergent Bernier manque de tomber du haut des remparts ; son fusil part, enlevant le pan de la tunique de notre capitaine.

— Ne tirez pas, mille tonnerres ! s'écrie celui-ci.

La 8e compagnie s'échelonne dans la tranchée à droite de la gare où la 4e vient bientôt nous rejoindre. Devant nous, au loin, on se canarde : les *pigne* succèdent aux *tauufe* (1); on voit de nombreux éclairs de coups de feu; nous sommes convaincus que cela va chauffer. Des obus viennent s'aplatir sur le talus qui rehausse notre tranchée; d'autres éclatent plus loin. Des balles drues et serrées passent au-dessus de nos têtes avec un bruit mélodieux.

Tout à coup..... le feu cesse..... à 2 h. 1/2 du matin et nous rentrons au fort sans avoir rien compris.

Un seul parmi nous a été blessé, Syvan, atteint à la cuisse par un éclat d'obus. C'est un de nos plus enragés chanteurs, sa blessure n'est pas grave, mais en attendant qu'il se guérisse c'est un rude *coup de gueule* qui va nous manquer à la casemate.

Dimanche 15.

Je reprends ma lettre :

Nous avons aujourd'hui l'explication de notre bagarre de l'avant-dernière nuit. Le général Corréard (nous disons Corbillard) a voulu rééditer la première expédition qui a si bien réussi au Moulin-de-Pierre. On avait convoqué le 5e bataillon, les mobiles de la Somme, et les gardes nationaux du 41e, environ 4 ou 5.000 hommes.

Tout le monde s'est massé à 8 heures du soir pour ne partir qu'à minuit; quatre mortelles heures d'attente par le froid qu'il fait, pendant lesquelles tous ont battu la semelle en cadence avec accompagnement de bruit de bidons et autres ferrailles; un vrai ranz des vaches!

Le commandant Delclos comptait surprendre, il a été surpris; il paraît que nos pauvres camarades de la Somme, réfugiés dans la tranchée du chemin de fer, ont éprouvé de sérieuses pertes (on parle d'une cinquantaine de tués ou blessés).

Ce qui est vraiment étonnant, c'est que notre vaillante 8e, qui n'a échappé jusqu'ici à aucune corvée, à aucune alerte, compte à peine, depuis le bombardement, sa demi-douzaine de blessés.

Tu connais notre plaisante devise : « Les Glands, toujours debout! », je commence à trouver que nous la mettons sérieusement en pratique; aussi les malades sont-ils nombreux; une douzaine au moins se sont présentés à la visite ce matin.

Malheureusement, c'est un peu comme cela partout; le bruit court

---

(1) Le bruit de la détonation du fusil Chassepot était cinglant, celui du fusil allemand était grave.

que l'on va nous changer de garnison. Certes, nous ne pourrions perdre au change. Mais qui pourrait nous remplacer ici sans un sérieux entraînement? L'effectif disponible est très diminué sans doute; mais ceux qui restent, hein! quels lapins! j'en suis! et ne m'en flatte pas autrement; mais cela ne vaut-il pas mieux que d'être bronchiteux, varioleux ou typhoïque?

Dimanche 15 janvier.

11e journée de bombardement.

L'ennemi démasque une nouvelle batterie en arrière et à gauche de Clamart. Cette batterie voit un peu à revers la courtine 3-4. La circulation devant les courtines de cette casemate devient dangereuse.

L'ennemi travaille à une tranchée qui met en communication le Moulin-de-Pierre et la batterie du Grand-Chalet.

Les murs des casemates 16 et 17 sont démolis.

Les murs des casemates, poudreries 15 et 8, sont attaqués.

De minuit à 6 heures, le tir de l'ennemi est assez régulier et relativement modéré; il se ralentit de 6 à 8 heures, devient très violent de 8 à 4 heures, puis se calme jusqu'à 11 heures pour reprendre à cette heure moins violemment que pendant la journée.

Tués, 2, devant les casemates du front 3-4. — Blessés, 2.

Dimanche soir.

Tiphaine à son frère.

Nous avons passé une journée du dimanche terriblement longue dans nos *cages mates*. L'ennemi a maintenant modifié son tir : il bat en brèche les courtines sur notre front; deux casemates sont défoncées qu'il a fallu évacuer pour y faire les réparations nécessaires. Le 3e casernement brûle à son tour; on a pu cependant en retirer 200 caisses à biscuits. Nous avons été dispensés de prendre part à cette corvée qui n'avait rien d'agréable, car nous allons prendre la grand'garde, à 6 heures, à la gare de Clamart.

De plus, une des anciennes poudrières, dans laquelle s'étaient réfugiés les cuisiniers, est très endommagée; quoiqu'il n'y ait pas péril en la demeure (les voûtes sont, paraît-il, intactes), nos cuisiniers ont refusé de continuer à y faire la soupe; les marmites viennent d'être installées sous les madriers, près de notre porte; chaque escouade aura maintenant sa marmite; en ajoutant celle des sergents, cela fait 9 marmites; que de marmites! Enfin, ne nous plaignons pas ; si cette nouvelle installation nous retire encore un peu d'air, si elle gêne la circulation sur nos *grands boulevards* (1), elle nous évite, pour aller chercher notre pâture, un voyage bidiurne assez périlleux.

Nous sommes donc, dès maintenant, bien réellement cage-matés.

Les bâtiments **A. C. D.** (D'après une photographie.)

INCENDIE DES BATIMENTS C. ET D. DÉMÉNAGEMENT DES CAISSES A BISCUITS

Lundi 16 janvier.

12ᵉ journée de bombardement.

L'Observatoire de Paris signale l'existence d'une batterie au Moulin-de-Pierre. On ne peut voir exactement ce qui se passe sur ce point. Ce qui est incontestable, c'est que l'ennemi y travaille beaucoup.

Le 4ᵉ bâtiment n'est pas encore incendié.

---

(1) On appelait plaisamment « les grands boulevards » la sorte d'allée longeant, dans l'intérieur de la cour, les casemates des troupes, front 2-3 ; les madriers appuyés obliquement contre la tête des casemates laissaient à cette allée tout au plus 1ᵐ,50 de large. C'était le seul endroit de la cour du fort où il était permis de circuler sans courir de danger immédiat.

De minuit à 7 h. 1/2, le feu a été régulier mais pas très vif; il a été assez violent de 7 h. 1/2 à 10 heures. Le feu des trois batteries du Grand-Chalet, de la porte de Châtillon et de Meudon (19, 13, 3), était surtout très vif.

A 10 heures, le corps de place en arrière du fort et le Point-du-Jour ont engagé la lutte avec les batteries ennemies. L'armement de cette partie de l'enceinte ayant été augmenté, la lutte pouvait être soutenue avec avantage. Le feu de l'ennemi s'est ralenti contre le fort et il a tiré beaucoup plus contre l'enceinte. Son feu s'est ralenti de plus en plus jusqu'à 4 h. 1/2. L'artillerie française avait certainement l'avantage.

De 9 heures à minuit, l'ennemi a tiré un peu plus que les nuits précédentes; cela tient au bruit que font les corvées de gardes nationaux, malgré les recommandations les plus pressantes.

Tués, 2. — Blessés, 6, et un ouvrier charpentier.

Lundi matin.

Caporal G..... à son père.

La 8ᵉ a passé sa nuit dans les tranchées de la batterie de Clamart et dans une cave d'une maison démolie où l'on était assez bien installé, en ce sens, tout au moins, que l'on était à l'abri des obus et du froid.

Nous devons ce sérieux progrès, dans notre installation de grand'garde, à l'heureuse initiative (1) de notre sous-lieutenant Bouissounouse qui a fait cette trouvaille; au moins, après six heures de faction, la demi-compagnie a pu venir se chauffer auprès d'un bon brasier d'échalas.

Cette prévenance a failli coûter cher à notre sous-lieutenant : comme il sortait de sa casemate (front 3-4) pour aller reconnaître cette cave, un obus de Clamart est venu éclater à côté de lui et l'a renversé ainsi que deux de nos camarades allant en sens inverse; ces deux malheureux sont morts; quant à Bouissounouse, il ne doit la vie, ou tout au moins la jambe, qu'à son sabre qui a fait cuirasse.

Pour ma part, j'ai eu cette nuit une terrible peur : pendant que, côte à côte avec Valentin, le sergent-major, j'allais chercher la demi-compagnie installée dans cette cave, un obus s'est enfoncé

---

(1) L'initiative du lieutenant Bouissounouse dut se borner sans doute à aller reconnaître cette cave que, pour la première fois, on mettait à la disposition de sa compagnie, car le journal du génie signale déjà, à la date du 8, que l'on exécutait dans les caves du poste de Clamart divers abris en sacs à terre.

dans la terre entre nous deux. Grâce au dégel il n'a pas éclaté; nous n'avons rien dit, mais en arrivant nous devions avoir l'un et l'autre une sigulière figure, car Gervoise, de son propre mouvement, nous a offert un verre de punch qu'il avait (le brave garçon!) préparé pour lui-même.

Nous l'avons remercié en le mettant à la porte lui et sa demi-compagnie.

Ce matin en rentrant au fort nous avons trouvé de nombreux travailleurs composés de gardes nationaux du 4e bataillon et des mobiles de la Somme. Ils ont passé la nuit à déménager la poudrière de 8.000 projectiles qui s'y trouvaient enfermés. Ces munitions sont, paraît-il, destinées à approvisionner une batterie en construction située près du lycée de Vanves et qui doit contrebattre Châtillon.

Le bombardement qui s'était un moment ralenti pendant la nuit reprend de plus belle; notre troisième bâtiment est en flammes (bâtiment C), le fort ne répond que la nuit, car le jour, pour un coup que nous tirons, nous en recevons des centaines.

Mardi 17 janvier.

13e journée de bombardement.

Ordre de la place: M. le général commandant supérieur du fort d'Issy porte à la connaissance des troupes de la garnison la conduite digne d'éloge des militaires dont les noms suivent : Perrache, 1re batterie, 21e d'artillerie; Sonneville, 1re batterie, 21e d'artillerie; Lehmann, sergent, 4e compagnie du 4e bataillon des mobiles de la Seine; Billoud, caporal, 4e compagnie du 4e bataillon des mobiles de la Seine; Breton, Masset, Guillaumot, Gay, Fournier, gardes mobiles canonniers auxiliaires.

Ces hommes, dirigés par M. le capitaine Jullien et M. le sous-lieutenant Fourment, ont enlevé, sous le feu le plus violent de l'ennemi, 13 barils de poudre qui avaient été abandonnés dans la cour du fort par les gardes nationaux envoyés la nuit précédente pour évacuer les poudres.

Le général commandant supérieur du fort félicite ces officiers et soldats de cet acte de bravoure et de dévouement qui leur a fait le plus grand honneur, et les informe en outre qu'il entend en rendre compte au gouverneur.

Au fort d'Issy le 17 janvier 1871.

Le général commandant supérieur du fort,
Signé : GUICHARD.

L'enceinte de Paris a tiré pendant le jour sur les batteries ennemies.
Le tir de l'ennemi sur le fort, de minuit à 5 h. 1/2, a été un peu moins
vif que pendant la première moitié de la nuit. Très calme de 5 h. 1/2 à
8 heures, assez violent de 8 à 4 heures, s'est de nouveau calmé, et a
repris un peu d'intensité à 10 heures.

Tué, 0. — Blessé, 0.

Mardi, 17 janvier.

Caporal G..... à son père.

Le 101e bataillon de garde nationale vient de nous jouer un bien vilain tour; cette nuit même, les hommes de ce bataillon avaient été chargés de terminer l'opération que le verglas d'hier avait interrompue. Plus de la moitié étaient ivres; de son côté, le commandant ne valait guère mieux : il paraît que cet auguste personnage, après s'être revêtu, dans l'église d'Issy, de l'étole du prêtre (1), s'était livré sur les marches même de l'autel à de fréquentes libations.

De quelle utilité de pareils misérables peuvent-ils être pour la défense? Toujours est-il qu'ils ne sont même pas capables de déménager une poudrière et qu'ils ont laissé dans la cour une douzaine de tonneaux de poudre sans se soucier du danger qu'ils pouvaient nous faire courir.

On s'en est aperçu ce matin, et une dizaine de nos camarades ont dû, en plein jour, pendant que les obus tombaient de tous côtés, les mettre à l'abri. Ils sont portés à l'ordre du jour ainsi que les officiers qui ont dirigé le travail.

Un de ces ivrognes a été le héros d'une assez piquante aventure dont nous faisons gorge chaude à la casemate : cette nuit, il s'était introduit dans la casemate des officiers croyant entrer aux *gogueneaux*.

A part le vieux capitaine Henry, tout le monde dormait dans l'immense casemate éclairée par une seule bougie; celui-ci, vêtu d'un caleçon, le chef couvert d'un immense bonnet de coton, fumait

---

(1) Ce n'est pas dans l'église d'Issy qui était fermée que ce fait s'est produit. Voici ce que l'on lit à cet égard dans le *Précis des opérations de la brigade Porion*, dans laquelle le 101e a figuré quelque temps : « Le jour de son arrivée à Issy, le bataillon tout entier était en état d'ivresse. Les hommes, espacés sur la grande route d'Issy à Paris, chantaient et trébuchaient ; c'était un honteux spectacle. Le soir, quelques hommes logés dans le séminaire d'Issy forçaient une armoire, s'emparaient des vêtements sacerdotaux qui s'y trouvaient et se livraient dans la chapelle du séminaire à des parodies sacrilèges. » (P. 15 et suivantes.)

tranquillement sa pipe, lorsque apparut l'intrus. Le capitaine, tout d'abord étonné de voir entrer quelqu'un alors que personne n'était sorti, mais presque aussitôt encore plus intrigué par les singulières et incompréhensibles dispositions qu'il voyait prendre à l'individu, l'interpella vivement en lui demandant ce qu'il voulait.

Notre homme, sans hésiter, lui répondit par trois monosyllabes extrêmement précis.

Le capitaine, qui raisonnablement ne pouvait supposer une aussi monstrueuse fantaisie et qui, de plus, a l'oreille très dure, se crut grossièrement insulté et prévint son interlocuteur (ce n'était pas de trop) qu'il parlait à un capitaine :

— Quand tu serais général, reprit l'autre, ce ne serait pas une raison !

En lui-même ce raisonnement ne manquait pas de logique.

Ce burlesque quiproquo se termina par un terrible corps à corps et les deux adversaires allèrent bientôt rouler sur une pile d'assiettes qui s'écroula avec fracas, au grand désespoir du capitaine Dalleau dit « Higne mon bou! », chargé plus particulièrement de la conservation du matériel du mess.

On laissa le capitaine Dalleau, devenu subitement furieux, s'expliquer avec le capitaine Henry, et on porta notre pochard à la poterne où le sous-lieutenant Michaut était de service avec sa compagnie et, de là, à la salle de police où il ne tarda pas à s'endormir.

Ce matin, à la suite du rapport, le colonel chargea Michaut d'annoncer au garde qu'on avait pardonné, sans omettre cependant de lui administrer une verte semonce.

Le malheureux, complètement dégrisé, et mis au courant par les camarades de son horrible manquement à la discipline (on lui avait même fait croire que c'était avec le général qu'il s'était battu), avait une frousse terrible.

Tout à coup, la porte de la salle de police s'ouvre, le sous-lieutenant Michaut apparaît, le front sévère, sabre au côté, en tenue de service, et, saluant militairement le pauvre garde national terrifié :

— Ordre du général commandant supérieur, lui dit-il d'une voix grave et solennelle, du courage, mon brave ! l'heure est sonnée pour vous..... le peloton vous attend!

Les quelques prisonniers présents, comprenant la plaisanterie, se tordaient pour ne pas rire. On sortit notre malheureux plus mort que vif et il ne retrouva ses jambes que lorsque Michaut, n'en pouvant plus, s'écria en éclatant de rire:

— Maintenant, fiche-moi le camp et qu'on ne t'y reprenne plus !

P.-S. — Envoie-moi une chemise de flanelle — pas deux, pas de place ! — nous sommes couverts de poux. Jusqu'ici, grâce au froid et à une brosse, j'ai pu alternativement nettoyer mes chemises..... à coups de brosse ; mais si le dégel continue, c'est moi qui le serai...... nettoyé. Je suis cependant un des moins *habités*.

2° *P.-S.* — Notre bataillon vient d'être décoré en la personne de notre commandant ; on a décoré aussi le lieutenant Plaisance, blessé dans une de nos reconnaissances, et le sous-lieutenant Girard, commandant les éclaireurs. Ces distinctions, les deux dernières surtout, sont vues d'un très bon œil.

Mercredi 18 janvier.

14ᵉ journée de bombardement.

Rapport de la place : Les clairons, à raison des circonstances exceptionnelles, devront être employés aux travaux et corvées comme les autres hommes. A l'avenir, les sergents de semaine ne seront exempts d'aucun service.

Le feu de l'ennemi a été pendant cette journée à peu près ce qu'il avait été la veille. Nuit relativement calme. A 8 heures du matin, feu d'abord assez vif se calmant ensuite à cause du feu du corps de place qui paraît contrebattre assez avantageusement les batteries ennemies.

L'intensité du feu s'est ranimée contre le fort, mais cela n'a jamais été bien long.

Mercredi soir.

Tiphaine à son frère.

Les gardes nationaux que l'on nous envoie au fort pour nous aider dans nos travaux sont vraiment bien extraordinaires. Ils ne cessent de récriminer contre les mobiles qu'ils sont tout prêts à traiter de propres à rien. Quand ces messieurs ont fait l'exercice et monté la garde sur les remparts, ils se figurent sans doute qu'ils ont sauvé la patrie. Qu'ils viennent nous remplacer pendant quarante-huit heures et ils verront si nous sommes là pour notre plaisir.

Nous sommes réellement surmenés et le nombre des indisponibles augmente tous les jours, sans compter ceux qui sont à l'hôpital.

Depuis 4 heures du matin, la 8ᵉ a été employée à remplir des tonneaux et à trimballer des moellons destinés à faire un mur de soutien au fond de notre casemate. Pour ma part, j'ai passé ma matinée à aller prendre des sacs à plâtre sous la porte d'entrée et à les porter aux poudrières 8 et 15 dont les murs sont très endommagés; à 8 h. 1/2, les obus se sont mis à rappliquer de telle façon que tout travail a dû cesser.

Dans l'après-midi, nous avons pu reprendre le travail grâce à l'intervention des secteurs de Paris qui se sont mis à engager avec Meudon une vive conversation dont il ne nous arrivait que quelques bribes insuffisantes pour nous distraire de nos sérieuses occupations.

En allant dans les fossés chercher des moellons, j'ai pu constater l'existence de deux brèches dans nos murs, dont l'une permettrait sans aucun doute de tenter l'assaut (je dis tenter); mais à ce point de vue nous sommes tranquilles : l'idée de nos ennemis paraît bien arrêtée de nous écraser à distance. C'est tellement évident que notre immobilité devient incompréhensible. Qu'attend-on? Trochu a-t-il un plan? Qu'il l'exécute!!

Casemates 17 et 16 du front 23. (D'après une photographie.)

ENLÈVEMENT DES MOELLONS

Notre lieutenant-colonel vient d'être promu colonel, le « Vieux Mâle » l'a bien mérité — toujours le premier au danger, toujours vert, malgré ses 60 ans!

Notre ancien capitaine Moyse est décoré d'aujourd'hui; quoiqu'il nous soit en général peu sympathique, il faut lui rendre au moins cette justice qu'il est un de ceux qui ont le plus embêté les Prussiens.

Hier au soir, il y a eu grand émoi dans la casemate: on entendait très nettement, en mettant l'oreille sur le plancher, des bruits qui paraissaient souterrains; de là à croire le fort miné il n'y avait pas loin; le sergent Gervoise a été prévenir nos officiers. Le sous-lieutenant Bouissounouse est venu dare-dare et, après examen, nous a déclaré que ce bruit, que nous croyions *sous nous*, se produisait, en réalité, à côté de nous, dans la boulangerie que l'on répare.

Nous avons bien ri de notre fausse alerte et on ne parle plus maintenant que du lieutenant *Broui-sous-nouse*.

Il paraît néanmoins que des sondages vont être faits, car enfin il y a des carrières autour du fort et nous ne sommes pas les seuls à manifester des inquiétudes.

Mercredi soir.

Cottin à de X.....

Je viens de faire ce matin une singulière découverte: le mur de notre poudrière 15 qui, heureusement est vidée maintenant, est très sérieusement menacé, nous avons dû passer une partie de la matinée à transporter des sacs de plâtre et des moellons pour le consolider.

L'avant dernière nuit, cette poudrière contenait encore 7 ou 8.000 projectiles chargés et de la poudre que l'on a déménagés pour les transporter, nous a-t-on dit, à une batterie située à Vanves.

Que l'on ait enlevé ces munitions pour les transporter ou que l'on les ait transportées pour les enlever, ce qui est certain, c'est que les deux casemates voisines sont absolument défoncées et que c'est un pur hasard que la poudrière ne le soit pas aussi.

Si, dès les premiers jours, les Prussiens, au lieu de bombarder les bastions, avaient aussi bien battu nos courtines en brèche, toutes les casemates étaient défoncées, notre front sautait et avec lui tout le 4e bataillon, c'est-à-dire plus de la moitié de la garnison.

A quoi pensent donc ces messieurs du génie? pendant trois mois on s'est croisé les bras et c'est la veille seulement du bombardement que l'on a commencé les travaux de première utilité tels que tranchées dans la cour et consolidement intérieur de nos casemates. Le 5, quand les obus ont commencé à pleuvoir, on avait juste 0m,50 de tranchée et 1 mètre de sacs à terre en hauteur.

Vraiment c'est plus que l'incurie! la conséquence est une certaine méfiance inconsciente qui se traduit par des inquiétudes que je crois sans fondement : on parle de mines souterraines, de sondages à faire, etc., etc., la vérité c'est que l'on craint de sauter en l'air et ce n'est pas une mince préoccupation.

Tu me dis que tu as mangé du rat, je suppose que ce n'est pas à titre de simple curiosité, si j'en juge par l'horrible mastic qui vous sert de pain, nous sommes comme des princes en comparaison : outre que notre pain est vraiment bon, notre ordinaire de lard ou de cheval accommodé de riz est souvent agrémenté d'une excellente julienne.

Quoiqu'il y ait beaucoup de malades (ce matin vingt à la visite du major), nous pouvons tenir encore longtemps ici.

Mais Paris? n'est-il pas bientôt temps de faire quelque chose??

On chante beaucoup moins dans la casemate de nos trois chanteurs de fond : l'un est enroué, le ténor; l'autre est aphone, la basse; quant à notre baryton, il est à l'hôpital.

En revanche, on parle politique : il y a le parti des optimistes, des pessimistes et de ceux que j'appellerai des..... possibilistes. Je suis de ceux-là! j'attends.

Jeudi 19 janvier.
15e journée de bombardement.

Dès 7 heures du matin on commence à entendre le canon et la fusillade du côté du Mont-Valérien (bataille de Montretout).

De minuit à 7 heures le feu a été plus vif que pendant la première moitié de la nuit. De 7 à 4 il a été plus vif que pendant la nuit.

Deux ou trois fois, pendant des instants assez courts, il a eu toute l'activité des beaux jours.

De 5 à minuit, comme les jours précédents.

Tué, 0. — Blessé, 1.

Vendredi 20 janvier.
16e journée de bombardement.

Dès le matin, la batterie du Moulin-de-Pierre ouvre son feu.

De minuit à 9 heures du matin, le feu des batteries a été régulier mais très calme.

A 9 heures, il augmente d'intensité. Le corps de place et le Point-du-Jour engagent alors la lutte.

Le feu des Allemands devient très violent vers midi, mais il est dirigé en grande partie contre Paris.

Tués, 2. — Blessé, 1.

Vendredi matin.

Cottin à de X.....

Un mot seulement, je suis crotté à ne pouvoir me décrotter. Nous venons de passer vingt-quatre heures de grand'garde à la batterie du cimetière c'est-à-dire dans la boue jusqu'à mi-jambe. Malgré tout nous sommes joyeux : Hier matin jeudi, à 8 heures, avant de prendre la garde, on entendait une terrible canonnade et fusillade du côté du Mont-Valérien. Il n'est bruit ici que d'une formidable sortie de 300.000 hommes; admettons 150.000 pour faire la part de l'exagération (1).

A 9 heures du soir, hier, pendant que je montais ma faction devant nos deux pièces muettes du cimetière, le Mont-Valérien tirait comme un enragé ; il était superbe dans la nuit tirant à toute volée, dans le tas ! En voilà un qui n'a pas peur des batteries prussiennes! allez, braves artilleurs ! tirez, démolissez-en tant que vous pourrez!

Il paraît que nous occupons déjà la redoute de Montretout et de Buzenval.

Ce matin, le calme s'est rétabli au dehors. Peut-être a-t-on franchi les lignes; qui va-t-on trouver ? Faidherbe ? Bourbaki ? Enfin, espérons.

Ici le bombardement continue : nous recevons maintenant des bombes qui nous arrivent de je ne sais où et tombent comme grêle de tous côtés et dans les endroits épargnés jusqu'ici.

Boum ! en voilà une qui éclate en plein devant la casemate..... nos pauvres cuisiniers en sont heureusement quittes pour la peur.

Tout cela n'est pas drôle !

P.-S. — Vérification faite, aucun éclat n'est tombé dans notre potage ; allons tant mieux ! c'eût été indigeste !

---

(1) En réalité, il n'y eut que 84.000 hommes d'engagés. (Sarrepont, *Défense de Paris*.)

Samedi 21 janvier.

17ᵉ journée de bombardement.

M. le chef de bataillon du génie de Bussy prend le commandement du génie en remplacement de M. le lieutenant-colonel Bovet.

De minuit à 7 heures le feu de l'ennemi a été assez régulier mais très calme, il a augmenté d'intensité de 7 heures à 8 heures ; à partir de cette heure il devient assez vif et conserve cette activité avec quelques rares intervalles de calme relatif.

Le feu du corps de place soutient la lutte avec les batteries ennemies, et les coups de celle-ci sont en partie dirigés contre Paris.

A 4 heures, un projectile, parti du Point-du-Jour, arrive sur la batterie de mortiers du Moulin-de-Pierre et y fait sauter un magasin à munitions. L'explosion est considérable, le feu de cette batterie cesse et le feu des autres batteries se ralentit considérablement ; de 5 heures à minuit, quelques coups à d'assez longs intervalles.

Tué, 0. — Blessé, 1.

Dimanche 22 janvier.

18ᵉ journée de bombardement.

Dans la nuit, le ministre de la guerre fait connaître au général commandant que quelques gardes nationaux factieux appartenant au 101ᵉ de marche ont tenté de prendre l'Hôtel de Ville, que l'attaque a été lâche et odieuse et qu'après avoir riposté la troupe les a dispersés.

Le feu de l'ennemi, contre le fort et contre Paris, a été pendant la journée du 22 aussi intense que la veille en passant par les mêmes alternatives.

A 8 heures, la batterie du Moulin-de-Pierre ouvre son feu.

La batterie de mortiers 32, commandée par le capitaine de l'Estourbeillon, force cette batterie à cesser son feu à 9 heures.

On voit l'ennemi construire une nouvelle batterie à droite de la gare de Meudon.

Tué, 0. — Blessé, 1.

Dimanche soir.

Tiphaine à son frère.

Hier, à 3 heures de l'après-midi, le magasin à poudre du Moulin-de-Pierre a fait explosion, et le bombardement, qui jusque-là avait été assez régulier, s'est calmé tout à coup ; quoique l'artillerie du fort ait quelque peu tiré sur cette batterie avec ses mortiers, nos artilleurs avouent modestement que cet exploit est dû aux secteurs de Paris.

Malheureusement, le calme dont nous avons joui n'a été que momentané ; ce matin, à 8 heures, les bombes ont repris leur danse effrénée ; un de nos camarades, Frémont, a failli être victime de cette brusque reprise. Pendant qu'avec un autre il déménageait des caisses à biscuits du bâtiment Sassus, une bombe est arrivée qui a démoli la caisse qu'ils tenaient tous les deux. Il n'a qu'une légère blessure au pied ! Quelle veine ! l'autre n'a rien !!!

Depuis ce matin nous avons une nouvelle batterie de gros mortiers près de la gare de Clamart, qui fait beaucoup de bruit. Espérons qu'elle fera autant de besogne.

Nous sommes éreintés : Hier nous avons été de travail toute la journée, de 6 heures à 5 heures du soir, répartis dans les divers souterrains en cours d'exécution et, pour changer, à remplir des sacs. Je ne sais si nous verrons la fin des souterrains, mais enfin nous avons de la terre.

Aujourd'hui nous sommes de corvée un peu partout ; heureusement on vient à notre aide : les mobiles de l'Ain ont passé la nuit à consolider notre contre-mur qui commençait à faire de sérieuses grimaces. La moitié de la compagnie, les escouades du fond (5e, 6e, 7e et 8e), ont dû déménager et aller coucher dans un couloir encore inachevé mais suffisant pour constituer un charmant petit nid à rhumatismes.

Grâce à ce travail incessant le fort tient toujours et n'a jamais été plus disposé à résister ; nous sommes de plus en plus habitués aux sifflements des obus et aux détonations des bombes : cela nous endort.

Mais que nous dit-on ? on parle d'une révolte à Paris ! d'un nouveau 31 octobre ? Quelle est cette plaisanterie ?

Lundi 23 janvier.

19e journée de bombardement.

Rapport de la place : Les chefs de poste de la police et des poternes empêcheront d'une manière absolue aux hommes de sortir sans permission. Les hommes qui manqueraient aux appels seront punis de prison et on leur retiendra, quoique faisant le service dans la compagnie, le sou de poche qui sera versé à l'ordinaire. Il ne leur sera distribué ni vin ni eau-de-vie.

Le général Trochu, gouverneur, devient président du gouvernement ;

le soir, on communique à la garnison la proclamation adressée à l'armée par le général Vinoy, devenu général en chef.

De minuit à 6 heures, feu continu mais pas très vif; de 6 à 8 heures, calme; de 8 à 4 heures, assez violent avec intermittences; de 4 à 11 heures, quelques projectiles à d'assez longs intervalles; de 11 heures à minuit, le feu reprend un peu d'intensité.

Tué, 0. — Blessés, 3.

Lundi, après-midi.

Caporal G..... à son père.

Nous sommes très impressionnés des événements qui viennent de se passer à Paris; beaucoup de nos camarades voulaient y courir mais le « Vieux-Mâle » a prévu le coup et y a mis bon ordre en consignant le fort.

On discute beaucoup ici : Trochu est vivement critiqué, on lui reproche, peut-être avec raison, sa trop longue inaction. Nous avons les partisans de la paix et les partisans de la guerre à outrance. La guerre à outrance, c'est bien facile à dire! Il faut les entendre parler de ce qu'aurait dû faire Chanzy, de ce que doivent faire Faidherbe et Bourbaki! On discute, on s'échauffe et on se fâche.

Sur un point cependant on paraît unanime : l'attitude des Bellevillois (1) est sévèrement appréciée; quel but pouvait bien poursuivre ce fameux 101e en voulant s'emparer de l'Hôtel de Ville ? Est-ce que ces misérables poivrots auraient la prétention de faire mieux que les autres ? Ce ne sont que de lâches bandits bien plus dangereux pour nous que les Prussiens; les Bretons ont tiré dessus; eh bien! vivent les Bretons qui leur ont appris à vivre.

Espérons que nous en avons fini avec tous ces gaillards-là — nous avons bien d'autres sujets d'occupation.

Le fort tient toujours : nous creusons de nouveaux abris pour le cas où nos casemates deviendraient inhabitables; de leur côté, les Prussiens semblent s'être lassés de nous envoyer des projectiles de gros calibre, ils nous envoient maintenant de petits obus, petit

---

(1) Aucun habitant de Belleville ne comptait dans ce bataillon qui se composait des habitants de la barrière d'Italie et avait pour commandant M. Baronnet.

Il figura quelque temps dans la 1re brigade de la division Corréard; le 17 janvier, le colonel Porion, commandant cette brigade, exaspéré de sa conduite, demanda et obtint le renvoi de ce bataillon à Paris.

modèle, qui éclatent en l'air comme des fusées ; c'est très curieux, vu de nos casemates, mais très gênant pour la circulation.

Ce soir nous prenons la grand'garde, probablement à la batterie de Clamart. C'est une triste perspective : la boue est véritablement effroyable ! Je vais graisser mes bottes jusqu'à mi-jambe.

Malgré la vie impossible que nous menons, je continue à me bien porter. Les gradés ont, du reste, un peu moins à faire que les autres; aussi sommes-nous tous assez vaillants, sauf le sergent-major qui tousse furieusement.

Il n'en est pas de même des simples mobiles ; j'ai fait le compte : sur l'effectif de 130 hommes inscrits sur mon carnet de fin octobre, mais qui — en déduisant ceux qui ne font pas de service à la compagnie, comme les artilleurs auxiliaires, les détachés au génie, à l'ambulance, au télégraphe et surtout les trop nombreux lâcheurs qui se sont fait attacher à des services hors de portée de la bombe — se réduit en réalité à 110 hommes, nous serons exactement 73 à la grand'garde, car 21 sont à l'hôpital et 16 autorisés à garder la chambre.

Il me paraît vraiment bien difficile de supporter encore longtemps un pareil effort, car les plus valides sont sur les dents.

Mardi 24 janvier.

20e journée de bombardement.

De minuit à 3 heures de l'après-midi, les batteries ennemies n'ont pas tiré ; de 3 heures à 5 heures, le feu a été très violent puis s'est calmé pour reprendre un peu d'intensité à 11 heures du soir.
Tué, 0. — Blessé, 1.

Mardi soir.

Cottin à de X.....

Tu sais comme moi et mieux que moi que Trochu n'est plus gouverneur. Hier au soir, avant d'aller prendre la grand'garde, le major nous a lu, dans la casemate, la proclamation du général Vinoy. Celui-ci ne prend d'autre engagement que celui de faire son devoir de soldat, mais il ne veut pas dissimuler que « nous sommes arrivés au moment critique ».

Nous sommes très surexcités ici, et malgré une nuit passée dans la boue, à 0 degré, nous discutons et nous trouvons même moyen de nous échauffer.

Trochu n'a plus que de bien rares fidèles : « Le gouverneur ne capitulera pas », a-t-il dit. Le moment est-il donc arrivé? Espérons que non ! Mais Trochu se supprime comme gouverneur, ceci est clair et tout le monde croit comprendre. Serait-ce du jésuitisme? comme dit Aubry — un de ses plus ardents admirateurs d'antan ; — une fumisterie? comme l'affirme Leidenfrost — un terrible raisonneur qui n'a jamais cru en lui — ou une chinoiserie?

Je n'en sais rien, mais l'idole est tombée ! Le sauveur, c'est Vinoy ! Que fera-t-il ? Que pourra-t-il faire ? Les plus raisonnables font déjà des plans à perte de vue : on ne parle plus que de trouées, de sortie en masse ; on discute tout cela sérieusement.....

Après tout, une fausse sortie sur Champigny pendant qu'un véritable effort serait de nouveau tenté du côté du Mont-Valérien — ce ne serait peut-être pas si bête.

Mercredi 25 janvier.

21ᵉ journée de bombardement.

Le feu de l'ennemi a eu les mêmes alternatives que la veille ; il été très violent de 3 heures à 5 heures de l'après-midi et a été très calme de 5 heures à minuit.

Tué, 0. — Blessés, 2.

Mercredi.

Cottin à de X.....

Le bombardement devient réellement d'une monotonie insupportable, nous voudrions bien que l'on nous servît quelque chose de nouveau. Depuis le 5 de ce mois, on ne peut faire un pas sans entendre crier : « Gare Clamart ! Gare Meudon ! Gare Châtillon ! » Un instant après : patatras ! C'est stupide !

Une batterie sera démasquée à la maison des Clochetons, près de la gare de Meudon; le besoin s'en faisait sentir ! Ce qu'elle aura de gênant, c'est qu'elle enfilera notre front 2-3 et prendra nos madriers en travers. Où diable mettra-t-on les cuisines? dans notre chambre à coucher, sans doute ! Je demande alors au corps savant du génie d'organiser un sérieux tirage : ça manque d'air !

On parle avec quelque apparence de sérieux de notre départ du fort : nous remplacerions les Bretons qui nous remplaceraient. Malgré moi, l'idée de voir les mobiles du 4e bataillon garder l'Hôtel de Ville me fait sourire. J'aime mieux croire (entendons-nous!!, je trouve plus logique de croire), au refus que le « Vieux-Mâle » aurait opposé à cette proposition : « Où la chèvre est attachée, aurait-il dit, il faut qu'elle broute ! » — Broutons ! mais sommes-nous bien des chèvres ? ne ressemblons-nous pas plutôt à quelques-uns de ces insectes à mille pattes qui s'entassent entre les pierres humides des vieux murs, qui grouillent quand on les remue pour aller se cramponner ailleurs ? Nous nous cramponnons, cher ami ! nous nous cramponnons ! Mais Dieu du ciel quel nettoyage quand l'heure sera venue de nous représenter dans le monde.

Jeudi 26 janvier.

22e journée de bombardement.

De minuit à 7 heures du matin, le feu a été plus vif que pendant la première moitié de la nuit. A partir de 7 heures il a augmenté d'intensité et a été très violent pendant toute la journée.
L'ennemi n'a cessé de tirer qu'à minuit.
L'artillerie du fort a riposté lentement jusqu'à 9 heures du soir, le corps de place a soutenu la lutte jusqu'au même moment.
Une dépêche télégraphique a annoncé, à 9 heures, qu'un armistice était conclu qui devait commencer à minuit.
Le fort recevait l'ordre de cesser son feu. Il a obéi. L'ennemi a tiré jusqu'à minuit.
Tués, 2 et 1 garde mobile de la Somme entre 9 heures et minuit. — Blessés, 6 et 1 ouvrier civil dont 2 entre 9 heures et minuit.

Dernière journée.

Le 29 janvier, dès 5 heures du matin, l'ordre arriva d'avoir à quitter le fort à partir de 10 heures du matin pour être rentré à 2 heures à Paris, en ne laissant au fort pour en faire la reddition à l'ennemi que le commandant de place, les deux gardes d'artillerie et du génie et le portier-consigne.
D'après les bases de l'armistice, la garde nationale conser-

vait ses armes; l'armée, au contraire, était désarmée à l'exception des officiers et de 12.000 hommes qui devaient rester à Paris.

A 9 heures du matin, l'ordre fut donné au 4ᵉ bataillon de gardes mobiles d'avoir à déposer ses armes dans la casemate 15; cette dernière et triste corvée s'accomplit dans le plus absolu silence; tous l'avaient compris : ce n'était pas une ville, ce n'était pas Paris qui venait de capituler, c'était la France entière définitivement vaincue qui mettait bas les armes.

Chaque compagnie défila à son tour et les fusils, la plupart brisés ou rendus inutilisables, s'entassèrent pêle-mêle dans la casemate.

Avant de quitter le fort de sa personne le général Guichard, prit les dernières dispositions; entre autres, il eut à désigner l'officier chargé de rendre le fort aux Allemands et malgré la netteté de l'ordre reçu cette désignation ne fut pas des plus faciles : le commandant de place était le capitaine Thibaut, mais celui-ci, profitant de cette circonstance que depuis le début du siège il avait rempli les fonctions d'intendant, réussit à faire comprendre au général que l'ordre ne le concernait pas.

Ce fut le capitaine Dalleau, du 4ᵉ bataillon des mobiles, remplissant au fort les fonctions d'adjudant de place, que le général désigna; l'ordre en arriva à ce dernier à la casemate des officiers pendant qu'à table avec tous ses camarades il achevait un repas des plus sommaires; il refusa tout d'abord péremptoirement, puis, sur les observations que l'on lui fit amicalement (et tous savaient à qui elles s'adressaient), que le premier devoir d'un soldat était d'obéir, il fut pris d'un tel accès de désespoir que l'on dut précipitamment intervenir pour l'empêcher d'attenter à ses jours.

Sur les instances de quelques officiers très impressionnés par cette scène, le commandant Borrot voulut bien se rendre auprès du général pour lui faire observer qu'un officier de gardes mobiles ne pouvait être, à aucun titre, considéré comme commandant de place; que le capitaine Thibaut, ayant seul régulièrement ce titre, devait seul en supporter les conséquences; il réussit sans peine à le convaincre. Mais très prévoyant, sans doute, le capitaine était parti et le général se trouvait fort embarrassé.

Le capitaine Moyse, adjudant-major du 4ᵉ bataillon, vint heureusement à son secours : il s'offrit lui-même à accomplir la lugubre besogne, à la condition que l'ordre écrit lui en serait donné.

Il fut immédiatement satisfait.....

A midi, l'évacuation du fort commença : le génie prit la tête, suivi de l'artillerie et de l'infanterie.

Avant de donner à son 4ᵉ bataillon, rangé en bataille dans la cour, le signal du départ, le colonel Rambaud commanda son dernier « garde à vous ! ».

Sans doute il avait à cœur de protester contre l'inexplicable avantage accordé à la garde nationale; peut-être aussi était-il blessé de la haute faveur accordée à la garnison de Montrouge, qui, seule, par une décision spéciale du gouvernement, avait été autorisée à quitter son fort, emportant armes et bagages, et à le remettre aux autorités françaises : « Officiers, sous-officiers et gardes mobiles! » s'écria-t-il d'une voix émue et que l'on sentait frémissante, « nous ne cédons pas à la force, nous obéissons à un ordre. Soldats! vous avez dû déposer vos armes; officiers! vous pouvez les conserver; mais je tiens à vous le dire à tous : tous, au même titre, vous étiez dignes de les porter. »

Et, d'un geste brusque, détachant son ceinturon, il remit ostensiblement son sabre à son ordonnance, prit sa canne, et le triste défilé commença devant un officier allemand et quelques hommes qui se tenaient en dehors, près du pont-levis.

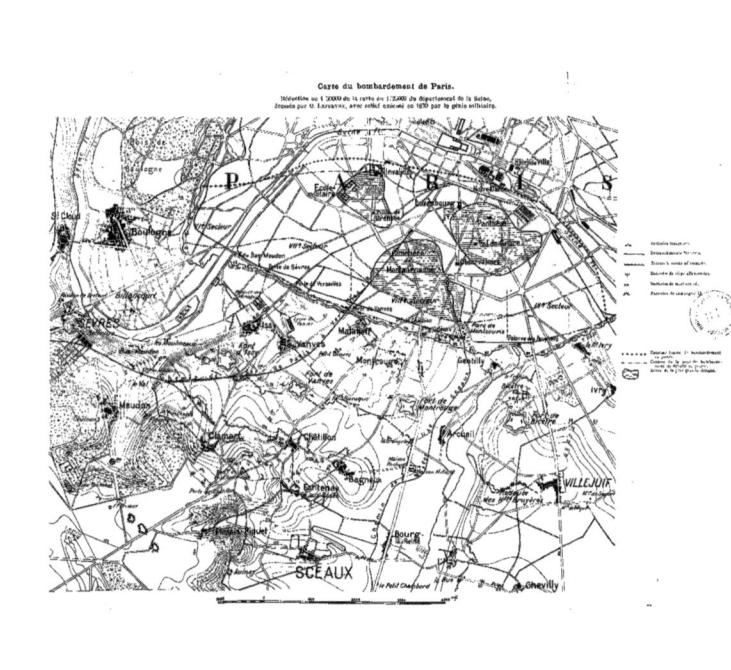

CONCLUSION

De l'avis de tous, aussi bien Allemands que Français, le fort d'Issy est celui de tous les forts qui fut le plus accablé par l'artillerie ennemie : sa cour intérieure était littéralement pavée d'éclats de fer.

Il reçut certainement, en tenant compte des obus de campagne, un minimum de 20.000 projectiles, ce qui, étant connue la superficie de ce fort d'environ 13 hectares, nous donne une moyenne de 1 projectile reçu par chacune de ses surfaces d'environ 6 mètres carrés.

Malgré l'extrême densité de ce bombardement, les pertes éprouvés en hommes furent relativement peu sensibles; elles ne dépassent guère 5 p. 100 de l'effectif de la garnison; la raison en est, sans doute, dans cette circonstance, qu'au fort d'Issy il n'y eut pas, à proprement parler, de lutte d'artillerie soutenue contre les batteries ennemies.

Mais, pour résister au déluge, pour maintenir le fort habitable et lui permettre de pouvoir jusqu'au bout soutenir la lutte, les travaux de toutes sortes qu'il fallut exécuter furent des plus considérables.

Sans compter cinq galeries de mines souterraines que l'on entama et qui avaient surtout pour but de réserver des abris dans l'avenir, sans parler d'un très grand nombre d'autres travaux de réparations à renouveler chaque jour, rien que pour protéger les casemates, pour garantir certains murs intérieurs contre les coups de revers, on remplit et l'on empila de 120 à 130,000 sacs à terre (1).

Pendant cette terrible période du bombardement, les gardes mobiles eurent à supporter les plus grandes fatigues; non seulement ils durent, pour venir en aide aux 43 sapeurs, qui, tout naturellement, vu leur petit nombre, avaient été instantanément débordés, fournir, par vingt-quatre heures, à la direction du génie, de 100 à 200 travailleurs de jour ou de nuit, mais encore et surtout ils eurent à satisfaire aux exigences d'un service extérieur extrêmement chargé et tout particulièrement pénible.

En principe, leur service de grand'garde se bornait, il est vrai, à fournir par vingt-quatre heures deux compagnies sur huit; mais, comme les deux compagnies de piquet furent presque toujours employées la nuit, soit pour doubler les postes, soit pour répondre aux alertes, et que, d'un autre côté, les cabanes, qui jusque-là avaient servi à abriter les compagnies de service, avaient été détruites, il s'ensuivit que, presque chaque nuit, les gardes mobiles virent la moitié de leur effectif se distribuer dans les fossés du fort le long des contrescarpes, dans les batteries extérieures, dans les tranchées, les pieds dans la neige ou dans la boue à 0 degré, par un froid très rigoureux, ou bien encore grelotter dans les poternes, exposés à tous les vents.

« La garde mobile était turbulente et indisciplinée, mais elle ne manquait certainement pas de courage », nous dit le colonel du génie dans son résumé; l'appréciation est juste en elle-même, au moins pour les premiers mois, mais pour le mois de

---

(1) D'après le capitaine du génie Petit, au fort de Montrouge on consomma 50.000 sacs; au fort d'Issy, du 31 décembre au 17 janvier, on en reçut 117.000; la plupart des casemates du front 2-3 avaient été garanties par des matelas protecteurs de 5 mètres d'épaisseur, quelquefois de 8 mètres. Voir à cet égard, aux archives d'Issy, le journal du génie.

janvier le correctif est insuffisant : pendant le bombardement, les mobiles montrèrent plus que du courage, ils firent preuve d'une réelle énergie, et, si, du jour au lendemain, ils ne purent devenir ce que l'on peut appeler « une bonne troupe », il faut reconnaître, du moins, que l'ardent patriotisme dont étaient animés ces soldats d'un nouveau genre, ces soldats-citoyens de Paris, dont le groupement constituait pour la première fois une armée réellement nationale, compensa largement, alors qu'il ne s'agissait plus d'obtenir d'eux qu'un ensemble de bonnes volontés et d'efforts individuels, les vices « d'une organisation franchement mauvaise et que le principe de l'élection n'avait fait qu'aggraver ».

Poussés par ce sentiment, qui, chez eux, du jour où ils se sentirent indispensables, arriva au paroxysme, les gardes mobiles firent tout ce qu'ils purent pour se tenir à hauteur de la tâche écrasante qui leur incomba tout à coup, et à laquelle, il faut bien le dire, par leur instinct naturel, autant que par leurs habitudes sédentaires, ils étaient aussi mal préparés que possible.

Nul ne songea à marchander ses efforts, nul ne compta avec la fatigue; lorsqu'ils durent abandonner la place, leurs forces étaient bien près de les trahir (1) : sur leur effectif de 875 hommes, un bon cinquième — 165 — était à l'hôpital, et un autre cinquième, officiellement autorisé à prendre quelque repos, était dans l'impossibilité absolue de rendre le moindre service; mais alors la lutte était terminée, et, somme toute, les gardes mobiles en étaient sortis victorieux.

C'est en grande partie grâce à leur vigilance que le fort avait toujours été prêt à résister à la moindre tentative de surprise; c'est en grande partie grâce à leurs travaux que cette forteresse, qui, en apparence, n'était plus qu'une ruine, était

---

(1) Archives d'Issy, *Rapport sur les opérations du 4º bataillon.*

cependant encore dans un état de préservation suffisant pour être à l'abri « de toute tentative d'assaut ».

Telle fut l'œuvre accomplie par les gardes mobiles; des troupes plus disciplinées, des troupes d'élite auraient pu faire aussi bien, elles n'auraient pu faire mieux.

Aussi sommes-nous heureux, en terminant, de pouvoir compléter les justes félicitations que le colonel Rambaud adressait à ses gardes mobiles lorsqu'ils quittèrent le fort, et que tous ont pu entendre, en signalant l'impression rétrospective d'un homme qui a eu en main tous les services et qui, plus que tout autre, a pu apprécier les profondes modifications que le bombardement avait entraînées dans l'esprit de cette troupe et dans son attitude, sans que l'on puisse dire qu'à ce résultat décisif la discipline militaire ait eu la moindre part.

Voici comment s'exprime (1), dans une lettre adressée au commandant Borrot, datée de Lyon le 10 avril 1872, le général Guichard, ancien commandant supérieur du fort : « Le 4ᵉ bataillon m'a gagné le cœur par la manière dont il s'est conduit pendant le bombardement, et je n'oublierai jamais ni son digne chef, ni ses braves officiers, ni ses courageux soldats. »

Le général ne cherche pas à juger la troupe; il ne juge que les hommes qui la composaient. Comme homme, il a été touché au cœur : c'est un éloge sincère; il est d'autant plus désintéressé qu'au jour où il a été décerné il ne présentait plus qu'un intérêt historique.

Il est suffisant, et il suffira à tous les gardes mobiles du 4ᵉ bataillon, car c'est à l'heure du danger qu'ils l'ont mérité.

---

(1) Archives d'Issy.

APPENDICES

Tableau officiel

CONTENANT LA RÉPARTITION DES 53.527 PROJE(

NOTA : *Voir l(*

NUMÉROS.	DÉSIGNATION DES BATTERIES et GENRE DE TIR.	ARMEMENTS		OBJECTIFS.
		PRIMITIF.	ULTÉRIEUR.	
1	De Saint-Cloud, *dite de Breteuil*	6 canons de 12.	3 de 15. 4 de 12.	Billancourt........... Boulogne............ *Point-du-Jour Bastion (* *Issy Front Ouest.....*
2	De la Terrasse de Meudon	8 de 12.	4 de 15. 4 de 12.	Les îles et les ponts Seine jusqu'au vi(*Enceinte Bastion 67..*
16	De la Terrasse de Meudon (Tir à démonter.)	4 de 12.	4 de 12.	Batteries voisines d' *Batterie du Parc d'Iss*
3	De la Terrasse de Meudon (Tir à enfiler et à démonter.)	8 de 15.	6 de 15. 2 de 12.	Issy Bastion Ouest.. *Enceinte Bastion 68..* *Puits de Grenelle.....*
4	De la Terrasse de Meudon (Tir à enfiler et à démonter.)	6 de 15.	4 de 15. 2 de 12.	Issy Front Sud.....
19	De l'Est de Fleury, *dite des Chalets* (Tir en brèche et à démonter.)	4 de 15 court. 4 de 15.	4 de 15 court. 4 de 15.	Issy Bastion Sud... Enceinte de la ville. *Enceinte Bastion 67..* *Issy Courtine Sud-Ou(*
20	De l'Ouest de Clamart, *dite de la Grille du bois de Clamart.* (Tir à démonter.)	6 de 15.	6 de 15.	Vanves Front Sud.. Bastion N.-O. flanc g *Enceinte Bastion 73.* *Enceinte Bastion 67.*
23	De Notre-Dame de Clamart, *dite du Moulin-de-Pierre.* (Tir courbe.)	4 mortiers 28.	4 mortiers 28.	Issy..............
5	Du Sud de Clamart, *dite de Clamart* (Tir à enfiler et à démonter.)	6 de 15.	1 de 15. 2 de 12. 3 de 9.	Issy Bastion Sud.. *Courtine Sud-Ouest..*
6	Du Sud de Clamart, *dite de la Porte de Chatillon.* (Tir à enfiler.)	6 de 15.	6 de 15.	Vanves Front Sud-(
13	Du Plateau de Châtillon, *dite Batterie Krupp de la Tour aux Anglais.* (Tir courbe.)	2 mortiers 21.	2 mortiers 21.	Issy..............

Aile gauche. — Centre.

es allemandes

DANS L'ATTAQUE PRINCIPALE.

ie ci-après.

ES.	OBSERVATIONS.	NOMBRE DE COUPS TIRÉS POUR CHAQUE NATURE DE PROJECTILES						RÉPARTITION sur			
		9	12	21	28	15 court	15	PARIS.	MONTROUGE.	VANVES.	ISSY.
			2.581				1.259	3.840			
			1.333				1.464	2.797			
			1.794								1.794
			1.313				1.900				3.213
	Cessait son feu le 9.		1.313				1.900				3.213
	Ouvrait son feu le 10. Le 15 long sur Paris.					1.974	1.003	1.003			1.974
	Ouvrait son feu le 11.						2.859			2.859	
	Ouvrait son feu le 20.				347						347
		613	200				2.267				3.080
	Cessait son feu le 9.						1.070			1.070	
				980							980
A reporter............		613	8.534	980	347	1.974	13.722	7.640		3.929	14.601

NUMÉROS.	DÉSIGNATION DES BATTERIES et GENRE DE TIR.	ARMEMENTS		OBJECTIFS.
		PRIMITIF.	ULTÉRIEUR.	
Centre (Suite.)				
7	Du Plateau de Châtillon............ (Tir à enfiler et à démonter.)	6 de 15.	1 de 15. 5 de 12.	Issy Front Sud-Ouest. Bastion S.-O. face gau
17	Du Plateau de Châtillon............ (Tir à démonter.)	6 de 12.	6 de 12.	B^{ies} entre Issy et Vany *Batterie gare de Clama Batterie à crémaillères*
8	Du Plateau de Châtillon............ (Tir de bombardement et à démonter.)	6 de 15.	6 de 15.	Vanves Front Sud.... *Notre-Dame de Paris... Enceinte Bastion 74...*
14	Du Plateau de Châtillon............ (Tir courbe.)	2 mortiers 21.	2 mortiers 21.	Vanves.............
9	Du Plateau de Châtillon, *dite de la Renommée de la Galette*. (Tir à enfiler et à démonter.)	8 de 12.	8 de 12.	Vanves Front Ouest.. Bastion Sud-Ouest....
10	Du Plateau de Châtillon, *dite de la Voie pierreuse (rue du Plateau)*. (Tir en brèche et à enfiler.)	6 de 15.	6 de 15.	Vanves Front Ouest.. Vanves Front Sud.... *Notre-Dame de Paris... Enceinte Bastion 77...*
21	De l'Ouest de Châtillon, *dite de la Plâtrerie de gauche ou de la Savonnerie*. (Tir à démonter.)	6 de 15 court.	6 de 15 court.	Vanves Front Sud-Ou
24	De l'Ouest de Châtillon............ (Tir courbe.)	4 mortiers 28.	4 mortiers 28.	Vanves.............
Aile droite.				
11	Du Nord de Fontenay, *dite du Cimetière*. (Tir à enfiler et à démonter.)	8 de 12.	8 de 12.	Montrouge Front Oue
12	Du Nord de Fontenay, *dite du Château*... (Tir à enfiler et à démonter.)	8 de 15.	8 de 15.	Montrouge Front Oue *Notre-Dame de Paris... Enceinte Bastion 77...*
18	De l'Ouest de Bagneux............ (Tir de bombardement et à démonter.)	6 de 15.	6 de 15.	Montrouge B^{ies} O. et v *Montrouge Front Ouest. Notre-Dame de Paris.. Enceinte Bastion 77...*
15	De l'Ouest de Bagneux............ (Tir courbe.)	2 mortiers 21.	2 mortiers 21.	Montrouge.........
22	De l'Ouest de Bagneux............ (Tir à démonter et à enfiler.)	6 de 12.	6 de 12.	Montrouge Front Oue Batteries à l'Ouest.
Attaque secondaire.				
01	De Chevilly à La Rue............	6 de 12.	4 de 12.	Ouvrages et Batterie Hautes-Bruyères.
02	De Chevilly à La Rue............	6 de 12.	4 de 12.	Ouvrages et Batterie Hautes-Bruyères.
03	De L'Hay....................	4 de 12.	4 de 12.	Front Sud et intérieu Montrouge et ouv de Cachan.

STANCES.	OBSERVATIONS.	NOMBRE DE COUPS TIRÉS POUR CHAQUE NATURE DE PROJECTILES						RÉPARTITION sur			
		9	12	24	28	15 court	15	PARIS.	MONTROUGE.	VANVES.	ISSY.
2.150	Report............	613	8.534 480	980	347	1.974	13.722 2.608	7.640		3.929	14.601 3.088
1.700 1.775	1/2 sur Issy. 1/2 sur Vanves.		2.436							1.218	1.218
1.700 3.100 3.750	1/2 sur Paris. 1/2 sur Vanves.						3.370	1.685		1.685	
1.900				945						945	
1.800 1.700			3.929							3.929	
1.800 1.675 3.000 3.950	Cessait son feu le 10.						1.003			1.003	
1.450	Ouvrait son feu le 15.					1.856				1.856	
	N'a pas tiré.										
2.700			1.845							1.845	
2.850 3.000 4.050	Cessait son feu le 11.						3.612			3.612	
7.000 2.200 7.350 3.450	Ouvrait son feu le 8. 1/2 sur Paris. 1/2 sur Montrouge.						2.608	1.304		1.304	
2.200				961						961	
2.300	Ouvrait son feu le 13.		1.704							1.704	
1.900 2.400		613	18.928	2.886	347	3.830	26.923	10.629	9.426	14.565	18.907
1.850 2.600				53.527						53.527	
2.150 1.600	Armée le 9 avec le matériel des Batteries 01 et 02.										

Note explicative des batteries allemandes et du tableau de répartition des 53.527 projectiles dépensés dans l'attaque principale, tombés sur Paris et les trois forts d'Issy, Vanves, Montrouge.

Lorsque l'on examine le tableau, on y remarque, pour chaque batterie, son numéro d'ordre, son genre de tir, sa désignation allemande et française, ses armements successifs, le but à battre et la distance de ce but.

Les distances sont comptées, pour tous les tirs, du milieu extérieur des batteries au milieu de la courtine, pour les courtines, et au centre du bastion, pour les bastions; pour le tir courbe, au centre du fort.

D'une façon générale, toutes les indications contenues dans le tableau, sauf celles en italique, qui ne sont que des indications complémentaires, sont extraites du tableau de l'état-major allemand.

Les distances non fournies par l'état-major allemand ont été mesurées sur la carte au $\frac{1}{25.000}$ du département de la Seine, dressée en 1865 par O. Lefebvre, avec relief exécuté en 1870 par le génie militaire; la carte au $\frac{1}{50.000}$ que nous publions n'est qu'une réduction de cette carte.

On trouve en outre dans le tableau le nombre de coups tirés par chaque batterie, pour chaque nature de projectiles.

Ce nombre est le résultat d'une opération fort simple. Nous avons déjà eu l'occasion, dans le cours du récit, de faire allusion à un article publié par le *Paris-Journal* du 16 mars 1871 et reproduisant un article envoyé au journal anglais *le Times* par son correspondant militaire, qui s'est trouvé sur place tout au moins au moment de l'armistice.

Ce correspondant donne à son journal, entre autres renseignements, le nombre de coups tirés par chaque batterie, pour chaque nature de projectiles. Or, en 1875, un ouvrage, publié sur les ordres du génie allemand, paraissait à Berlin, indiquant le nombre exact de coups tirés, non plus par batterie, mais pour chaque nature de projectiles.

La comparaison de ces deux renseignements, émanant de deux sources si différentes, nous donne les résultats suivants :

		Génie allemand.	Journal *le Times*.
Projectiles de	9	613	610
—	12	18.928	18.885
—	21	2.886	2.475
—	28	347	350
—	15 court	3.830	3.880
—	15 long	26.923	26.840
		53.527	53.040

On voit immédiatement que les plus grosses erreurs du correspondant anglais portent sur calibre 21, qui figure en moins pour 411 projectiles, et que les autres erreurs en plus ou en moins sont réellement insignifiantes.

Tout naturellement nous avons donné la préférence aux indications officielles allemandes et pour rétablir l'équilibre nous nous sommes borné à répartir les différences sur les autres batteries proportionnellement au nombre de coups indiqués par le *Times*.

En agissant de même tout le monde pourrait facilement se rendre compte que les chiffres portés dans les colonnes de notre tableau, pour chaque batterie, doivent, à quelques dizaines près, être considérés comme officiellement exacts.

Du reste, le lieutenant Rathyen, de la batterie 1, qui a puisé ses renseignements à la batterie elle-même, nous déclare que cette batterie a tiré 3.856 coups, dont un tiers de 24 livres (15 longs); or, en nous reportant à notre tableau, nous trouvons 3.840. On voit par là que nous ne sommes pas loin de compte.

Cette base admise, pour répartir nos 53.527 projectiles sur les quatre points de chute, nous nous sommes strictement conformé aux indications données par l'état-major allemand. Tous les coups des batteries 1 et 2 ont été envoyés sur Paris; les coups des deux batteries de bombardement 8 et 18 (ces deux batteries ayant deux buts officiels distincts), moitié sur Paris, moitié sur Vanves et Montrouge; ceux de la batterie 17, moitié sur Vanves, moitié sur Issy; enfin, pour la batterie 19, nous avons porté sur Paris tous les coups de 15 long, par la raison que dans aucun cas les pièces de 15 court, espèces d'obusiers rayés, destinées au tir plongeant aux courtes distances, n'avaient pu être dirigées sur Paris.

Ce mode de procéder nous a conduit à faire tomber sur Paris 10.629 projectiles, sur Montrouge 9.426, sur Vanves 14.565, et sur Issy 18.907.

Dans quelle mesure ces résultats relatifs sont-ils exacts? Ils le seraient certainement, au moins à quelques centaines près, si dans la pratique les batteries s'étaient elles-mêmes conformées aux indications fournies par l'état-major; mais en réalité la distribution générale du feu fut beaucoup plus complexe; laissons de côté les détails : la grosse chance d'erreur se trouve dans cette circonstance que presque toutes les batteries dans lesquelles figuraient du 15 long durent plus ou moins tirer sur Paris, soit pour bombarder la ville, soit pour prendre part à la lutte d'artillerie à soutenir contre son enceinte; citons quelques témoignages :

Les batteries de droite (8, 10, 12, 18) nous dit Vinoy, page 373, étaient surtout dirigées sur Paris, mais elles plongeaient avec efficacité sur Vanves et Montrouge.

Les batteries de Châtillon qui couronnent toute la crête et celle de la voie Pierreuse (batterie 10) font un feu très nourri sur Vanves et Issy et tirent également sur Paris.

Les batteries de Fontenay ralentissent leurs feux sur le fort de Montrouge et beaucoup de coups sont dirigés sur Paris. (La Roncière, aux dates des 6, 10, 13, 19 janvier.)

Le feu se ralentit sur le fort d'Issy, l'ennemi tire en même temps sur Paris. (Journal des 7, 8 et 9 janvier.)

Le corps de place et le Point-du-Jour interviennent dans la lutte et l'ennemi tire beaucoup plus sur l'enceinte. (Journal des 16, 18, 20 janvier.)

Les batteries de Châtillon dirigent leurs feux sur le Panthéon, celles de Meudon sur les quartiers de Grenelle.

Les projectiles lancés par les batteries de Châtillon, Bagneux et Meudon sont venus frapper, etc. (Résultats officiels du bombardement des 7 au 8 et des 21 au 22 janvier.)

La canonnade a été très vive entre les 3 forts, les secteurs 6, 7, 8 et les batteries prussiennes de Châtillon, Clamart, Bagneux, Meudon, Breteuil; un de nos obus a fait sauter la poudrière du Moulin-de-Pierre. (Rapport militaire du 21 janvier.)

Nous croyons inutile d'insister : à notre avis il n'y a guère que trois batteries dans lesquelles on comptait du 15 long qui, ayant pour objectif indiqué un fort, se soient bornées en pratique à tirer sur ce fort :

Ce sont tout d'abord les batteries 5 et 6 les plus éloignées de l'enceinte (4.750 et 4.800 mètres); la première est la seule qui n'ait jamais eu à subir que le feu d'Issy, nous dit le rapport d'artillerie; la deuxième était orientée sur Vanves et d'ailleurs cessa son feu le 9 janvier. Enfin, la batterie 4, qui, comme la batterie 6, fut une batterie d'attaque de la première heure, cessa son feu également le 9; « placée au pignon droit du château, elle fut la seule des batteries de la Terrasse qui ait constamment tiré sur le fort » (1).

Il résulte de ces diverses constatations que le total donné par le tableau pour chaque fort doit être quelque peu exagéré et que, pour Paris au contraire, ce total doit être sensiblement trop faible.

C'est ce que nous allons examiner en cherchant à déterminer aussi exactement que possible le nombre d'obus tombés sur la capitale.

C'est du reste le seul moyen pratique qui nous soit offert de contrôler les résultats obtenus.

Le seul auteur qui ait sérieusement étudié la question est le major Sarrepont : il fixe en bloc à 12.000 le maximum d'obus reçus par Paris; mais il ne paraît s'être occupé que du bombardement proprement dit; en tous cas, aucun de ses arguments, aucun des faits qu'il cite n'est relatif au duel d'artillerie soutenu par l'enceinte et, en ce sens, on peut dire que son estimation est exagérée de plus de moitié. Un autre auteur qui s'est incidemment occupé du duel d'artillerie, M. Charles Dubois, ancien brigadier de l'artillerie de la garde mobile, détaché au parc d'artillerie du 6e secteur pendant le bombardement, nous indique que du 5 au 26 janvier le Point-du-Jour aurait reçu 14.000 obus.

Nous croyons que dans cette estimation il y a aussi une très grosse part d'exagération.

Étudions donc ces deux points séparément :

1º Combien la ville de Paris a-t-elle reçu d'obus à titre de bombardement?

2º Combien l'enceinte, c'est-à-dire les bastions de l'enceinte et leurs environs immédiats en ont-ils reçu à raison de la lutte d'artillerie qu'ils eurent à soutenir contre les batteries ennemies?

I. Bombardement.

Le major Sarrepont publie dans son ouvrage un document fort intéressant : c'est un état dressé d'après les observations faites par

---

(1) Il faut y ajouter la batterie 16 qui n'était armée que de pièces de 12 et qui, elle aussi, ne tira que sur le fort ; il y a là une légère inexactitude due à une erreur d'observation : le commandant de l'artillerie, dans son rapport, a confondu en une seule les deux batteries 2 et 16; il ne compte en effet que trois batteries sur la terrasse alors qu'il y en avait quatre.

les guetteurs parisiens pendant les vingt-deux jours de bombardement. Le total de ces observations s'élève à 4.191.

Avant d'analyser cet état en détail, consultons les Allemands.

Pour bombarder la ville, nous dit l'état-major, on envoyait chaque jour 300 ou 400 obus de 15 long.

200 ou 300, nous dit le major Blume.

Le plus c'est 8.800 le moins 4.400; où est la vérité? nous croyons qu'elle est sensiblement dans le minimum et que l'état-major a plutôt donné la mesure de ce que les Allemands désiraient faire que de ce qu'ils ont pu faire en réalité.

Prenons l'état des guetteurs : on y remarque tout d'abord que pendant les premiers jours il n'y a pas d'observations; ceci indique clairement que le service n'était pas encore organisé.

Si nous additionnons maintenant les observations du 8 janvier jusqu'au 16, soit pendant neuf jours, nous trouvons un total de 3.527 obus, ce qui, pour chaque jour, représente exactement 392. Il semble donc tout d'abord que c'est le maximum indiqué par l'état-major qui doit l'emporter; mais, tout à coup, à partir de ce jour, le chiffre des observations se réduit : du 16 au 17 il tombe à 189; pendant trois jours il est nul, se relève à 200 au lendemain de la bataille de Montretout, retombe à 0 pour remonter à 128 le 23 janvier, revenir à 0 pour finir en somme à 137 le jour même de la signature de l'armistice, c'est-à-dire le 25 janvier.

Bref, pour les dix derniers jours, le total n'est plus que de 654!!!

Quelle est donc la raison de cette brusque modification? Le journal du fort d'Issy va nous la donner; voici ce qu'on lit dans ce journal à la date du 16 janvier :

A partir de 7 h. 1/2 du matin le feu fut assez violent sur le fort; celui des trois batteries, des Chalets, de la porte de Châtillon et de Meudon (19, 13, 3) était surtout très vif; à 10 heures du matin, le corps de place en arrière de ce fort et le Point-du-Jour ont engagé la lutte avec les batteries ennemies. L'armement de cette partie de l'enceinte ayant été augmenté, la lutte pouvait être soutenue avec avantage. Le feu de l'ennemi s'est ralenti sur le fort et il a tiré beaucoup plus sur l'enceinte. L'artillerie française avait certainement l'avantage.

Or, cette constatation de l'intervention effective de l'enceinte, faite ce jour-là pour la première fois, nous la retrouvons par la suite presque chaque jour, comme on peut le voir dans les extraits de ce journal que nous publions dans la troisième partie en tête de chaque journée.

En fait, le feu de l'enceinte deviendra, non seulement de plus en plus gênant pour la batterie 19 qui ouvrit son feu le 10, mais même très préjudiciable aux batteries 21 et 23 qui n'ouvriront leurs feux que les 15 et 20 janvier. On sait du reste que les magasins à poudre de ces deux batteries furent détruits.

Voilà donc un fait bien prouvé : le chiffre des observations baisse au moment précis où le duel d'artillerie devient et va devenir de plus en plus intense.

La conclusion s'impose : tout d'abord les Allemands, pour soutenir la lutte avec l'enceinte, furent obligés de modérer la dépense de leurs projectiles destinés au bombardement (ce qui est bon à noter), et ensuite (ceci est décisif) les guetteurs parisiens ne se sont nullement préoccupés d'observer les différentes phases du duel d'artillerie.

Leurs 4.191 observations doivent donc être portées presque en totalité à un compte unique, celui du bombardement proprement dit.

Si l'état des observations était complet nous serions donc à peu près fixés; mais nous savons que ces observations manquent pour environ quarante-huit heures, nous avons ensuite le droit de présumer quelques oublis; d'un autre côté, nous pouvons admettre une certaine confusion résultant d'observations relevées sur des coups en principe dirigés sur l'enceinte, mais s'étant trouvés accidentellement beaucoup trop longs.

Nous dirons donc en conséquence que le nombre d'obus dirigés sur la ville avec l'intention de la bombarder a bien pu atteindre 4.500, mais que ce serait faire une trop large part à l'hypothèse que de supposer qu'il ait pu dépasser 5.000.

II. Lutte d'artillerie.

Passons à l'examen du duel d'artillerie; nous savons que la lutte s'étendit de la rive droite à la rive gauche sur une ligne d'environ 6 kilomètres de développement; que sur la rive droite il y eut 7 bastions du Point-du-Jour qui y prirent part, 61 à 67; que sur la rive gauche il y en eut 10, 68 à 77, en tout 17.

Nous allons ensuite avoir cette impression que l'intensité de la lutte fut incomparablement plus forte sur la rive droite que sur la rive gauche; cette impression nous est en effet donnée, fort nette,

Défenseurs.

par la liste, publiée par Sarrepont, des immeubles atteints dans Paris avec le nombre d'obus que chacun a reçu.

En parcourant cette liste et en pointant sur le plan de la ville les maisons signalées, on se rend facilement compte que dans l'extrême voisinage qu'enserre immédiatement l'enceinte des 7e et 8e secteurs, c'est-à-dire les boulevards Brune, Lefebvre et Victor, 5 ou 6 maisons à peine ont été atteintes de chacune 1 ou 2 obus et qu'au contraire sur le parcours du boulevard Murat qui contourne le 6e secteur (Point-du-Jour) on en trouve plus de 20 et que le boulevard lui-même, sans que l'on ait vérifié le nombre des obus ayant frappé les immeubles qui le bordent, est noté comme « complètement détruit ».

Deux chiffres pris sur les deux extrémités de la ligne, bastion 66 rive droite, bastion 77 rive gauche, vont même nous permettre de déterminer avec une certaine précision la valeur relative de ces deux intensités ; la savante étude à laquelle s'est livré le capitaine du génie Petit sur la pénétration des projectiles dans les maçonneries nous laisse voir, par la photographie qu'il nous montre de la face droite du bastion 66, que cette face a reçu de 68 à 70 projectiles.

Le major Sarrepont (il ne paraît avoir examiné que la rive gauche), nous indique de son côté que la face droite du bastion 77 « un des points les plus vigoureusement battus », nous dit-il, en a reçu 7.

Le rapport des deux intensités pour ces deux points extrêmes peut donc facilement se traduire par 10/1.

La grosse difficulté pour apprécier l'intensité générale de la lutte consiste donc surtout à déterminer le nombre d'obus reçus par cette partie de l'enceinte appelée le Point-du-Jour.

Nous avons vu tout à l'heure que le brigadier Charles Dubois l'estimait à 14.000.

Pour justifier son évaluation, cet auteur établit le tableau suivant que nous allons comparer au nôtre :

Tombés sur le Point-du-Jour.		Tombés sur Paris.	
Breteuil	3.830	Batterie 1	3.840
Meudon	3.330	Batterie 2	2.797
Les Chalets	3.204	Batterie 19	1.003
	10.364		7.640

De plus, afin d'atteindre le total général de 13.834, M. Dubois fait figurer au compte du Point-du-Jour 3.500 projectiles comme envoyés sur cette position à partir du 19 janvier par la batterie du Haut-Clamart (d'après son plan, c'est notre batterie 20) (1), par 3 ou 4 pièces de Meudon, et enfin par la batterie 23 du Moulin-de-Pierre!

Pour admettre qu'un nombre aussi formidable d'obus provenant des batteries indiquées par M. Dubois soit réellement tombé sur le Point-du-Jour, il faudrait tout au moins supposer que ces batteries aient pu les envoyer sur Paris.

Or cela nous apparaît comme radicalement impossible.

Examinons : Relativement à Breteuil, nous sommes d'accord ; la légère différence ne provient que de la petite rectification que nous avons faite aux chiffres indiqués par le *Times*.

Pour la batterie des Chalets, l'erreur est flagrante : tout d'abord, cette batterie n'a pas tiré 3.204 coups, et ensuite elle n'a jamais pu envoyer sur Paris d'autres projectiles que ses 1.003 obus de 15 long.

Pour Meudon, la question est plus délicate : où M. Dubois prend-il les 533 projectiles qui forment la différence avec le chiffre indiqué pour la batterie 2 ? Est-ce à la batterie 16 ? mais elle n'était armée que de pièces de 12 et visait Issy à 2.600 mètres ; or, au point de vue de la puissance d'explosion et de pénétration, les projectiles de ce calibre étaient tellement inférieurs à ceux du calibre 15 (exactement ils étaient moitié moins puissants) qu'il est bien peu probable que les Allemands aient songé à les utiliser à 3.750 mètres contre l'artillerie de l'enceinte ; du reste, le génie allemand, qui nous signale « l'intervention vigoureuse et constante des batteries 2 et 3 de Meudon et de la batterie 19 » pour appuyer Breteuil, laisse de côté la batterie 16, qui certainement était bien mieux placée tout au moins que la batterie 3 pour remplir ce rôle ; de la part d'officiers au courant des questions techniques, une pareille omission ne peut s'expliquer par une simple inadvertance.

Terminons donc avec Meudon, et puisqu'il nous apparaît clairement que les pièces de 12 n'ont tiré que sur le fort d'Issy, se conformant ainsi à leur rôle reconnu, et que cependant il n'est pas douteux que la batterie 3 ait tiré sur Paris, allons tout de suite à l'extrême et, pour éviter toute discussion au point de vue des pro-

---

(1) Cette batterie, d'après le numérotage adopté par M. Dubois, est la batterie 23 de son plan. Elle ne tirait pas sur Issy, comme il l'indique par erreur, mais bien sur Vanves.

portions, concédons immédiatement à Paris (ce qui, cependant, ne peut être entièrement vrai) la totalité des coups de 15 long tirés par cette batterie, soit 1.900.

Que nous reste-t-il à examiner maintenant dans le compte du Point-du-Jour? le chiffre de 3.500 qui nécessairement, Meudon étant éliminé, n'aurait pu être fourni que par la batterie du Moulin-de-Pierre et la batterie 20 de Clamart;

Le Moulin-de-Pierre, n'en parlons pas : il était armé de mortiers lisses de 28 !

Tous ces coups auraient donc été envoyés par la seule batterie 20, et cela du 19 au 25 janvier?

Que cette batterie soit intervenue le 19 janvier, c'est-à-dire le jour de la bataille de Montretout, pour combattre le Point-du-Jour, dont l'artillerie battait elle-même les bois de Saint-Cloud, c'est possible! Qu'à partir de cette date elle ait continué à tirer sur l'enceinte, c'est un fait qu'il y a lieu de présumer exact, vu que cette batterie eut certainement dans la dernière période à défendre sa voisine, la batterie 21, qui se trouva très menacée, notamment par le bastion 73, et qui, avec ses pièces de 15 court, ne pouvait répondre qu'au fort de Vanves. Mais dans quelle proportion ce phénomène s'est-il produit ? La batterie 20 n'a tiré que 2.859 coups, et si nous supposons qu'elle ait pu diriger sur l'enceinte 600 ou 700 coups, c'est-à-dire, d'après sa moyenne journalière, la presque totalité des coups tirés par cette batterie dans les six ou sept derniers jours, il semble difficile d'aller plus loin pour une batterie indiquée comme dirigée sur Vanves et dont l'intervention contre l'enceinte n'est signalée nulle part; et cependant, malgré cela, en totalisant les coups des batteries 1, 2, 3, 19 et 20, c'est encore à grand'peine que nous arriverions à faire tomber sur Paris plus de 10.000 obus !

Or, ces 10.000 obus seraient-ils nécessairement tombés sur le Point-du-Jour? Evidemment non!

Les batteries 1 et 3 ont quelque peu bombardé la ville, au moins jusqu'au 16 janvier; la batterie 1 a eu aussi bien à lutter contre la rive gauche que contre la rive droite; elle a, de plus, plusieurs fois tiré sur le fort d'Issy. Ce sont là des faits indiscutables. La batterie 2, qui enfilait la Seine, a évidemment tiré sur les deux rives ; il en est de même de la batterie 19 qui avait pour objectif l'enceinte tout entière jusqu'à 4.000 mètres. Enfin la batterie 20 a bien pu tirer sur le Point-du-Jour mais elle aurait encore plus certainement tiré sur le bastion 73.

A notre avis le Point-du Jour n'a pas dû recevoir plus de 7.000 à 8.000 obus.

Du reste, d'après M. Dubois, le nombre des coups tirés du 5 au 26 janvier par la section de gauche du 6e secteur, c'est-à-dire par les 7 bastions 61 à 67, s'élevait à 7.096 et, comme nous ne voyons aucune raison d'admettre qu'ils en aient reçu beaucoup plus qu'ils n'en avaient envoyé (car les Allemands se défendirent plutôt contre cette position qu'ils ne l'attaquèrent), c'est ce chiffre de 8.000 que nous considérerons comme un maximum absolu.

Si donc nous étions absolument certain que les dégâts constatés au bastion 66 fussent identiques pour chacun des six autres de la rive droite et qu'il en fût de même pour les 10 bastions de la rive gauche que pour le bastion 77, nous pourrions en conclure avec une logique purement mathématique, en adoptant comme base soit le chiffre de 7.000 soit celui de 8.000 : chaque bastion de la rive droite ayant reçu en moyenne 1.000 ou 1.143 projectiles, chacun des 10 bastions de gauche en aura reçu 10 fois moins.

Le résultat général serait alors représenté pour nos 17 bastions par 8.000 au minimum et 9.143 au maximum.

Mais pour adopter une logique aussi rigoureuse, nos constatations relatives au duel d'artillerie, quoique concordantes, ne sont pas assez nombreuses; le chiffre de 1.000 et même de 1.143, pour exprimer l'intensité de la lutte soutenue par la rive gauche, nous paraît bien faible.

Du côté des batteries de gauche 1, 2, 3, 19, 20 et, sur ce chapitre spécial, les chances d'erreurs sont, il est vrai, peu considérables, le rôle de ces batteries nous est suffisamment connu : ce furent avant tout des batteries de lutte ; pour trois d'entre elles, notre tableau fournit des chiffres qu'il y a tout lieu de supposer exacts; à 500 ou 1.000 près (ces derniers chiffres étant au besoin empruntés aux batteries 3 et 20), on peut se faire une idée du nombre de coups que ces cinq batteries dirigèrent sur la capitale.

Enfin, si les batteries 1 et 3 bombardèrent l'intérieur de la ville, il n'est pas douteux que ce fut dans de très faibles proportions.

Mais du côté des batteries de droite 8, 10, 12 et 18, il y a beaucoup plus d'inconnu : toutes ces batteries tirèrent sur la ville; en plus du fort qu'elles eurent comme objectif (Vanves ou Montrouge), elles furent surtout des batteries de bombardement.

N'ont-elles pas tiré sur l'enceinte? quoiqu'elles aient été fort peu menacées par cette enceinte, ce n'est pas une raison pour admettre qu'elles n'aient pris aucune part à la lutte.

De ce côté, notre tableau ne fournit que deux indications : celles du nombre de coups tirés sur Paris par les batteries 8 et 18, en tant que batteries de bombardement. Nous ne pouvons donc les utiliser ; du reste, elles ne sont en elles-mêmes que de simples présomptions.

Quel fut exactement le rôle de la batterie 12, si formidablement armée de 8 pièces de 15 long et qui, en sept jours, a tiré le chiffre énorme de 3.612 projectiles, soit une moyenne de 515 coups par jour ? Notre tableau ne nous indique que Montrouge comme objectif : c'est inadmissible.

Aussi nous croyons-nous autorisés à forcer quelque peu les chiffres exprimant l'intensité de la lutte supportée par la rive gauche et à les porter soit à 1.500, soit à 2.000.

Ces diverses considérations nous donnent comme tombés sur l'ensemble des 17 bastions ou sur leurs environs immédiats, en avant ou en arrière, le total de 8.500 à 10.000 projectiles auxquels il faut ajouter 4.500 à 5.000 dirigés volontairement sur les quartiers habités de la ville, soit un total général de 13.000 à 15.000 obus.

Quant à la répartition particulière sur les trois autres points de chute, que l'erreur constatée dans notre tableau au détriment de Paris nous oblige à rectifier, nous estimons, sous le bénéfice des dernières observations que nous venons de faire, qu'elle doit vraisemblablement s'opérer de la façon suivante :

Paris...........................	15.000	à 13.000
Issy............................	17.500	à 18.000
Vanves.........................	13.500	à 14.000
Montrouge....................	7.500	à 8.500
Total........	53.500	53.500

N'oublions pas que le fort de Montrouge a eu en outre à supporter le feu de la batterie 03 de l'Häy, de l'attaque secondaire et des pièces de campagne des batteries de Sceaux-Bourg-la-Reine.

II

Tableau des tués et des blessés du 22 septembre 1870 au 5 janvier 1871.

DATES.	4ᵉ ET 5ᵉ BATAILLON DE MOBILES.				ÉTRANGERS au fort ou ne comptant pas dans la mobile.		OBSERVATIONS.
	Officiers.		Troupe.				
	Tués.	Bless.	Tués.	Bless.	Tués.	Bless.	
Septembre 22	»	»	1	2	1	»	Reconnaissance au Moulin-de-Pierre; tué Braud, garde au 41ᵉ bataillon de garde nationale.
24	»	»	»	1	»	»	
25	»	»	»	1	»	»	Accident.
28	»	»	»	1	»	»	Accident.
Octobre 6	»	»	»	1	»	1	Soldat bavarois.
7	»	»	2	2	»	»	Affaire des sacs de farine.
13	»	»	»	2	»	2	Georges Hoffmann de l'artillerie et 1 Bavarois.
15	»	»	1	1	»	»	Service non commandé.
16	»	»	»	»	»	1	Soldat de la ligne dans le parc d'Issy, par une balle.
18	»	»	»	2	»	»	Éclaireurs du 5ᵉ bataillon des mobiles.
20	»	»	1	»	»	1	Service non commandé. 1 garde du 131ᵉ bataillon de garde nationale.
22	»	»	1	1	»	»	
25	»	»	»	1	»	»	Accident.
27	»	»	»	1	»	»	Accident.
Novembre 1	»	»	1	»	»	»	Service non commandé.
6	»	»	1	»	»	»	Éclaireur du 4ᵉ bataillon.
13	»	»	»	2	»	»	Service non commandé.
Décembre 13	»	»	»	»	»	2	Saxons dont 1 sous-officier.
22	1	»	»	3	»	1	Reconnaissance du commandant Delclos. Le capitaine Guyonnest tué, 1 sapeur du génie blessé.
26	»	1	2	5	»	1	Reconnaissance du commandant Delclos. Lieutenant Plaisance blessé, Berdin, garde champêtre, blessé.
	1	1	10	26	1	9	

III

Tableau des tués et des blessés pendant le bombardement.

DATES.	TROUPES artillerie. infanterie. 4ᵉ bataillon de mobiles.		ÉTRANGERS au FORT.		OBSERVATIONS.
	Tués.	Blessés.	Tués.	Blessés.	
Janvier 5	3	24	»	1	Gardien de la paix.
6	»	9	»	»	
7	»	1	»	»	
8	2	2	»	»	
9	1	1	»	»	
10	»	6	»	1	Garde mobile de la Somme.
11	1	8	»	»	
12	1	1	1	»	Brigadier de l'artillerie étranger au fort.
13	1	2	»	»	
14	1	1	»	»	
15	2	2	»	»	
16	2	6	1	»	Un marin du fort blessé et un ouvrier civil tué.
17	»	»	»	»	
18	»	1	»	»	
19	»	1	»	»	
20	2	1	»	»	
21	»	1	»	»	
22	»	1	»	»	
23	»	3	»	»	
24	»	1	»	»	
25	»	2	»	»	Dont 1 caporal du génie du fort.
26	2	6	1	1	Garde mobile de la Somme. Un ouvrier civil.
TOTAL...	18	80	3	3	

IV

Situation numérique de la garnison du fort d'Issy au 5 janvier 1871.

	OFFICIERS.	TROUPE.
État-major..	2	1
Artillerie...	3	2
Génie..	2	1
Médecin-major et aides.................................	4	»
21ᵉ régiment d'artillerie (1ʳᵉ batterie).................	4	302
Artillerie de marine (2ᵉ batterie)......................	2	30
3ᵉ régiment du génie (18ᵉ compagnie)...............	1	43
Ouvriers d'administration..............................	»	20
Infirmiers...	»	3
Employés au télégraphe................................	4	2
4ᵉ bataillon des mobiles de la Seine..................	23	875
Aumônier..	1	»
Marins...	»	4
Service de l'éclairage électrique......................	3	»
(1) 139ᵉ régiment de ligne, 2ᵉ bataillon, 4ᵉ, 5ᵉ et 6ᵉ compagnies..	9	528
Total..................	58	1.871

---

(1) Une des compagnies d'infanterie, la 4ᵉ sans doute (elle ne compte aucun blessé au fort d'Issy), quitta le fort le 15 janvier 1871.

V

État nominatif des officiers du fort d'Issy pendant le bombardement.

Colonel Guichard de Montguers, nommé général commandant supérieur.
Capitaine Thibaut, commandant de place faisant fonctions d'intendant.
Capitaine Dalleau, du 4ᵉ bataillon des mobiles de la Seine, faisant fonctions d'adjudant de place.
Commandant Huot, de l'état-major de l'artillerie, commandant l'artillerie du fort.
Capitaine Bouillon, de l'état-major de l'artillerie de marine.
Lieutenant-colonel de Bovet, chef du génie, remplacé du 6 au 9 janvier, par le colonel du génie Gras, chef d'état-major du 4ᵉ arrondisssment du génie, et à partir du 20, par le lieutenant-colonel de Bussy.
Capitaine Dogny, de l'état-major du génie.
Legrand, garde principal du génie.
Lieutenant-colonel Rambaud, commandant le 2ᵉ régiment de mobiles.
Dʳ Beaumanoir, médecin-major de la marine.
Dʳ Chatin, aide-major de 1ʳᵉ classe du 4ᵉ bataillon de mobiles.
Aide-major de 2ᵉ classe Martin.
— — Maindouze.
— — Pouzzole.
Abbé Visidari, aumônier.

ARTILLERIE

Capitaine Grelley, du 21ᵉ régiment d'artillerie, remplacé provisoirement par le capitaine Becler, du 22ᵉ régiment.
Sous-lieutenant La Combe, du 21ᵉ régiment, remplacé provisoirement par le sous-lieutenant Rauch, du 21ᵉ régiment.
Sous-lieutenant Nicolas (Gabriel), du 21ᵉ régiment.
Sous-lieutenant Nicolas (Marcel), du 11ᵉ régiment.
Sous-lieutenant Guérin, du 21ᵉ régiment.
Sous-lieutenant Batréau, du 4ᵉ régiment, commandant les batteries du parc d'Issy et du cimetière.
Capitaine Théron, commandant la 2ᵉ batterie de l'artillerie de marine.
Lieutenant H. de l'Estourbeillon, de l'artillerie de marine, capitaine le 11 janvier, commandant les batteries de la gare de Clamart.

GÉNIE

Capitaine Laisant, en 2ᵉ, commandant la 18ᵉ compagnie du génie.
Capitaine Robert de Saint-Vincent, arrivé pendant le bombardement.

INFANTERIE, 2ᵉ BATAILLON DU 139ᵉ RÉGIMENT

Capitaine BROSSET, commandant la 5ᵉ compagnie.
Lieutenant JEANNEROD.
Capitaine LABROUSSE, commandant la 6ᵉ compagnie.
Sous-lieutenant COMBES.
Capitaine X....., commandant la 4ᵉ compagnie.
X.....

GARDE NATIONALE MOBILE, 4ᵉ BATAILLON

Commandant BORROT, chef de bataillon.
Capitaine MOYSE, adjudant-major.
Adjudant sous-officier CANTIER.

1ʳᵉ compagnie.

Capitaine X. AUDENET.
Lieutenant G. LÉON.
Sous-lieutenant H. HOUSSAYE, détaché à l'état-major.

2ᵉ compagnie.

Capitaine H. HENRY.
Lieutenant G. FREMYN DU SARTEL.
Sous-lieutenant L. FOURMENT.

3ᵉ compagnie.

Lieutenant PLAISANCE, commandant la compagnie.
Sous-lieutenant LOUIS.

4ᵉ compagnie.

Capitaine A. JULLIEN.
Lieutenant HÉBERT.
Sous-lieutenant A. TROCON-PRINCE.

5ᵉ compagnie.

Capitaine D.....
Lieutenant P. FRESTEL.
Sous-lieutenant M.....

6ᵉ compagnie.

Capitaine E. BILLAUDEL.
Lieutenant CIATTONI.
Sous-lieutenant MICHAUT, ancien adjudant, sous-officier du 4ᵉ bataillon, nommé par décret.

7ᵉ compagnie.

Capitaine BOURGUIGNON.
Lieutenant G. GIRARD.
Sous-lieutenant MAUMEJEAN.

8ᵉ *compagnie.*

Capitaine P. Réveilhac.
Lieutenant Bontus.
Sous-lieutenant Bouissounouse.

HORS CADRE

Sous-lieutenant Caen, officier du 4ᵉ bataillon, non élu, détaché au génie.
Sous-lieutenant Guttin, officier payeur.
Sous-lieutenant de Villiers, officier du 4ᵉ bataillon, non élu, détaché au service de l'électricité.

TABLE DES MATIÈRES

PREMIÈRE PARTIE

LES DÉFENSEURS DU FORT D'ISSY

Pages.

Septembre. — Entrée au fort des 4ᵉ et 5ᵉ bataillons de gardes mobiles de la Seine. — Le fort d'Issy ; organisation des grand'gardes : grand'garde du 16 au 17. — Bataille de Châtillon ; élections des officiers 19 septembre. — Les peureux peuvent partir ! Première reconnaissance au Moulin-de-Pierre, 22 septembre. — Dimanche 25 septembre............................. 11

Octobre. — Expédition au Moulin-de-Pierre, 3 octobre, récolte de pommes de terre. — Reconnaissance matinale ; grand'garde ; ronde-major. — Affaire des sacs de farine, 7 octobre. — Bizarre aventure d'un lieutenant des éclaireurs. — Affaire de Bagneux-Châtillon ; premiers obus prussiens, 13 octobre. — Reconnaissance de nuit de la 8ᵉ compagnie dans Meudon, 14 octobre. — Expédition de nuit à Meudon, 22 octobre. — Construction de baraques. — Organisation intérieure : événements du 31 octobre. — La discipline... 38

Novembre. — Concert offert par les « Glands » aux « Vessies ». — Le capitaine Moyse nommé adjudant-major ; une élection à la 8ᵉ compagnie, 15 novembre. — Reprise d'Orléans ; grand concert offert au 4ᵉ bataillon par la 3ᵉ compagnie, 17 novembre. — Vie générale au fort pendant le mois de novembre ; travail aux tranchées ; hygiène ; fin novembre............. 76

Décembre. — Les premiers jours de décembre ; vie générale au fort pendant le mois. — Brillant épisode un épilogue. — Le colonel Rambaud lève toutes les punitions ; reconnaissance du commandant Delclos, du 5ᵉ bataillon, dans les bois de Clamart, 22 décembre. — Reconnaissance dans les bois de Clamart par le commandant Borrot, du 4ᵉ bataillon, 24 décembre. — Réveillon, Noël et ses suites. — Reconnaissance à Meudon, du 26 décembre ; fin d'année... 92

DEUXIÈME PARTIE

Janvier : BOMBARDEMENT ET LUTTE D'ARTILLERIE

I. — *Préparatifs du bombardement.* — Les quinze premières batteries allemandes. — Les batteries françaises. — Les batteries allemandes 16 et 17. — Difficultés éprouvées par les Allemands. — Les armements ; avantages des Allemands. — Précautions de la dernière heure................... 123

II. — *L'attaque d'artillerie.* — Situation au 4 janvier. — L'attaque : journée du 5 janvier, péripéties de la lutte jusqu'à 2 heures de l'après-midi. — Le bombardement de Paris ; son inutilité. — Son irrégularité ; causes de cette irrégularité. — Batteries qui y prirent part...................... 140

Pages.

III. — *Premier mouvement en avant contre les trois forts.* — Le fort d'Issy comme position de bombardement. — Précautions prises par l'ennemi dans la nuit du 5 au 6. — Premier mouvement dirigé contre les trois forts : les batteries 18, 19 et 20. — L'ennemi s'installe au Moulin-de-Pierre ; les torpilles ; journée du 6 janvier. — Nuit du 9 au 10 : coup de main contre le Moulin-de-Pierre.. 151

IV. — *Attaque d'artillerie contre Vanves et Issy.* — Distribution, au 10 janvier, des batteries ennemies contre les trois forts. — Attaque des 10 et 11 janvier contre Vanves et Issy. — Nuit du 13 au 14 janvier : nouvelle expédition au Moulin-de-Pierre. — Tir en brèche contre Issy. — Les deux poudrières menacées. — Déménagement précipité................. 160

V. — *Deuxième mouvement en avant contre Vanves et Issy.* — Situation du 10 au 15 janvier. Construction des deux dernières batteries d'approche : batterie 21 contre Vanves, batterie 23 contre Issy. — Batterie de mortiers d'Issy. — Attaque d'artillerie des 19 et 20 janvier. — Utile intervention de l'enceinte et du fort de Vanves : les poudrières des batteries 23 et 21 font explosion. — Énergique défense de Montrouge.......... 172

VI. — *Résultats de la lutte d'artillerie*................................ 186

TROISIÈME PARTIE

CORRESPONDANCE DES GARDES MOBILES (JANVIER)

Correspondance des mobiles du 1er au 25 janvier........................ 191
La dernière journée. — Reddition du fort, 29 janvier.................... 240
Conclusion... 242

Paris et Limoges. — Imprimerie militaire Henri CHARLES-LAVAUZELLE.

Paris. — Imprimerie et librairie militaires Henri CHARLES-LAVAUZELLE.

www.ingramcontent.com/pod-product-compliance
Lightning Source LLC
Chambersburg PA
CBHW050637170426
43200CB00008B/1055